혁신가의 교육법

혁신가의 교육법

1판 1쇄 인쇄 2019. 4. 26.
1판 1쇄 발행 2019. 5. 3.

지은이 조지 쿠로스
옮긴이 제프리 안

발행인 고세규
편집 심성미 | 디자인 윤석진
발행처 김영사
등록 1979년 5월 17일(제406-2003-036호)
주소 경기도 파주시 문발로 197(문발동) 우편번호 10881
전화 마케팅부 031)955-3100, 편집부 031)955-3200, 팩스 031)955-3111

값은 뒤표지에 있습니다.
ISBN 978-89-349-9553-1 03370

홈페이지 www.gimmyoung.com 블로그 blog.naver.com/gybook
페이스북 facebook.com/gybooks 이메일 bestbook@gimmyoung.com

좋은 독자가 좋은 책을 만듭니다.
김영사는 독자 여러분의 의견에 항상 귀 기울이고 있습니다.

이 도서의 국립중앙도서관 출판시도서목록(CIP)은 서지정보유통지원시스템 홈페이지
(http://seoji.nl.go.kr)와 국가자료공동목록시스템(http://www.nl.go.kr/kolisnet)에서
이용하실 수 있습니다.(CIP제어번호 : CIP2019014412)

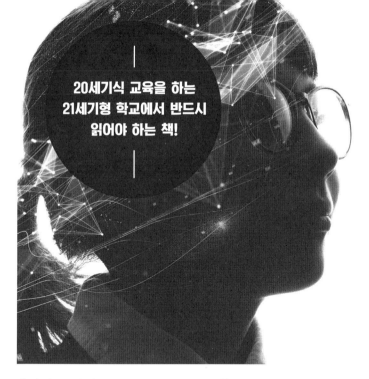

20세기식 교육을 하는
21세기형 학교에서 반드시
읽어야 하는 책!

어떻게 교실의 변화를 이끌어 내고 학생에게 더 나은 기회를 제공할 것인가

혁신가의 교육법

조지 쿠로스

제프리 안 (베일러 국제학교 교장) 옮김

김영사

교육에 혁신이 필요한 이유에 대해 설득력 있는 메시지를 전달하고 영감을 준다. 조지 쿠로스는 혁신을 통해 문화의 공명 안에서 재능을 발휘할 수 있는 방법을 현실적으로 제시한다.

_용 자오Yong Zhao(오레건 대학교 교수,《세계 최고의 학습자》저자)

모든 교육자에게 혁신적 사고방식이 필요하다. 이 책은 과거 산업 시대 효율성만 강조하던 교육에서 혁신적인 교육으로 거듭나는 방법을 안내한다. 그것은 바로 조지 쿠로스의 교육에 대한 열정과 교사에 대한 실용적인 조언의 조합이다. 조지 쿠로스에게는 항상 배울 점이 있다.

_그렉 휘트비|Greg Whitby(파라마타 교구 가톨릭 교육원장)

조지 쿠로스는 탄탄한 정보망을 갖춘 리더일 뿐만 아니라 쉽게 다가갈 수 있는 리더로서 훌륭한 본보기다. 이 책에 서술된 아이디어는 그의 삶인 동시에 다른 사람들의 말을 듣고 파생해서 발전시킨 것들이다. 그는 이 책에서 이러한 아이디어를 연결하고, 가르치고, 배우는 데 필수적인 요소를 제공한다. 당신이 평교사이든 교육감이든 학부모이든 상관없다. 이 책에서 그간의 노력을 다시 생각하고 집중하는 데 도움이 될 만한 것을 찾을 수 있을 것이다. 아이디어를 연결하고자 하는 그의 의지 덕분에 이 책은 끝이 아니고 시작이다. 당신은 여기서 언급된 위대한 수많은 위대한 교육자들, 그리고 조지 쿠로스와 대화를 시작할 수 있다.

_딘 샤레스키Dean Shareski(디스커버리 교육 커뮤니티 매니저)

조지 쿠로스는 그의 아버지가 캐나다 이민자로 성공적인 인생을 영위할 있었던 요인 중에 우리가 교육자로서 현재에도 채택할 수 있는 것들을 가져와서 적용했다. 그의 아버지는 민첩해야만 했고 배움에 대한 열망이 가득했다. 마찬가지로 우리는 빠르게 변화하는 세상에서 생산성 높은 시민이 될 학생들에게 필수적인 '혁신가의 사고방식'을 가르쳐야 한다. 이러한 사고방식으로 학생들과 함께 발전하기를 원하는 교육자를 위한 책이다.

_앤젤라 매이어스Angela Maiers(교육자, 연설가, 'Choose2Matter' 설립자)

학교에서 배움에 접근하는 방식을 바꾸는 데 관심 있는 이라면 이 책을 반드시 읽어야 한다. 교육자들이 당장 내일이라도 실행할 수 있는 실용적인 수많은 전략을 직접 교실에서 실천할 수 있게 돕는다. 각 장의 끝에 실린 '토론용 질문'은 학교나 사회 전반에서 학생들이 필요로 하는 학습 환경 유형으로 곧장 진입하도록 이끈다. 만약 당신이 규정을 준수하는 데만 급급한 교육자라면 이 책을 펼치지 않아도 된다. 그러나 당신이 학교나 사회 전반에서 모든 학습자가 더 높은 수준을 성취할 수 있는 관계망에 주목하는 교육자라면 이 책에서 중요한 가치를 발견할 수 있을 것이다. 조지 쿠로스가 말했듯이 '관계는 학교에서 가장 중요한 요소'다. 이 말에 동의한다면 이 책을 학교 공동체의 다른 사람들과 지금부터 함께 읽어보길 권한다.

_**패트릭 라킨**Patrick Larkin(벌링턴 학교 교육 담당관)

조지 쿠로스는 당신이 도전해야 한다는 것을 깨닫지도 못했던 것에 도전하는 능력을 가졌다. 그는 확실한 의도를 가지고 아주 신중하게, 그리고 본능적으로 그 도전을 수행한다. 이러한 도전은 통찰력 있는 매우 실용적인 책이라는 결과물로 이어졌다. 이 책이 말하는 바는 교육을 어떻게 '바꿀 것인가'다. 더 중요한 것은, 그가 현재의 당신보다 더 나은 당신이 '되고 싶도록' 당신을 자극한다는 데 있다. 당신이 조지의 이러한 선물을 발견했다면 조지 쿠로스보다 나은 스토리텔러가 없다는 사실을 깨달을 것이다. 이 책도 마찬가지다. 이 책에서 조지는 단 한 문장으로 사람을 울리고 웃게 만든다. 그 감정으로부터 진정한 변화에 대한 자극이 시작된다. 이 책은 전 세계 교육자와 학생에게 큰 영향을 미칠 것이다. 혁신에 대한 대화를 촉발하는 책, 현재에 안주하지 않고 앞으로 나아가는 데 힘을 주는 책을 찾고 있다면 이 책을 추천한다. 이 책은 '왜'에서 시작해, 적용 가능한 '무엇'에 이르기까지 변화를 일으키는 방법을 단계별로 안내한다. 아주 기초적인 것에서부터 시작해 최상의 성과를 낸 교육자와 리더의 성공 사례까지 담았다. 이 책은 당신이 이룰 수 있을 거라고 생각한 것 그 이상을 성취할 수 있도록 이끌 것이다. 무엇보다 당신이 학생을 어떻게 이끌고 나가야 하는지를 명백하게 보여 줄 것이다.

_**앰버 팀만**Amber Teamann(와일리 ISD 교장)

학교 교육의 목적은 학생들이 더 나은 현재와 미래를 위한 적성에 맞는 선택을 하도록 이끄는 데 있다. 국제학교는 지구촌 리더를 키우는 곳이다. 교육자들에게 도전이 되고, 세계화 시대에 더없이 훌륭한 책이라 믿는다.

_**박용진**(전 한국교직원공제회 이사장)

"당신에게 진정한 영감과 자극을 선사할 가장 큰 선물"

교육 개혁을 일으키기 위해 다양한 버즈워드(Buzzword. 유행어, 신조어를 지칭 – 옮긴이)가 사용되고 있다. 하지만 이들 중 대부분은 그 의미를 점점 잃어, 상투적이고 진부한 표현에 지나지 않게 되었다. 아마도 이러한 단어들 중 "혁신Innovation"만큼 확실한 예는 없을 것이다. 혁신이라는 단어는 빈번히 사용되고 오용되어 실제 이 단어가 지닌 가치가 퇴색되고 있다. 그러나 진정한 혁신 정신은 교육 제도가 현재에 만족하지 않고 새로운 길로 발전해야 할 때 반드시 필요하다.

이 책은 수많은 전문 용어들 사이에서 진정한 변화로 안내한다. 하지만 이 책에는 정확한 지도나 단계별 계획이 나와 있지 않고, 정확하게 여러분의 어떤 부분이 변화될지를 약속해 주지 않는다. 여러

방향으로 파도가 치고 바람이 부는 세상에 우리가 살고 있는 것처럼, 진정한 변화는 정해진 체크 리스트에서 오는 것이 아니기 때문이다.

대신 이 책은 여러분에게 나침반을 줘어 준다. 그 나침반으로 여러분을 둘러싼 사람들과 사고방식, 문화 및 관계를 창조하고 그들이 어떤 조건에 있든지 방향을 잡을 수 있게 도와주는 가이드가 될 것이다.

이 책은 우리 모두가 학습자임을 상기시킨다. 더불어 우리 각자가 자신만의 이야기와 도전 과제를 가진 개인임과 동시에 그 길을 함께 걷는 사람들임을 상기시킨다. 이러한 우리들에게 이 책은 또 다른 시작점이 될 것이며 다양한 토론이 가능한 길을 열어줄 것이다. 이 책을 쓴 조지는 개인적인 일화, 실무자들의 실제 사례, 그리고 다양한 질문을 통해 깊이 생각할 수 있는 기회를 준다.

이 책이 여러분을 불편하게 만든다면? 아주 좋은 일이다!

이 책을 읽으면서 오랫동안 가졌던 신념에 의문이 생긴다면? 그것 또한 굉장한 일이다!

하지만 이 책이 여러분에게 아무런 변화를 주지 않는다면, 안타깝게도 이 책은 실패한 것이다. 영감을 받되 이를 적용하지 않는다면 무의미하다. 변화의 필연성은 두려워해야 하는 것이 아니라 받아들여야 하는 것이다. 조지의 말처럼 "변화란 놀라운 일을 할 수 있는 기회"다.

여러분은 혁신을 시스템 전반에 퍼트릴 수 있는 기회를 갖고 있다. 또한 규정 준수와 창작 이상의 가치를 창출하는 학교를 만들 수 있는 기회가 눈앞에 있다. 학생들이 인생이라는 게임에서 승리할 수 있도록 학생들이 겪는 시련과 문제를 발전을 위해 공동체로서 공유할 수 있는 기회이기도 하다.

나는 조지의 연설을 들은 적이 있었는데, 그의 메시지가 얼마나 청중들에게 영향력이 있는지 느낄 수 있었다. 나는 이 책이 그의 메시지를 충분히 전달해 주기를 바란다. 그가 이 책을 통해 여러분에게 줄 가장 큰 선물은 자극과 영감의 메시지다.

이 책을 펼치면 여정이 시작된다. 그리고 학교는 놀라운 곳으로 변할 것이다.

데이브 버제스Dave Burgess

데이브 버제스 컨설팅 대표. 뉴욕타임스 베스트셀러
《해적처럼 가르쳐라Teach like a pirate》의 저자

추 천 사 4
서   문 당신에게 진정한 영감과 자극을 선사할 가장 큰 선물 8
들 어 가 며 20세기 교육을 하는 21세기 학교에게 12

- PART 1 -
교육에서의 혁신

혁신과 혁신이 아닌 것 29 | 혁신가의 사고방식 46 | 혁신가가 가진 사고
방식의 특성 62

- PART 2 -
토대 마련하기

관계, 관계, 관계 89 | 배우고, 이끌고, 혁신하라 107 | 참여 VS 자율권
부여 123 | 공통된 비전 만들기 141

- PART 3 -
재능을 발휘하도록 돕기

강점 기반 리더십 161 | 효과적인 학습이 먼저, 기술은 그 다음이다 179
| 적을수록 더 좋다 195 | 개방적 문화 받아들이기 213 | 교육자들을 위
한 의미 있는 학습 경험 만들기 231

- PART 4 -
생각을 마무리하며

혁신가로 가는 길 259 | 교육에서의 혁신을 방해하는 가장 큰 장애물과
'게임 체인저' 276

감사의 말   290
옮긴이의 말   우리는 세상을 바꾸는 챔피언을 만들 수 있습니다 292
주   295

"20세기 교육을 하는 21세기 학교에게"

배움을 멈추면, 죽기 시작한다.
- 알버트 아인슈타인

제가 여섯 살 때 아버지는 비디오 카세트 리코더VCR라는 처음 보는 기계를 집으로 가져오셨습니다. 이 기계는 테이프를 재생할 수도 있고 텔레비전 쇼를 녹화할 수도 있었죠. 이후 아버지는 카메라를 가져와 가족들의 모습을 영상으로 기록했습니다. 전기선이 연결되는 한, 작동되었던 그 시절의 모바일 기술 덕으로 아버지가 보존해 준 즐거웠던 추억들을 우리 가족은 아직도 고이 간직하고 있습니다. 만약 아버지가 새로운 기술new technology을 사기만 하고 사용하려고 하지 않았다면 어떻게 됐을까요? 어린 시절의 소중한 순간들이 지금까지 남아 있을 수 있었을까요? 아마도 많은 것을 놓쳤을 것입니다.

아버지는 2013년 3월에 세상을 떠나실 때까지 늘 새로운 것을 배우고 도전하셨습니다. 어느 날엔 글씨가 잘 안 보이는 고령에도 불구하고 페이스북Facebook에서 저를 비롯한 자식들과 손주들을 찾을 수 있다는 것을 아시고는 이메일 계정을 만들어 페이스북 친구를 맺기도 하셨죠. 아버지는 아인슈타인의 격언 "배움을 멈추면, 죽기 시작한다"를 늘 실천하는 분이었습니다.

제 아버지는 무일푼으로 시작한 생에서 놀라울 정도로 많은 것을 일구어 내셨습니다. 아버지는 초등학교 2학년을 마친 어린 나이에 그리스 시민전쟁에 참전하셨고, 20대에는 그리스를 떠나 새로운 기회를 찾아 캐나다로 떠나셨습니다. 주머니에 달랑 20달러만을 가지고 기후부터 언어까지 모든 것이 다른 나라로 건너가신 것입니다. 아버지는 그리스어조차 제대로 읽고 쓸 줄 모르셨고, 캐나다의 공식 언어인 프랑스어나 영어로 말하는 법도 알지 못했습니다. 정규 교육을 거의 받지 못했고, 언어의 장벽을 비롯해 이민자로서 겪어야 하는 온갖 장애물에도 불구하고 아버지는 식당에서 접시닦이로 일하기 시작하셨습니다. 그 다음에는 간단한 요리부터 배워서 차근차근 단계별로 노력하신 끝에 마침내 셰프가 되셨고 식당까지 차리셨습니다. 이후 30년 동안 저의 아버지와 어머니가 운영하신 식당은 아버지의 노력이 맺어낸 열매였습니다.

제 부모님의 이야기가 특별한 것 같지만 사실 다른 부모님들의 이야기와 별반 다르지 않습니다. 우리는 우리가 누리는 기회와 환경, 그리고 더 나은 세상을 만들기 위해 부모 세대가 감당한 희생과 변화를 자주 잊곤 합니다. 우리와 같은 교육가는 부모 세대가 한 것과 같이 새롭고 더 나은 기회를 학생에게 제공해야 합니다.

변화는 놀라운 일을 할 수 있는 기회입니다. 제 아버지는 이 점을 잘 알고 계셨습니다. 하지만 종종 교육기관에서는 새로운 기회를 받아들이려 하지 않습니다. 문서 작성 프로그램을 마이크로소프트 워드Microsoft Word 제품에서 온라인에서도 사용 가능한 구글 독스Google Docs로 바꾸려 하는 것조차 불만을 품지요. 정말로 더 불편해서일까요? 그보다는 변화를 거부하는 탓이 클 것입니다. 학교는 어떨까요? 많은 학교가 최신 기술과 장비를 갖추고 있지만 교사들과 행정 직원들은 이를 활용하기보다 이전에 하던 방식으로 일을 처리하려고 합니다. 컴퓨터, 태블릿, 전자칠판과 같이 더 편리하고 나은 변화를 가져오는 기술이 결국 100만 원짜리 연필로 전락하는 셈이죠.

우리는 지금 '인쇄기' 시대를 사는 것 같다고 내게 일러주신 분이 있습니다. 존 카버John Carver 교육감입니다. 기술은 우리에게 이전에는 가지지 못한 기회를 줍니다. 존은 학교의 운영 방식은 물론, 교육의 역할을 재고해 봐야 한다고 말했습니다. 저도 전적으로 동의합니다. 만약 우리가 가르치는 방법, 나아가 교육자와 학습자 모두의 배우는 방법을 제대로 숙지하지 않으면 우리 앞에 놓인 새로운 기회를 모조리 놓치고 말 것입니다. 학교 운영 방식 포맷은 디지털로 바뀌었지만, 실제로는 이전 시대와 달라진 게 없습니다.

겉으로 보기에는 그럴싸해도 여전히 20세기식 교육을 하는 21세기형 학교들이 많습니다.

변화는 뭔가 놀라운 일을 할 수 있는 기회다.
#혁신가의 사고방식

기술을 사용한 일대일 교육은 학생들과 교사들에게 큰 반향을 일으켰습니다. 기술을 갖춘 학교에는 전통적인 교육 방식이 부적절하다고 믿는 학생들이 많은데요. 이는 학생들이 교사가 제공하는 정보보다 훨씬 많은 지식을 온라인으로 접근할 수 있기 때문일 겁니다. 이들의 생각처럼 학교에서 제공하는 것이 단지 지식과 정보뿐일까요? 만약 그렇다면 이건 큰 문제가 되겠죠. 예를 들어, 우주에 대해 배우고 싶은 학생들은 선생님에게 질문하는 대신 나사 홈페이지 NASA.gov에 접속해서 정보를 얻고 트위터와 같은 소셜 미디어를 사용해서 직접 소통할지도 모릅니다. 댄 브라운 Dan Brown은 "교육자들에게 보내는 편지"라는 동영상을 통해 왜 우리가 교육자로서 교육 도구뿐만 아니라 교육에 대한 접근법까지 바꿔야 하는지에 대해 꼬집고 있습니다.

세상에는 제도권 교육과 전혀 맞지 않는 것이 존재한다는 것은 명백한 사실이다. 게다가 대부분의 사람들은 '우리는 제도권 교육을 바꿔야만 한다'고 말한다. 하지만 나는 이 자리를 빌려 전 세계의 교육자들에게 이 말에 동의하지 않는다고 밝히려고 한다. 우리는 아무것도 바꿀 필요가 없다. 단지 세상이 바뀌고 있다는 점을 명심해야 한다. 만약 당신이 세상과 함께 바뀌지 않으면 세상은 더 이상 당신을 필요로 하지 않는다.[1]

여러분 중에서는 이에 동의하지 않는 분도 분명 있을 겁니다. 하지만 저에게 여러분의 동의가 필요한 지점은 교육 혁신은 반드시 필요하다는 것입니다. 혁신이 없다면 교육기관을 비롯한 조직들은 사라지게 됩니다. 교육계 리더들이 학생의 요구에 귀 기울이고 면밀히 검토하기를 거부한다면 교육기관은 변화하는 고객의 요구를 따라잡지 못한 기업처럼 실패의 길을 걷게 됩니다.

'자극', '영감'과 같은 요소는 오늘날 학생에게 요구되는 가장 중요한 가치입니다. 아이들은 온갖 것들에 대한 경이감과 궁금증을 품은 채 학교에 오지만 우리는 교과 과정을 따라가기 바빠 종종 그들에게 질문은 나중에 하라고 얘기합니다. 사실 우리의 책임은 아이들이 암기하고 숙제하는 법을 가르치는 것이 아니라, 학생 스스로 익히고 배우는 것에 대한 호기심과 흥미를 불러일으키는 것인데 말이죠.

궁금해 하라.

탐구하라.

그리고 리더가 되어라.

우리는 학생이 궁금증을 해결하지 못하고 호기심을 잃은 채 학교를 떠나면 그들이 실패의 길을 걸을 수도 있다는 사실을 잊고 삽니다.

21세기에는 많은 변화가 일어났지만 교육기관은 그 변화에 따라가지 못하고 있습니다. 그럼에도 불구하고 많은 학생이 한 가지에는 능숙한데, 바로 기존의 학교 교육입니다. 학생은 교과 내용에 통달했고 시험을 잘 보는 법도 알고 있습니다. 게다가 어떻게 행동해야 규율을 어기지 않는지도 알고 있죠. 하지만 세상은 교과서의 연속이 아닙니다. 성공을 꿈꾼다면 스스로 생각하는 법과 끊임없이 바뀌는 세상에 적응하는 법을 알아야 합니다. 그런데 왜 우리는 아이들이 스스로 생각하기를 바라면서도 고분고분할 것을 강요할까요? 열일곱 살 케이트 시몬즈Kate Simonds는 2015년 테드엑스TEDx(TED Technology,

Entertainment, Design는 미국의 비영리 재단에서 운영하는 강연회로 TEDx는 지역적이고 스스로 조직된 TED 형식의 행사를 의미한다. 즉, 사람들과 TED스러운 경험TED-like experience을 나누기 위한 행사다. ─ 옮긴이) 강연에서 이 점을 지적했습니다.

우리는 교육 시스템을 다시 살펴볼 필요가 있어요. 학생으로서 우리는 우리가 배우는 내용과 방법에 대해선 어떤 의견도 낼 수 없는데, 사람들은 우리가 그 모든 것을 흡수하고 받아들여서 언젠가 세상을 이끌어 나갈 사람으로 성장하리라 기대하죠. 우리는 수업시간에 화장실에 가려면 손을 들어서 허락을 받아야 해요. 그런데 바로 3개월 후에는 대학에 가기도 하고 직장을 갖기도 해요. 그리고 자기 인생을 책임지고 자립하는 사람이 되길 기대받죠. 이건 전혀 논리적이지 않아요.[2]

순응은 혁신을 촉진하기보다는 후퇴시킵니다.

끊임없이 새로운 일이 일어나는 세상에서 학생들은 자신이 직면한 상황과 조건을 비판적으로 사고하도록 배워야 하며, 문제 해결 방법을 발전시켜 나가기 위해 전 세계의 사람들과 협력하는 법을 익혀야 합니다. 더 중요한 것은 낡은 체계에 도전하고 성장을 독려하는 올바른 질문을 하는 법을 배우는 것입니다.

저는 오늘날 모든 학교가 변화하는 세상에서 홀로 동떨어져 있다고 말하는 것이 아닙니다. 오히려 많은 교육기관들이 변화를 받아들이고 각 기관에 맞게 시스템을 변화시키며 발전하고 있습니다. 제가 말하고 싶은 것은 이것입니다. 학교는 학생들의 현재와 미래를 위해, 빠르게 변화하는 세상 속에서 그에 상응하는 새로운 기회를 줄 수 있는 곳이라는 믿음을 주는 곳으로 바꿔야 한다는 것입니다.

혁신적인 학생을 원한다면 혁신적인 교육자가 필요합니다. 학생들이 학교에서 직면하는 수많은 요구는 교육자들에게도 똑같이 요구됩니다. 어떤 교사는 이제 학생이 학교 밖에서도 많은 것을 배울 수 있다는 사실 때문에 자신의 직업에 회의를 느끼기도 합니다. 이 교사들은 혁신적으로 변하고 싶어합니다. 하지만 전 세계의 사람들과 소통하며 배움을 나누는 대신, 의미 없는 직원 회의에 참석해야 하는 일이 많습니다. 그들은 끊임없이 혁신적인 교육자가 되기를 요구받고 있고, 그것을 위해 따로 시간을 할애해 노력하길 강요받고 있습니다.

만약 우리가 교사에게 리더로서 사적인 시간에 무엇이든 하라고 요구한다면, 우리는 교사들에게 다른 사람과 소통하며 서로에게 배우는 시간이 중요하지 않다고 말하는 것과 같습니다. 오늘날의 규율 준수와 이행에만 초점을 맞춘 교사 연수 프로그램은 실제로 교사들에게 창의성을 불어넣어 주지도 않고 혁신 문화를 길러 주지도 않습니다. 그 대신 교사가 갖는 사적인 시간은 규칙을 뛰어넘고 고정관념에서 벗어날 수 있는 영감을 줍니다. 그리고 이러한 교사들이 그들의 학생에게 빠르게 변하는 세상의 흐름에 상응하는 기회를 만들어 줍니다. 이 아웃라이어(Outlier, 본체에서 분리되거나 따로 분류된 물건, 표본 중 다른 대상들과 확연히 구분되는 통계적 관측치, 각 분야에서 큰 성공을 거둔 탁월한 사람 – 옮긴이)들은 혁신의 샘입니다. 그들의 결과는 언제나 사람들을 경탄하게 만듭니다. 학생들은 자신들의 성적을 올려 줘서 이러한 교사들을 존경하는 것이 아닙니다. 이 아웃라이어 교사들에게 영감을 받아 자신들의 삶이 바뀌었기 때문에 그들을 위대한 스승으로 기억합니다.

이런 혁신의 샘은 학교 안에서 언제나 존재해 왔습니다. 우리는 이것을 예외가 아닌 표준으로 받아들이면 됩니다. 이를 위해서 우리는 교사들이 배우고 성장할 시간을 만들어 주어야 합니다. 또한 교사들이 비전을 공유하고 기대치를 조정하며, 요즘 학생들에게 필요한 것을 충족해 줄 수 있도록 배우고 창조하고 혁신할 수 있는 길을 열어 주어야 합니다.

**학생들이 호기심을 잃고 학교를 떠난다면,
우리가 그들을 실패로 이끈 것이다.**
#혁신가의 사고방식

혁신적인 조직을 세우는 것에는 상의하달식이나 상향식의 수직적인 접근이 아니라, 모두가 함께 일하는 수평적인 접근이 필요합니다. 이 조건이 충족되어야 혁신적인 조직이 건설될 수 있습니다.

영국의 통신사인 오투O_2사의 광고에 사용된 '좀 더 개처럼Be more dog'이라는 카피는 하나의 결정이 가져오는 극적이고 긍정적인 변화를 보여 줍니다. 광고 속에는 인생을 지루해하는 고양이가 '개처럼' 행동하기로 결심하기까지의 변화가 나옵니다.[3] 이 광고의 핵심은 위험을 감수하더라도 변화를 회피하지 않고 받아들였을 때 삶은 훨씬 더 즐거운 모험이 될 거라는 깨달음에 있습니다.

학교는 왜 '좀 더 개처럼'이라는 발상을 받아들이지 못할까요?

영상에서 보여준 문구와 같이 오늘날의 세계는 놀라움의 연속입니다. 우리는 손끝으로 터치만 하면 여러 미디어를 통해 전 세계 사람들과 소통하며 새로운 것을 만들 수 있는 세상에 살고 있습니다. 하지만 기술에 대해 얘기할 때, 대부분의 학교는 아직도 '사이버 폭력'과 '디지털 보안'에 대해 먼저 생각합니다. 물론 이 또한 중요한 개념임은 확실합니다. 하지만 학생들에게 해서는 안 되는 것들을 알려 주느라 너무 많은 시간을 써 버렸기에 정작 기술로 무엇을 할 수 있는지에 대해서 다루는 것을 잊은 건 아닐까요? 만약 연필로 글을 쓰는 방법을 알려 줄 때마다 연필을 가지고 서로 장난치거나 찔러서는 안 되는 것만 강조한다면 학생은 연필로 창의력을 키우는 것이 아니라 두려움만 키우게 될 것입니다.

이 책은 우리가 어떻게 하면 의미 있는 변화를 이끌어 낼 수 있는 교육 환경을 조성하고 우리 교육계에 더 나은 기회를 제공할 수 있는지에 대한 내용을 다루고 있습니다. 변화를 위한 변화는 이 책의 목표가 아닙니다. 교사와 학생이 함께 성장할 수 있도록 그들에게 자율권을 부여하여 변화를 만들어 내는 것이 우리의 목표입니다. 앞으로 이 책에서 다루고자 하는 내용은 크게 4부로 나뉩니다.

1부에서는 혁신이 무엇인지, 그리고 혁신이 아닌 것은 무엇인지와 학교에서의 혁신은 무엇인지를 다룹니다. 나아가 '혁신가의 사고방식'을 개발하는 법, 혁신가 사고방식의 특성, 그리고 실제로 혁신가의 사고방식이 어떠한지 살펴볼 것입니다.

2부에서는 학교에서 혁신 문화를 조성할 수 있는 방법을 알아봅니다. 가장 먼저 집중할 부분은 견고한 관계를 구축하는 것입니다. 스티븐 코비Stephen Cove의 말처럼 '신뢰의 속도'만큼 쉽게 움직이는 것은 없습니다.[4] 사람들이 위험을 감수하고 행동할 수 있게 하려면 그들이 실패할 경우에도 응원하는 존재가 있다는 것을 알려 주어야 합니다. 또한 우리가 모범이 되어 먼저 위험을 감수하는 모습을 보여 주어야 합니다. 혁신은 학교 안에서 교실과 교실 밖 리더 모두에게 필요합니다. 우리는 리더로서 우리가 원하는 혁신의 본보기가 되어야 합니다.

이 부분에서 강조하는 것은 순응 문화에서 벗어나 연대성을 창출하고 궁극적으로는 교육자들이 자율권을 갖게 하는 데 있습니다. 사람에게 진정한 자율권을 부여하기 위해서는, 말하는 자세에서 듣는 자세로의 전환이 필요하다는 것을 깨닫게 됩니다. 그러한 전환을 이루어 내고, 행정이 아닌 학습자(교사와 학생)에 초점을 맞춘다면 교육 공동체를 위한 공유된 비전을 만들 수 있습니다. '내'가 아닌 '우리'가 지닌 힘을 이끌어 낸다면 스티븐 존슨이 언급한 '혁신에 근접한 가능성Adjacent Possible'에 다가갈 수 있게 됩니다. 이를 통해 학습자로서 우리 조직을 위해 학교가 할 수 있고, 마땅히 가져야 할 비전과 열정을 창조할 수 있을 것입니다. 스티븐의 설명처럼 '혁신에 근접한 가능성'은 종착지가 아니라 시작점입니다.

'혁신에 근접한 가능성'이 가진 아름다운 진실은 우리가 그 경계를 탐구하면 할수록 그 범위가 확장된다는 사실이다. 각각의 새로운 조합은 또 다른 새로운 조합의 가능성을 열어 놓는다. 문을 열 때마다 마법처럼 계속 확장되는 집을 떠올려 보자. 아직 들어가 보지 않은 새로운 방으로의 문이 연결되는 각각 다른 문 네 개가 있는 방에서 시작한다. 일단 그 중 하나의 문을 열고 방으로 들어가면 세 개의 또 다른 문이 나타난다. 그 각각의 문들은 여러분이 처음 시작할 때는 갈 수 없었던 전혀 새로운 방으로 연결된다. 그렇게 계속 새 문을 열다 보면 결국에는 저택이 완성될 것이다.[5]

덧붙임 저는 교육에 대한 여러분의 비전이 반드시 어떠해야 한다고 말하는 것이 아닙니다. 오히려 여러분이 생활 반경 내의 학습과 가르침의 기회를 잘 활용하면서, 여러분이 속한 교육 공동체의 고유한 요구를 이해하고 충족시키기 위해, 그곳에 속한 사람들과 함께 일하기를 바랍니다. 사실 여러분과 여러분의 교육 공동체가 자신들이 가진 문제를 가장 잘 알고 있습니다. 이 기회를 활용해 문제를 해결하는 것이 바로 혁신입니다.

3부는 행동에 관한 것입니다. 워크숍이나 대화를 통해 제가 가장 자주 하는 질문은 "어떻게 하면 다른 사람을 변화시킬 수 있을까요?"입니다. 하지만 애석하게도 인간은 타인을 변화시킬 수 없습니다. 인간이 변화시킬 수 있는 존재는 본인뿐입니다. 여러분이 타인의 변화를 위해 할 수 있는 일은 단지 변화가 일어날 가능성이 더 높은 조건을 만들어 주는 것뿐입니다. 리더로서 학습과 리더십, 그리고 속한 조직의 재능을 촉발시키는, 단점을 포용하며 강점을 살리는 '강점기반 접근strengths-based approach'을 통해 이런 조건을 만들 수 있습니다. 3부에서는 우리의 결정이 학습에 의해 주도된다는 사실을 명확히 하면서 기술의 힘을 활용하는 데 초점을 둡니다. 아울러 모두가 교사이자 학습자가 되도록 독려하는 문화를 만들기 위한 방법도 살펴볼 것입니다.

4부에서는 여러분의 현 위치와 목표점, 그리고 그곳에 이르는 방법을 알아보도록 하겠습니다. 미리 말씀드리자면 아쉽게도 여러분은 그 목표에 도달하기 힘들 것입니다. 너무 비관적으로 들린다고요? 하지만 혁신적인 조직의 리더들은 대부분 배움과 성장에는 끝이 없다는 사실을 알고 있습니다. 따라서 학교는 그 어떤 조직보다도 지속적인 학습의 자세를 받아들여야 합니다.

여러분이 이 책을 보며 노력하여 작은 변화라도 이루어 낸다면 자신의 이야기를 사람들과 공유하길 부탁드립니다. 왜냐하면 우리가 타인에게서 무엇을 배울 때, 학생이 그 영향과 혜택을 받기 때문입니다. 그리고 저는 우리가 누가 일등인지에 대해, 혹은 우리 자신에 대해 걱정하는 것을 멈추고 타인이 성공하도록 돕는다면, 우리가 지역적으로든 세계적으로든 좋은 영향을 끼칠 수 있다고 믿습니다. 그러니 머뭇거리지 말고 여러분이 배운 점과 효과가 있었던 점을 적극적으로 나누기 바랍니다.

더 높은 점수를 얻는 것만이 성공이라고 생각한다면 아마도 여기서 이 책을 덮어야 할지도 모르겠습니다. 물론 시스템 안에서 살아가야 한다는 것을 부정할 수는 없지만, 그 부분은 이 책에서 제가 다루고 싶은 내용이 아닙니다. 저는 깊은 사상가, 창조자, 혁신가이면서도 시험 점수도 잘 올리는 학생도 존재한다고 생각합니다. 하지만 저는 좋은 성적을 위해 더 중요한 앞의 요소들을 희생하지 않기를 바랍니다. 21세기 교육은 시험 점수에 관한 것이 아닙니다. 그보다 더 크고 중요한 것입니다.

**혁신은 소수를 위한 것이 아니다.
혁신은 앞으로 나아가고 있는 사람이라면
모두가 받아들여야 하는 것이다.**
#혁신가의 사고방식

제가 중요하게 여기는 것은 아이들이 초등학교 3학년 과학 시험에서 좋은 점수를 받는 것이 아닙니다. 아이들이 학교에서의 경험으로 인해 더 나은 사람이 되고 싶은 영감을 받는 것입니다.

만약 당신이 다른 이를 돕고 학생과 교사를 위해 학교가 갖춰야 하는 시스템과 환경에 대해 알고자 한다면, 이 책은 여러분을 그곳으로 안내할 것입니다. 조직 차원에서 변화를 만드는 것은 행정가, 교사, 특히 학생을 포함한 교육 공동체 전체가 참가해야 하는 일입니다. 혁신은 소수를 위한 것이 아닙니다. 혁신은 앞으로 나아가고자 하는 사람이라면 모두가 받아들여야 하는 것입니다.

부모님이 제게 주셨던 영감을 요약해 보면, 두 가지 교훈으로 정리됩니다. 첫 번째는, 인간관계가 우리가 하는 모든 일의 중심이라는 것입니다. 두 분은 자신의 레스토랑을 사람들이 방문하고 싶고, 자신을 가치 있다고 느낄 수 있는 장소로 만드셨습니다. 부모님은 단순히 장사를 하신 것이 아니었습니다. 《해적처럼 가르쳐라 Teach Like a PIRATE》의 저자 데이브 버제스의 말처럼 우리는 학교를 학생들이 '들어가고 싶어서 문을 두드리는' 곳으로 만들어야 합니다.[6] 저에게 바람이 있다면 이러한 열정을 여러분과 여러분의 동료들도 함께 느끼는 것입니다. 부모님께 배운 두 번째 교훈은, 꾸준한 학습자가 되는 것의 가치입니다. 특히 어려움에 처해 있을 때 그 가치는 더 빛을 발휘합니다. 만약 우리가 독창성, 창의력, 비판적 사고력, 공동작업 그리고 지식에 대한 끊임없는 열망과 같은 가치들이 학생, 교사, 그리고 전체를 위한 기준이 되는 학교 문화를 만들어 낸다면, 학교는 단지 세상에 적응하는 법을 가르치는 곳이 아니라 모두를 혁신으로 이끄는 장소가 될 것입니다.

변화는 어쩌면 어렵고 때로는 혹독하지만 놀라운 일을 할 수 있는 기회입니다. 우리가 이런 사고방식을 가지고 우리 아이들이 되고 싶은 (그리고 되어야만 하는) 혁신가가 된다면 우리 앞에 펼쳐질 기회는 무궁무진할 것입니다.

연결하고, 배우고, 혁신하고, 공유하라.
#혁신가의 사고방식

PART1

교육에서의 혁신

THE INNOVATOR'S MINDSET

● 　　1부에서는 혁신과 혁신이 아닌 것을 살펴봄으로써 혁신이 무엇인지 정의하는 데 초점을 둘 것입니다. 혁신과, 오늘날 혁신이 교육계에서 중요한 이유에 대한 이해를 바탕으로 혁신가의 태도적 특성을 집중해서 살펴보겠습니다. 앞으로 제시할 예시는 학교와 교육자들이 꼭 어떠해야만 한다고 말하는 게 아닙니다. 이 분야에 대한 깊은 사고思考를 유발하는 동시에 여러분이 개인으로서 그리고 몸담고 있는 조직을 위해 자신만의 혁신적인 접근 방법을 만들 수 있도록 돕기 위함입니다. 학습자인 학생과 교육자 모두를 위해서 새롭고 더 나은 어떤 것을 만들어 내는 것은 우리에게 기회이자 반드시 요구되는 것이기도 합니다. 그러기 위해서는 먼저 '혁신'이라는 용어가 교육계에서 가장 널리 쓰이는 말이 되어야 합니다. 혁신이 무엇이며, 어떻게 정의되고, 어떤 모습으로 현장에서 이루어지는지에 대해 알아봅시다.

**THE
INNOVATOR'S
MINDSET**

혁신과 혁신이 아닌 것

너무 이르기 때문에 실패하는 변화는 거의 없다.
변화가 실패하는 이유는 늘 너무 늦기 때문이다.

– 세스 고딘 Seth Godin[1]

〈디 어니언The Onion〉지는 과거 북미 전역에서 비디오 대여 서비스를 했던 블록버스터Blockbuster(비디오 DVD 렌탈 체인점)를 다룬 영상을 통해 비디오 시대를 살았던 사람들을 보여 줍니다. 기자들은 이 시대 사람들이 인터뷰에서 영화를 빌리거나 반납하기 위해 꽤 먼 거리를 이동해야 했으며, 원하는 영화를 언제 비디오로 볼 수 있을지 모르는 시대에 살았다고 말합니다.[2]

이 영상은 마치 인터넷이 존재하지 않는 것처럼 계속해서 옛날 방식으로 운영하려는 회사를 풍자하고 있습니다. 불과 몇 년 전까지만 해도 블록버스터와 같은 비디오 대여점은 사람들이 자기 집에서 편안하게 영화를 보는 가장 좋은 방법이었지요. 아직도 세계 곳곳에 이런 가게들이 존재하지만 기술의 발달로 더 저렴하고 편리한, 이동이 필요 없는 영상 제공 서비스들이 생기면서 동네 비디오 가게들이 문을 계속 닫고 있습니다.

인터넷은 영화 대여 산업을 완전히 바꾸어 놓았습니다. 넷플릭스Netflix처럼 DVD 우편 배송과 온라인 스트리밍 옵션 같은 신기술을 활용한 기업은 번창하는 한편, 기존의 사업 모델을 버리지 않은 블록버스터 같은 기업은 서서히 고통스러운 몰락을 경험할 수밖에 없었습니다.

블록버스터는 넷플릭스를 사들일 기회가 여러 번 있었지만 그때마다 거절했습니다.[3] 자신들만의 DVD 우편 배송 프로그램을 시작하려 했을 때는 이미 업계 선두주자 자리를 잃은 후였죠. 블록버스터와 동네 영화 대여 산업이 간과했던 혹독한 교훈은 바로 이것입니다. 혁신하느냐, 아니면 사라지느냐. 똑똑한 리더들은 혁신의 필요성을 인식했고, 그 결과 끊임없이 조직을 개혁해 나갔습니다. 가령, 처음에는 커피 원두 판매에만 중점을 두고 사업을 시작한 스타벅스가 오늘날 세계에서 가장 유명한 커피숍이 된 것처럼 말이죠. 스타벅스의 회장이자 CEO인 하워드 슐츠는 사람들이 집과 일터를 벗어나 시간을 보내는 장소에 대한 가능성을 보았고, 이를 위한 매장을 오픈했습니다. 또한 초창기 커피 원두를 볶는 일을 하던 때부터, 스타벅스의 리더들은 계속해서 사업을 개선하려고 노력했습니다. 커피를 내리는 시간과 온도를 디지털로 조절하고 클라우드 기술(데이터를 인터넷과 연결된 중앙컴퓨터에 저장해서 인터넷에 접속하기만 하면 언제 어디서든 데이터를 이용할 수 있는 것 — 옮긴이)로 조리법을 업데이트 했고, 고객 선호도를 추적하여 커피 메이커의 성능을 모니터링하는 등 첨

단기술을 활용한 기계를 이용해서 커피를 만드는 새로운 방법을 모색했습니다.[4] 또한 제품 라인을 확장해 지금과 같이 다양한 형태와 풍미가 있는 커피와 차를 선보였습니다. 스타벅스는 직원에게 생활 친화적인 업무 일정을 제공하고,[5] 대학 학위를 받을 수 있도록 학비를 지원하는 등[6] 직원들의 복지 개선에 힘쓰는 것으로도 잘 알려져 있습니다.

여러분이 스타벅스 커피를 좋아하든 그렇지 않든, 스타벅스는 고객의 요구에 부응하기 위해 지속적으로 개선하고 적응해 나가려고 노력해 온 조직의 좋은 예임은 틀림없습니다. 스타벅스에서 변화는 커피 혹은 심지어 생존 그 이상의 것입니다. 이것이 바로 그들을 성공으로 이끈 열쇠죠.

새로운 기회

학습과 혁신은 밀접하게 연관되어 있다. 성공의 오만함은
우리가 어제 한 일이 내일을 위해서도 충분할 것이라 여기는 데서 온다.
– 윌리엄 폴라드 William Pollard[7]

교육계에는 "아직 존재하지 않는 직업을 위해 아이들을 준비시켜야 한다"라는 말이 일반적으로 회자됩니다. 2011년 이 목표를 염두에 두고 팀 먼즈 교육감과 저는 '혁신적인 교육과 학습 부서장'이라는 직책을 만들었습니다. 당시 제가 살던 지역은 물론, 우리가 알고 있던 지역 어디에도 존재하지 않았던 직책이었죠. 우리는 기존의 자

리에서 이름만 바꾸거나 똑같이 낡은 일을 하고 싶지는 않았습니다. 새롭고 완전히 다른 어떤 것이 필요했죠. 팀과 나 그리고 지역 지도부의 다른 구성원들은 우리가 하는 일과 해야 할 일 사이에 간극이 있다는 것을 인지하고 있었습니다. 이 차이를 메우고 우리가 꿈꾸는 혁신적 조직을 만들려면 다르게 생각해야 한다는 것도 알고 있었습니다.

저는 어느 정도의 위험이 따르리라는 것을 알면서도 이 직책을 맡았습니다. 그 위험은 구체적인 직무 요건이 존재하지 않는다는 사실이었죠. 그저 우리 지역이 앞으로 나아가도록 도와야 한다는 기대만 있을 뿐이었습니다. 마치 허공에서 비행기를 만드는 격이었고, 자칫 모든 것을 망칠 염려도 있었습니다. 다행스럽게도 팀 먼즈 교육감은 관리직이 혁신적인 교육과 학습이라는 과제에 인력과 자금을 투입하는 위험을 감수해야 한다는 점을 잘 알고 있었습니다.

그 직책을 맡은 제 첫 업무는 교육과 학습이라는 맥락에서의 혁신이 우리 지역 교육계에 의미하는 바가 무엇인지 실제로 이해하는 일이었습니다. 먼저 혁신이 의미하는 바와 교사와 학생들을 어떻게 선정할지 정의하지 않고서는 혁신적인 교육과 학습이 불가능했습니다. 물론 이 직책이 생기기 전에 우리 지역에 혁신적인 교육가가 없었다는 것은 아닙니다. 실제로 우리 지역 안팎에서 교육과 학습에 대해 매우 진보적으로 접근해 온 교육가는 꽤 있었으니까요. 하지만 그런 혁신은 개별적으로 이루어져 왔기 때문에 이제는 혁신적인 교육과 학습이 우리 지역의 하나의 문화규범으로 자리 잡기를 바랐습니다.

학교의 목적은 무엇인가?

가끔 저는 우리가 가장 인간적인 일인 가르치는 직업을 택했지만, 그것을 너무 쉽게 글자와 숫자로 정리해 버렸다는 것이 무섭습니다. 우리는 정치적인 요구와 오늘날 교사와 학교들이 평가받는 방식 때문에 시험 점수에 집중하게 되었습니다. 가끔은 삶을 변화시키고 발전시킨다는 우리 직업의 목적을 잊었다는 생각마저 듭니다. 강연자이자 작가인 조 마틴 박사Dr. Joe Martin는 "어느 선생도 졸업 후 자신을 찾아와 표준화된 시험이 자신의 삶을 변화시켰노라고 말해준 학생을 둔 적은 없을 것이다"라며 이를 지적했습니다.

혁신적인 교육과 학습 부서장을 맡은 직후 저는 《나는 왜 이 일을 하는가?Start with Why》의 저자 사이먼 시넥Simon Sinek의 테드 강연을 보았습니다. 그는 "위대한 리더들이 행동을 이끌어 내는 법How Great Leaders Inspire Action"[8]이라는 발표에서 모든 위대한 조직은 '왜(Why, 목적)'에서 시작하여 '무엇(What, 내용)'과 '어떻게(How, 방식)'를 향해 나아간다고 설명했습니다.

저는 더 나은 현재와 미래를 만들어 갈 학습자와 리더들을 성장시키는 것이 바로 교육의 목적이라고 믿습니다. 여기서 리더는 윗사람을 뜻하는 말이 아니라 영향력을 지니고 세상을 바꿀 수 있는 사람을 말합니다. 마찬가지로 학습자라는 용어도 학생에게만 국한되지 않습니다. 교육자 역시 학습자와 리더 모두로서 발전할 기회를 가져야 합니다. 학생, 교사, 행정직 등 어떤 자리와 직책에 있더라도 학습자와 리더가 될 수 있습니다. 하지만 사람들로부터 이러한 자질을 개발하려면 그들에게 자율적 권한을 부여해야 하며, 순응을 요구하기보다 혁신하도록 북돋워 주어야 합니다.

이 책의 핵심이자 목적은 학교가 학교 안의 모든 개개인이 혁신가의 사고방식을 적극적으로 받아들이도록 돕는 곳으로 발전시키는 데 있습니다. 저는 미래 지향적인 학교가 오늘의 학습자들을 창의적으로 생각하는 사람, 그리고 리더가 되도록 장려할 때, 더 나은 세상을 만들 수 있다고 확신합니다. 그것이 제가 이 글을 쓴 목적why이며, 우리가 교육자로서 우리의 일에 접근하는 내용what과 방식how이 되어야 한다고 믿습니다.

혁신의 정의

혁신이란 오늘날 교육계에서 흔히 사용되는 말이며 이 책에서도 이미 여러 번 사용되었습니다. 하지만 이 단어가 실제로 의미하는 바는 무엇일까요? 특히 교육의 측면에서 혁신이 뜻하는 바는 무엇일까요?

이 책에서 저는 혁신을 새롭고 더 나은 무언가를 만들어 내는 사고방식이라 정의하겠습니다. 혁신은 '발명(뭔가 완전히 새로운 것)'이나 '신판(이미 존재하는 것의 변화)'으로 볼 수도 있지만 '새롭고 더 나은 것'이라는 개념을 충족하지 못한다면 혁신적이라고 보기 어렵습니다. 즉, 변화를 위한 변화로는 결코 충분하지 않다는 것이죠. 하지만 오늘날에는 많은 조직이 혁신을 시류를 따라잡고 젠체하기 위해서 유행어처럼 남용하는 경우가 빈번합니다.

혁신은 하나의 사고방식이며, 개념과 과정, 그리고 잠재적 결과까지 고려한 방법입니다. 혁신은 사물이나 과업, 혹은 기술이 아닙니다. 오토데스크Autodesk의 CEO인 칼 배스Carl Bass는 테드엑스 강연 "혁신의 새로운 규칙The New Rules of Innovation"에서 혁신을 다음과 같이 설명합니다. "혁신은 우리가 세상을 변화시키는 과정이다. (중략) 새롭고 더 나은 것을 만들기 위해 아이디어와 기술을 실제로 적용해 가는 과정이다."⁹ 많은 조직이 혁신을 기술과 동의어 정도로 여기고 접근하지만, 이는 잘못된 방식입니다. 물론 기술은 혁신적인 조직이 발전하는 데 결정적인 역할을 하지만, 혁신은 컴퓨터, 태블릿, 소셜 미디어 그리고 인터넷과 같은 도구에 관한 것이라기보다는 이런 도구를 어떻게 활용하는가에 대한 것입니다.

혁신과 종종 바꾸어 사용되는 말은 변화Transformation입니다. 이는 교육자들이 해왔던 일을 좀 더 극적으로 바꾸는 것을 의미합니다. 일부 관리자들이 변화를 요구하는 이유는 대략 짐작할 수 있겠으나, 사실 혁신은 우리가 이미 가지고 있는 사고 체계 안에서 더 쉽게 이뤄집니다. 혁신에는 극적인 전환이 필요한 게 아니기 때문입니다. 샌디에이고 대학교 모바일 기술 학습 센터University of San Diego Mobile Technology Learning Center의 전문 학습 책임자인 케이티 마틴은 혁신적인 사고방식을 발전시키기 위한 리더십의 중요성에 대해 아래와 같이 설명합니다.

소중한 학생들을 위해 진정성 있게 참여를 유도하며, 현실에 유용한 학습 경험을 설계하는 교사를 대신할 것은 아무것도 없다. 교사의 역할은 학습자가 학습자로서의 기량과 사고방식을 배우고 발전시키도록 고무하는 것이다. 설계자이자 촉진자로서 교사는 자원과 경험 그리고 교육 공동체의 지원을 통해 계속해서 진화해야 한다. 교사의 역할을 변경할 필요는 없으며, 오히려 교사가 혁신적인 방식으로 학생에게 최적의 학습 경험을 제공할 수 있도록 북돋우고, 이를 위해 교사에게 자율권을 주는 문화를 만들어 내야 한다는 점이 점점 더 분명해지고 있다.[10]

혁신적인 문화를 만드는 데 무조건 극적인 변화가 필요한 것은 아닙니다. 그러나 '최적의 학습 경험'을 지원하는 체계를 개발하고 지속하며, 아이디어를 창출하고 다듬는 과정을 중시하는 리더는 필요합니다.

혁신은 질문에서 시작한다

시카고 지역의 교사인 조시 스텀펜호스트는 혁신적인 교육은 학생들의 학습 환경을 위해 더 나은 것을 만들어 내는 끊임없는 진화임을 강조했습니다. 또한 그는 교실의 중심은 교사가 아니라 학생이며, 학생은 전체가 아니라 개인으로 존재해야 한다고 주장했습니다. 이러한 환경을 만들기 위해서는 매일 "학습자를 위한 최선은 무엇인가?"라는 질문을 던져야 합니다. 교육을 개별화하고 우리가 도우려는 사람에 공감하는 지점이 바로 혁신적인 교육과 학습이 시작되는 곳입니다.

우리는 학습자 개개인에게 무엇이 최선인지 고려하면서, 우리의 가르침이 그들의 미래에 어떤 영향을 미칠지도 함께 숙고해야 합니다. 제가 이제까지 많은 교육자에게 던졌던 질문을 살펴볼까요? "오늘날 우리가 사는 세상에서 학생들은 무엇을 더 작성할 줄 알아야 할까요? 에세이일까요? 아니면 블로그 포스트일까요?" 어떤 사람들은 이 질문을 불편하게 여기지만 동시에 오늘날의 교육적 필요에 대해 고민하게 만듭니다. 위 질문은 양자택일의 문제가 아니라 우리가 무엇을, 왜 하는가에 대해 생각하도록 고안된 질문입니다. 우리는 교육계에서 이러한 유형의 사고를 촉진하기 위해 더 많은 질문을 던져야 합니다.

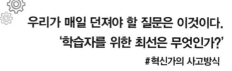

우리가 매일 던져야 할 질문은 이것이다.
'학습자를 위한 최선은 무엇인가?'
#혁신가의 사고방식

교사는 자신들이 가르치는 대상과 방법에 대해 다르게 접근할 때마다, 더 나은 학습 기회를 만들 수 있습니다. 무엇을 하고, 왜 하는지 질문을 던지는 것은 혁신의 필수 요소이기 때문입니다. 예를 들어 어떤 교사가 요즘 시대의 학생에게는 유명 작가의 글이나 말을 인용하는 것만큼 적절한 비디오 클립을 잘 활용하는 것도 자신이 원하는 바를 타인에게 전달하는 데 중요하다는 것을 고려한다고 칩시다. 이 경우, 기존의 영상을 잘 활용하는 법과 새 동영상을 찍을 수 있는 방법을 아는 것 중 어떤 쪽이 학생들에게 더 중요할지 교사 자신에게 질문할 수 있습니다. 물론 이는 상황에 따라 대답이 달라질 수 있습니다. 핵심은 이러한 질문들이 교사의 관점을 바꾼다는 것입니다. 학습자를 위한 최선이 무엇인지 고려하는 질문은 익숙하고 편한 내용을 가르치는 것이 아니라, 학생들 개개인의 필요에 비추어 교육을 바라보도록 만듭니다. 어쩌면 에세이를 쓰는 구성 요소는 효과적인 블로그 포스트 작성에 필요한 결정적 요소일 수 있습니다. 우리가 과목이나 기술을 어떻게, 무엇을, 왜 가르치는가에 대해 고민함으로써 학생들에게 풍부한 학습 기회를 제공할 수 있다는 것입니다.

혁신 학습의 공개

미국 노스캐롤라이나주 롤리Raleigh 출신의 빌 페리터(트위터@ PlugUsIn)는 제가 가장 좋아하는 사람 중 한 명이자 뛰어난 교육자입니다. 빌은 자신의 교실 안 교육 경계를 끊임없이 허물 뿐만 아니라, 다른 교육자에게도 그들의 생각을 확장하도록 유도합니다. 그는 플리커Flickr 페이지에 자신의 프레젠테이션을 자유롭게 공유하는데, 콘텐츠에 '저작물 사용' 허가 표시를 달아두고 누구나 자신의 원저작물을 수정할 수 있게 했습니다. 저는 그의 작업물 중 "당신은 아이가 기술로 무엇을 하기를 원하는가?"라는 제목의 도표에 관심이 갔습

니다.[도표 1 참조] [11]

저는 빌의 작업을 공유하고, 그것을 '혼합'하여 "당신은 리더가 기술로 무엇을 하기를 원하는가?"라는 제목의 글을 블로그에 올렸습

[도표 1]

당신은 아이가
기술로 무엇을 하기를 원하는가?

적절하지 못한 답변

- 프레지Prezi(클라우드 기반의 프레젠테이션 도구 - 옮긴이) 제작하기
- 블로그 시작하기
- 워들Wordle(워드 클라우드 - 옮긴이) 만들기
- 애니모토Animoto(동영상 제작 프로그램 - 옮긴이) 발행하기
- 플립차트Flipchart 디자인하기
- 비디오 제작하기
- 에드모도Edmodo(학습 관리 시스템 - 옮긴이)에 게시하기
- 전자 화이트보드 사용하기
- 애플리케이션 개발하기

적절한 답변

- 인식 높이기
- 대화 시작하기
- 스스로의 질문에 대답 찾기
- 타인과 협력하기
- 마음가짐 바꾸기
- 다르게 하기
- 행동에 옮기기
- 변화 만들기

기술은 도구일 뿐 학습의 성과가 아니다.

니다.[12] 빌 역시 제 아이디어를 받아들여 새로운 슬라이드를 만들었습니다.[도표 2 참조]

이 간단한 예에는 발명(빌의 원래 아이디어)과 신판(제가 빌의 아이디어를 적용한 것)이 등장합니다. 둘 다 새롭고 더 나은 어떤 것을 만들어 내려는 의도로 만들어졌다는 공통점이 있습니다. 혁신은 항상 '물리적' 창조물이 아니라, 오히려 그저 하나의 아이디어일 때가 많습니다. 이 경우를 보면, 이 두 개의 도표 자체는 혁신이 아니지만 아이디어와 그것을 적용한 방식은 혁신적인 사고의 가능성을 지니고 있다고 볼 수 있습니다. 즉, 모두의 이익을 위해서 아이디어를 자유롭게 공유하고 혼합할 수 있다는 점이 이 두 도표의 혁신 요소입니다. 이는 3부 '개방적 문화 받아들이기' 장에서 자세히 살펴보도록 하겠습니다.

저는 이 예시를 통해 혁신은 '새로운 것'이 아니라는 점을 강조하고 싶습니다. 과거에 빌 페리터처럼 훌륭한 아이디어를 지닌 혁신적인 교육자들은 자신의 아이디어를 공유할 기회가 많지 않았습니다. 가끔 있는 교직원 연수에서 자기 생각을 몇 분 동안 돌아가며 나누는 것이 고작이었습니다. 반면에 오늘날은 기술 덕분에 혁신적인 아이디어를 전 세계로 빠르고 쉽게 전파할 수 있습니다. 예를 들어 이 글을 쓸 당시 빌의 도표는 이미 플리커에서 조회수가 4만 3,000회 이상이었습니다. 만약 빌이 사람들과 일대일로 혹은 직원회의에서 일일이 자신의 생각을 공유해야 했다면 얼마나 많은 시간이 걸렸을지 상상조차 할 수 없습니다. 기술은 이렇듯 낡은 제약의 한계를 없애 줍니다.

#CPCAHT

당신은 리더가
기술로 무엇을 하기를 원하는가?

좋은 대답

- 트윗

- 구글 앱 사용하기
  (또는 오피스 365!)

- 블로그 포스트 작성하기

- 학습 관리 시스템 사용하기

- 비디오 제작하기

- 문자 알림 사용하기

- 웹사이트 개발하기

- 프레젠테이션 제작하기

- 스프레드 시트 만들기

더 좋은 대답

- 관계 구축하기

- 조직 공동체와 연결하기 - 다양한 방법으로

- 수평적 조직 만들기

- 협력하기 - 국내, 전 세계

- 문화 바꾸기

- 누구에게서나 배우기 (모두에게서!)

- 공개적으로 반영하기

- 효과 있는 이야기들 전하기

- 개인의 학습 기회 개발하기

- 변화를 만들고 이끌기!

기술은 도구일 뿐, 리더십의 성과가 아닙니다.

@GCOUROS 의 아이디어   @PLUGUSIN 작업

혁신으로 가는 간단한 첫걸음

때로는 하나의 아이디어가 우리의 생각을 완전히 바꾸기도 합니다. 한 번은 초등학교 1학년을 맡고 있는 교사에게 수업시간에 무엇을 가르치는지 물어본 적이 있었습니다. 그녀는 학생들이 식물을 키우며, 그 성장 과정을 일기장에 쓰거나 그림으로 그리면서 기록을 남기고 있다고 했습니다. 그리고 매주 학생들의 과제를 지켜보며 조언해 주었는데요. 우리는 그녀의 수업 목표에 대한 이야기를 나누며 여러 가지 성취를 이루어 낸 혁신적인 아이디어도 함께 생각해 냈습니다. 그녀는 수업을 위해서 인스타그램 계정 instagram.com/pvsgreenthumbs 을 만들었고, 그녀의 학생들은 그 계정에 사진을 찍어 게시하거나 관찰한 것을 사진 설명란에 상세히 기록했습니다. 이렇게 온라인상에 프로젝트 과제를 올려놓고 교사, 부모뿐 아니라 누구라도 학생들의 게시물에 코멘트를 달 수 있게 한 것입니다. 이 교사는 자신의 수업에 적용한 이와 같은 경험을 통해 크라우드 소싱(전문가나 아마추어 등 다양한 이들의 참여로 해결책을 얻는 방법 – 옮긴이)을 성공적으로 학습한 것입니다. 식물의 성장에 초점을 두는 것이 주요 목표였지만, 여섯 살에서 일곱 살 사이의 아이들에게 디지털 발자국(digital footprint, 인터넷을 사용하면서 남긴 활동 정보 – 옮긴이)과 온라인에 게시해야 할 것이나 하지 말아야 할 것들도 가르칠 수 있었습니다.

간단한 발상의 전환으로 이 과제는 새롭고 더 나은 교육이자 학습 방법이 된 셈입니다. 교실 밖의 다른 사람들로부터도 배울 수 있고, 학습을 집에서도 이어갈 수 있는 단초가 된 부모의 참여도 간단한 사고의 전환으로부터 비롯되었습니다. 앞서 언급한 사례가 인생을 바꾸는 사건이었을까요? 아닙니다. 하지만 올바른 방향으로 나아가는 하나의 걸음이었습니다. 그리고 우리가 매일 보는 것들에 대해 다르게 생각한다면, 혁신적인 학습 기회를 만들어 낼 수 있다는 것을 증명했습니다.

**우리가 매일 보는 것들에 대해 다르게 생각한다면,
혁신적인 학습 기회를 만들어 낼 수 있다.**
#혁신가의 사고방식

혁신이 아닌 것

애플의 유명한 '다르게 생각하라'라는 발상은 훌륭한 출발점이긴 하지만, '다르게'라는 것이 혁신적이거나 도움이 되는 것을 실제로 만들어 내는 일에는 충분하지 않습니다. 실례로, 많은 학교가 자판기 상품을 건강에 해로운 간식에서 건강한 식품으로 대체했던 사례가 있었습니다. 건강한 간식 자판기 앞에서 학생들은 선택의 여지가 없어져서 결국 더 나은 음식을 섭취하게 될 것이라는 생각에서였습니다. 이 전략은 가치 있는 목표인 더 나은 식습관을 장려하기 위해 고안되었습니다. 그러나 이 접근은 많은 학교에서 실패로 끝났습니다. 일부 학생들은 학교에서 판매하는 것을 사 먹는 대신, 근처 편의점에서 건강에 해로운 음식을 더 많이 사 먹었습니다. 이 경우에서 보듯이, 다르게 생각하는 것이 꼭 학생들에게 더 나은 것이 되지는 않았습니다. 결과적으로 학생들은 더 많은 돈을 썼고 더 해로운 음식을 먹게 되었기 때문입니다.

이러한 보건 정책에서 종종 누락되는 것은 바로 학생들의 목소리입니다. 다른 사람들이 변하도록 도우려면 우선 그들의 습관을 움직이는 것이 무엇인지 이해하는 게 중요합니다.

다름을 위한 다름은 그저 시간 낭비에 그칠 수 있고, 시작 시점보다 더 악화될 수도 있습니다. 즉 단순히 'A'를 'B'로 대체하는 것은 혁신이 아닐 뿐더러 실제로 이전 상황보다 더 나쁜 상황으로 이어질 수도 있습니다. 모든 혁신이 성공하기 위해서는 개개인의 관심과 최종 목표를 염두에 두고 해결책을 고안하는 것이 매우 중요합니다.

앞으로 나아가기

전 세계 최고의 리더십 전문가이자 유명 작가인 존 맥스웰John Maxwell의 유명한 격언 중에 이런 말이 있습니다. "변화는 불가피하지만, 성장은 선택이다."[13] 우리는 성장할지, 변화할지 혹은 혁신할지를 선택해야 합니다. 하지만 학생들의 미래에 집중하는 학교에서 성장은 더 이상 단순한 선택이 될 수 없습니다.

변화는 지속될 것이고, 앞서 언급한 바와 같이 뭔가 놀라운 일을 할 수 있는 기회가 될 것입니다. 이 놀라운 일은 아마도 학생은 물론 교육자인 우리도 성장시킬 것입니다. 이것이야말로 우리가 진정으로 우리 아이들에게 도움이 되는 길입니다.

교육은, 기존의 방식만으로 충분하기를 바라면서 새로운 것을 받아들이려 하지 않는 또 다른 블록버스터의 사례가 되어서는 안 됩니다. 끊임없이 변화하는 세상 속에서 이미 있는 것을 유지하는 데만 정신을 쏟는다면 더 나빠질 일밖에는 없을 것입니다. 학교가 앞으로 나아가기 위해서 우리 모두에게 필요한 것은 바로 혁신가의 사고방식입니다.

[토론용 질문]

01 여러분이 혁신적이라고 보는 실천 사례는 무엇인가?
여러분이 이전에 한 것보다 어떤 면에서 새롭거나 더 나은가?

02 어떻게 하면 여러분의 리더십에서 혁신의 기회를 만들 수 있을까?
교육적 측면과 학습적 측면에서 생각해 보자.

03 오늘날 더 쉽게 혁신을 만들어 낼 뿐 아니라 학생들에게도
필요한 것은 무엇인가?

혁신가의 사고방식

교육은 우리를 위해 제공되는 것이라는 생각이 아닌,
우리 자신을 위해서 우리가 직접 만들어 내는
것이라는 생각으로 나아가야 한다.
-스티븐 다운스 Stephen Downes, 2010 [1]

영국의 텔레비전 리얼리티쇼 〈요크셔 교육하기Educating Yorkshire〉[2]에
는 교사가 말을 더듬는 학생에게 영화 〈킹스 스피치The King's Speech〉에
서 나온 기법을 시도하는 장면이 등장합니다. 영화에서 배우 콜린
퍼스Colin Firth가 연기한 킹 조지 6세King George VI는 음악을 활용해서 말
더듬증을 완화했습니다. 〈요크셔 교육하기〉에서 교사는 자신의 학
생 무샤라프 아스가르에게 음악을 들으면서 큰소리로 시를 낭독해
보라고 했고, 다행히도 그 방법은 교사와 학생 모두가 놀랄 만큼 즉
각적인 효과가 있었습니다. 말을 제대로 하지 못한다는 이유로 괴롭
힘을 당해서 학교를 그만두려 했던 아스가르는 반 아이들 앞에서 연
설을 하게 됩니다. 친구들과 선생님들은 그의 연설 실력에 뛸 듯이
기뻐했고 크게 감동했습니다. 선생님들은 눈물을 글썽였고 아이들

도 울만큼 감동적인 순간이었죠. 학생을 많이 아끼고 그들의 성공을 위해서, 기꺼이 새로운 것을 시도하고 다른 길을 제시했던 버튼 선생님은 학생들과 학부모, 교사가 모인 학교 강당에서 박수갈채를 받으며 자랑스럽고 환한 웃음을 보였습니다.

무샤라프 아스가르는 말더듬증을 극복함으로써 자신감을 갖게 되었고, 나아가 말더듬증과 언어 치료에 대한 다큐멘터리를 진행할 기회도 얻었습니다.[3] 이는 모두 아스가르의 선생님이 혁신가적인 사고방식을 받아들였기 때문에 가능했습니다.

혁신가의 사고방식 취하기

스탠포드 대학의 심리학자이자 유명한 책《마인드셋Mindset: The New Psychology of Success》의 저자인 캐럴 드웩Carol Dweck은 교사가 학생에게 '성장의 사고방식Growth Mindset' 개념을 소개하도록 권하고 있습니다. 그녀는 '고정된' 사고방식과 '성장형' 사고방식의 차이점을 가르침으로써 아이들에게 자율권을 줄 수 있다고 보았습니다. 학생들은 새로운 것을 시도하면 처음에는 실패할 수도 있으나, 능동적이고 확고한 결심이 생긴다는 걸 배우게 됩니다.

> 혁신하는 능력, 다시 말해 새롭고 더 나은 것을 만들어 내는 능력은 오늘날 전 세계의 기업에서 추구하고 있는 기량이다.
> #혁신가의 사고방식

고정된 사고방식을 지닌 학생은 자신의 기본 능력과 지능, 그리고 재능이 고정된 특성이라 여깁니다. 이 요소들은 일정한 양의 특성을 지녔을 뿐, 그 이상도 이하도 아닌 것이지요. 그렇기 때문에 이 학생은 항상 똑똑해 보여야 하고, 절대 바보처럼 보여서는 안 되는 게 목표입니다. 한편, 성장형 사고방식을 지닌 학생은 자신의 재능과 능력은 노력과 좋은 교육, 그리고 끈기를 통해서 계발할 수 있다고 생각합니다. 모든 사람이 똑같거나 누구나 아인슈타인이 될 수 있다고 여기는 건 아니지만 노력한다면 누구나 더 똑똑해질 수 있다고 믿는 것이지요.[4]

피아노 연주라는 간단한 예로 이 두 가지 사고방식을 비교하겠습니다. 고정된 사고방식을 지닌 학습자는 자신이 피아노를 연주할 능

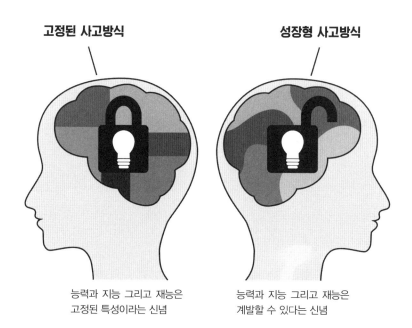

고정된 사고방식   성장형 사고방식

능력과 지능 그리고 재능은
고정된 특성이라는 신념

능력과 지능 그리고 재능은
계발할 수 있다는 신념

력이 있다고 믿지 않는 반면, 성장형 사고방식을 지닌 학습자는 열심히 노력하고 연습한다면 자신의 능력 범위 내에서 피아노를 연주할 기회가 주어질 거라고 생각합니다. 이러한 신념은 학습자가 노력하도록 만들고 궁극적으로는 성장하도록 이끕니다.[5]

혁신가의 사고방식은 음악을 창작하기 위해 자신의 능력을 활용하여 피아노 연주법을 배우는 데 집중함으로써, 성장형 사고방식을 한 단계 더 위로 끌어올립니다. 즉 혁신가는 능력과 지능, 그리고 재능은 계발할 수 있기 때문에 새롭고 더 나은 아이디어를 창출할 수 있다고 믿습니다.

성장형 사고방식은 학습 개방성에서 매우 중요하지만 교육을 변화시키고 학생들의 미래를 준비시키기 위해서는, 여기서 더 나아가 혁신가의 사고방식을 취하고 학생들에게도 이러한 사고방식을 심어주어야 합니다. 다시 말해 획득한 지식으로 무언가를 새롭게 만들어내는 데 집중해야 한다는 것입니다.[6]

새롭고 더 나은 것을 만드는 창작 능력은 오늘날 전 세계의 기업에서 찾고 있는 기량입니다. 칼럼니스트이자 작가인 미국의 토머스 프리드먼Thomas Friedman은 〈뉴욕타임스New York Times〉에 '구글에서 일자리를 얻는 법'이라는 글을 게재했습니다. 이 글의 요점은 지식을 행동으로 옮기는 것이 정보를 얻는 것보다 훨씬 더 중요하다는 사실입니다.

구글은 미국의 학점GPA과 같은 전통적인 지표에서는 나타나지 않는 아주 다양한 재능을 원한다. 그럼에도 불구하고 대부분의 젊은이는 대학

혁신가의 사고방식

능력과 지능 그리고 재능은
계발할 수 있기 때문에 새롭
고 더 나은 아이디어를 창출
할 수 있다는 신념

교에 진학해서 좋은 성적을 받는 것이 여전히 여러 일자리에 필요한 기
술을 습득하는 최선의 방법이라는 생각에 머물러 있다. (중략) 이제 정신
차리고 현실을 보라. 학위는 어떤 일을 할 수 있는 능력을 대변해 주지
않는다. 세상은 오로지 당신이 아는 것을 가지고 무엇을 할 수 있는지,
어떤 성과를 낼 수 있는지에만 관심이 있다(그것을 어떻게 배웠는가는 중요
하지 않다).[7]

말을 더듬는 학생의 예시로 돌아가 봅시다. 위 예에서 교사는 대
학교 수업이나 전문적 학습 혹은 다른 유형의 공식적인 학습 기회가
아닌 〈킹스 스피치〉 영화를 보고 배운 것을 가지고 학생을 위해 새
로운 기회를 만들어 냈습니다. 스마트폰과 헤드폰 기술을 이용했으

나, 이는 아주 단순한 기술이지요. 1979년 워크맨이 발명된 이래 이미 개인 기기로 음악을 들어 왔기 때문에 이 기술 자체는 더 이상 혁신적이지 않습니다. 이 이야기에서 혁신은 기술의 활용에서 나온 것입니다.

여기서 중요한 것은 학생들을 위해 새롭고 더 나은 기회를 인식하고 만들어 내는 법을 배웠다는 점입니다.

교육자는 모두 혁신가의 사고방식을 지녀야 하는가?

위의 질문에 대한 짧은 답은 '그렇다'입니다.

왜 그럴까요? 새로운 시도와 다양한 교수법에도 불구하고 수업을 '따라가지 못하거나' 새로운 기능을 습득하지 못하는 학생들이 존재해 왔기 때문입니다. 여러분의 접근법이 잘 따라오지 못하는 학생들에게 효과가 없다고 해서 그들을 포기해야 할까요? 아닙니다. 저는 여러분이 그런 상황을 도전으로 받아들이고, 잘 따라오지 못하는 특정한 학생을 위해 자신이 무엇을 알고 있는지, 무엇을 알아야 하는지, 새로운 과제나 기능을 효과적으로 가르치기 위해 필요한 새로운 방법은 무엇인지를 찾아가는 기회로 여기기 바랍니다.

**혁신은 일에 대한 것이 아니라
생각하는 방식에 관한 것이다**
#혁신가의 사고방식

또한 거의 모든 행정 직원들은 예산의 제약에 직면해 있기 때문에, 적은 자금으로 더 크고 좋은 결과를 기대하는 체계 속에서 일하고 있습니다. 다행스럽게도 혁신은 일에 대한 것이 아니라 사고방식에 관한 것입니다. 리더로서 우리 앞에 놓인 도전은 앞으로 나아갈수 있도록 하는 새로운 방법을 고민하는 것이죠. 우리는 우리가 가르치는 학생들을 돕고 문제를 해결하는 새롭고 더 나은 방법을 찾도록 요구하는 복잡한 세상에 살고 있으니까요.

상자 안의 혁신

미국 미네소타의 진취적인 교장인 브래드 구스타프슨@gustafsonbrad은 예산의 제약 속에서도 성공적으로 일하는 리더의 대표적인 예라고 할 수 있습니다. 저는 미시건 컴퓨터 사용자 학습 협회Michigan Association for Computer Users in Learning, MACUL의 회의에 패널로 참석하여 브래드와 함께 그가 재직 중인 학교의 놀라운 계획과 혁신에 대해 이야기를 나눈 기억이 있습니다. 그 회의에 참석한 한 청중이 그에게 물었습니다. "그렇게 하기 위해서 자금은 어디에서 조달하나요?"

그의 대답은 간단하고도 명료했습니다. "우리는 '혁신'이라는 예산 항목을 만들어 둡니다. 그리고 그 안에서 필요 예산을 충당하죠." 브래드는 혁신적인 아이디어에 집중하기 위한 자금을 외부 자원에서 찾지 않았습니다. 그는 학교의 요구를 충족하기 위해 교내 예산을 활용했습니다.

교육계에서, 특히 공립학교의 자금은 넉넉하지 않습니다. 학교를 혁신하는 데 필요한 것은 다르게 생각하는 것입니다. '상자 밖의 아이디어'에 집중하는 것이 아니라, 예산의 제약에도 불구하고 악조건을 혁신적인 방법으로 다룰 수 있어야 합니다. 다시 말해, 우리는 상자 안에서 혁신하는 법을 배워야 합니다. 브래드처럼 처한 상황을 현실적으로 파악하고 새로운 것을 만들어 내야만 합니다. 그리고 이와 더불어 교육자는 이를 행정가가 만들어 낸 '상자 안의 혁신'으로 볼 줄 아는 것도 중요합니다.

우리는 실패의 어떤 부분을 받아들이는가?

교육계에서 혁신에 대해 논의할 때 자주 반복되는 주문이 있습니다. 바로 '실패는 과정에서 중요한 부분'이라는 것입니다. 이러한 발상은 어떤 면에서는 사실이나, 안타깝게도 과정의 잘못된 부분에 초점을 맞추게 합니다. 혁신의 한 부분으로 실패의 중요성을 강조하는 사람들은 실패에 집중하는 경향이 있습니다. 이들은 다이슨 진공청소기의 개발자인 제임스 다이슨James Dyson과 같은 혁신가에 대한 이야기에 주목합니다. 다이슨은 "제대로 작동되는 기계를 만들기까지 15년의 시간과 5,126번의 실패를 경험했다."[8] 도전하고 실패하고 다시 도전하는 것은 다이슨이 겪었던 과정의 명백한 부분입니다. 하지만 여기서 분명한 것은 만약에 끝내 성공하지 못했다면 아무도 제임스 다이슨을 언급하지 않았을 거라는 점입니다. 여러분께선 다이슨 외에 얼마나 많은 진공 청소기 개발자의 이름을 기억하고 있습니까? 한 명? 두 명? 하지만 시장에서 성공하지 못한 진공 청소기 개발자의 이름은 얼마나 기억하시나요? 아마 한 명도 기억하지 못할 것입니다.

실패할 자유는 혁신에 중요합니다. 하지만 과정에서 더 중요한 것은 회복탄력성과 투지입니다. 회복탄력성은 좌절과 실패 후에도 다시 일어서는 능력을 말하고, 투지는 결단력과 의지력을 의미합니다. 우리가 학생들을 돕기 위해서 새롭고 더 나은 방법을 찾아갈 때도 계속해서 이 두 가지 특성을 잘 발전시켜야 합니다.

> **실패할 자유는 혁신에서 중요하다.**
> **하지만 과정에서 더 중요한 것은 회복탄력성과 투지다.**
> #혁신가의 사고방식

저는 최근에 학습 코치와 대화를 나눈 적이 있었습니다. 그 코치는 한 학생과 기본적인 학습 과정만을 시도했던 교사와 일하면서 겪었던 좌절에 대해 말해 주었습니다. 이야기는 이렇습니다. 코치가 만났던 교사가 시도한 학습 방법이 어떤 학생에게는 효과가 없었다고 합니다. 그래서 학습 코치는 다른 방법으로 접근할 것을 권했지만, 교사는 시도하기도 전에 포기했다고 합니다. 학습 코치 또한 이러한 '시도와 실패'의 '반복' 현상에 완전히 기운이 빠져 있었습니다. 나중에 저와 그 코치는 실패의 개념에 집중하고, 교육자가 실패를

'받아들이고' 의연한 태도를 지니는 것이 얼마나 중요한지에 대해 논의했습니다. 그리고 저는 그 순간 바로 학습 코치에게 물어보았습니다. "당신이 전에 언급했던 과정을 하나의 실패로 간주하나요?" 그녀는 "그렇다"고 대답했습니다. 저는 "당신에게 그 실패는 괜찮았나요?"라고 되물었습니다.

"아니요." 그녀의 대답은 단호했습니다.

이게 바로 핵심입니다. 다른 방법을 시도하고 학생들을 위해 대안을 생각해 내는 것은 혁신가 사고방식의 전부입니다. 하지만 최종 결과를 실패로 받아들이는 것은, 특히 우리의 아이들과 관련해서는 절대로 해서는 안 되는 접근 방식입니다.

가르치는 일을 처음 시작했을 때, 저는 학생이 저의 학습 방식대로 따라야 한다고 생각했습니다. 학생이 저에게 맞추어야 한다고 생각했던 저의 태도는 전적으로 잘못된 것이었습니다. 훌륭한 교사는 학습자에게 맞춥니다. 바로 여기에도 회복탄력성과 투지가 필요합니다. 학생들을 도울 때는 실패를 결과로 받아들이는 것이 아니라, 실패를 이해하는 것이 무엇보다 중요합니다. 어떤 경우에는 효과가 있어도 다른 경우에는 효과가 없을 수도 있습니다. 리더로서 우리는 학생을 돕는 데 성공할 것이라고 확신이 드는 모든 방법을 시도하고, 이 자체를 중요시하는 문화를 만들어 가야 합니다.

여러분이 많은 돈을 투자자에게 맡겼는데 모두 잃었고, 투자자는 '실패는 과정의 일부일 뿐'이라고 대답했다고 가정해 봅시다. 그 말이 일정 부분 맞을 수도 있지만, 실패를 단순한 과정의 한 부분으로 받아들이기는 매우 어려울 것입니다. 해결책을 발견하지 못하는 실패를 계속 겪는다면 아이들은 돈보다 훨씬 더 많은 것을 잃습니다. 말을 더듬는 학생과 교사의 예로 돌아가봅시다. 버튼 씨의 사고방식은 효과가 없을지라도 어떤 것을 시도하는 데 망설임이 없었습니다. 하지만 그의 가장 큰 관심사는 효과가 있는 것을 발견하는 일이었습니다. 그의 학생이 성공하도록 격려하는 기술 말이죠. 이것이야말로 혁신가가 가져야 할 사고방식의 전형적인 예입니다. 도전하고 실패하더라도 효과가 있는 해결책을 발견하고 성과를 만들 때까지 다른 것을 시도해야 합니다.

> **혁신은 대답을 제시하는 것이 아닌 질문을 던짐으로써 시작한다.**
> #혁신가의 사고방식

하지만 혁신은 대답을 제시하는 것이 아니라 질문을 던지는 것에서 시작합니다. 혁신을 이루기 위해서, 우리가 돕고자 하는 사람을 공감하는 것에 질문의 초점을 둡시다. 조직에서 높은 자리에 올라갈수록, 더 많은 사람이 그를 위해서 일한다고 생각하지만 실제로는 그 반대입니다. 교육계도 진정으로 혁신을 이루려면, 우리가 속한 교육 공동체의 개개인을 존중해야 합니다. 다음 제시하는 질문들은 혁신의 시작점이 될 것입니다.

혁신적인 교육자가 되기 위한 결정적 질문

나는 내가 가르치는 수업의 학생이 되고 싶은가?

전문적인 학습 기회를 만들려고 하다 보면 교육자의 요구와 기대를 충족시키는 것이 어렵다는 점을 깨닫게 됩니다. 현직 교사들은 자신들의 교실에서 동일한 학습 환경을 조성하기를 요구받을 뿐만 아니라, 시간 또한 제약받기에 자신들을 위한 학습 경험에 큰 기대를 가집니다. 대부분의 교사에게는 자신이 짊어진 무수한 책임에 제대로 신경을 쓸 만한 충분한 시간이 없습니다. 교육 전문가들이 이들과 학생을 위해 도움이 될 만한 경험과 기술을 제공하지 못한다면 많은 교사들이 자신들에게 부여된 책임에 대해 손을 놓게 될 것입니다.

예를 들어, 교사들에게 전문 학습의 일환으로 작업 계획표가 배부된다면 몇몇은 몹시 따분해할 것입니다. 그럼에도 불구하고 우리는 학생들에게 똑같은 방식으로 접근합니다. 이러한 접근 방식은 학습자에게 더 좋은 것이 무엇인지에 대한 고민 없이 반복되어 왔습니다. 기존의 방식이거나 쉬운 방법이기 때문입니다. 학생들의 관점에서 학습 경험을 생각해 봅시다. 학생들이 자신의 삶과, 자신을 둘러싼 이들의 삶에 영향을 주는 교육 기회를 접하고 있을까요? 여러분이 만든 학습 방법이 여러분이 기대하는 것과 부합하나요? 교실에서의 경험에 대해서 여러분이 가르치는 학생의 입장에서 생각해서, 학생이 가진 학습 기회에 대한 기대치를 높여 봅시다.

이 학생에게 최선은 무엇인가?

수업 내용은 전체적인 측면에서 고려될 뿐 아니라 학생 한 사람, 한 사람에게 맞는 것인지도 파악해야 합니다. 개개인이 각자 다르게 배우기 때문에 다음의 질문을 던지는 게 중요합니다. "이 학생이 가장 잘 배우는 방식은 무엇인가?", "학생이 자신이 아는 바를 타인에게 잘 전달할 수 있는 방법은 무엇인가?" 가령, 학생들이 어떤 교과 과정의 목표에 대해 자신이 이해한 내용을 공유하려 할 때, 노트에 적어서 보여 주는 것만이 유일한 방법일까요? 학생들이 영상을 만들거나, 팟캐스트를 공유하거나, 시각 자료를 만들어 보게 하는 것은 어떨까요?

이 학생은 어떤 것에 열정을 느끼는가?

저는 학창시절에 학교 권장독서 목록에 관심이 없었습니다. 그런데도 계속해서 그 목록에 있는 소설을 읽어야 했던 기억이 납니다. 저는 비소설에 흥미가 있었지만 학교 권장도서는 늘 소설이었죠. 저는 소설은 거의 읽지 않았지만 도서관에 갈 때 마다 스포츠 잡지인 《스포츠 일러스트레이드 Sport Illustrated》를 찾아 읽었습니다. 학교는 제가 지닌 열정을 북돋아 주었어야 합니다.

제가 교육자로서 겪은 최고의 경험 중 하나는 '정체성의 날 Identity Day'이었습니다. 그날 아이들은 학교 밖에서 좋아하는 것들에 대해 전시나 발표의 형태로 의견을 나누었습니다. 그 현장은 아이들이 자신의 관심을 공유하고 싶어하는 열정으로 넘쳤습니다. 교육자로서 우리는 아이들의 열정을 이해하고 북돋아 줌으로써 학생들에게 더 나은 학습 경험을 제공할 수 있습니다. 그러기 위해서는 의식적으로 학생들과 그들이 좋아하는 것에 대해 더 많이 듣고 배워야 합니다.

진정한 학습 공동체를 만들 수 있는 방법은 무엇인가?

한 번은 누군가로부터 이런 질문을 받았습니다. "학교가 끝나면 아이들은 에너지가 넘치고, 교사들은 녹초가 되는데 그 이유가 뭐죠?" 이는 기존의 학습 방식이 학생이 교사에게만 의존하게 되어 있기 때문입니다. 학생은 물론 교육자도 배울 수 있는 학습 환경을 위해서는 교사의 지식뿐 아니라 학생들의 지식까지 활용해야 합니다. 수업 내용을 블로그에 작성하거나, 구글 앱 등을 활용하고 해시태그를 쓴다면, 학생들은 서로서로 배우는 기회를 갖게 됩니다. 교실에 있는 모든 사람이 선생이자 학습자라는 개념을 받아들임으로써 우리는 함께 배우고 가르치는 학습 공동체를 만들 수 있을 것입니다.

학생들에게 효과가 있었는가?

저는 초창기 교사 시절에 해가 바뀔 때마다 매번 학생들에게 피드백을 구했습니다. 이를 통해 다음 해에 가르칠 학생들을 위한 교수법은 향상시킬 수 있었지만 그해의 학생들에게는 아무런 도움이 되지 않았습니다. 현재 가르치는 학생과 다음에 가르칠 학생 모두를 위한다면 일 년 내내 대화를 통해 피드백을 받는 것이 더 나은 접근법입니다. 또한 익명으로 의견을 낼 수 있게 한다면 학생은 자신의 생각을 좀 더 편안하게 공유할 것입니다. 평상시에도 행해지는 피드백은 현재 학생들을 돕는 방법에 대해 되돌아보게 합니다.

앞으로 나아가기

학생들의 시험 성적을 포함해서 우리가 얼마나 많이 알고 있는지, 우리의 교육 시스템이 얼마나 효율적인지는 학생이나 우리의 성공과는 무관합니다. 프리드먼이 말했듯이 성공은 "우리가 아는 것을 가지고 무엇을 할 수 있는가?"에 관한 것입니다. 정보는 넘쳐나고 또 흔합니다. 그러나 오늘날 교육계 시스템에서 절실히 필요하고 흔하지 않은 것은 바로 혁신가의 사고방식입니다.

**정보는 넘쳐나고 또 흔하다.
그러나 오늘날 교육계 시스템에서 절실히 필요하고
흔하지 않은 것은 바로 혁신가의 사고방식이다.**
#혁신가의 사고방식

혁신가의 사고방식은 학생들에 대한 공감에서 시작합니다. 위의 질문들이 매우 중요한 이유입니다. 마찬가지로 중요한 것은 더 나은 무언가를 만들어 내고자 하는 열망입니다. 우리 학생들이 성장하도록 도우려면, '늘 해왔던 방식'은 뒤로하고 우리 자신보다 학생들을 위해서 더 나은 학습 경험을 만들어야 합니다. 그렇다고 우리가 하고 있는 모든 것을 바꾸어야 한다는 말은 아닙니다. 다만, 새로운 눈으로 우리가 하는 일을 바라보며 질문을 던져야 한다는 것입니다. '이보다 더 좋은 방법이 있는가?' 이 질문을 반복함으로써 우리는 학생에게 우리와 같은 태도를 기대하고, 더 나은 교육으로 나아가는 첫걸음을 내딛을 수 있습니다.

[토론용 질문]

01 제약이 있음에도 불구하고, 학교 안팎에서 여러분이 보았던 혁신 사례는 무엇인가?

02 학생들을 이해하는 데 가장 필수적인 질문은 무엇인가?

03 만약 여러분이 수업을 처음부터 다시 시작한다면 어떤 형태일까?

04 현재 전체 커뮤니티 공동체를 위해서 더 나은 교육 체계를 만들어야 한다는 사실을 어떻게 받아들여야 할까?

혁신가가 가진
사고방식의 특성

　기술과 학습은 지속적으로 진보하고 있습니다. 만약 교사가 가르치는 일에 일정 기간 공백을 가진 후 교단에 다시 서게 된다면, 그 기간은 실제 기간보다 몇 배는 길게 느껴질지도 모릅니다. 캐나다 토론토 외곽의 필Peel 지역 학군의 고등학교 교사 리사 존스는 3년간 육아휴직을 마치고 처음 교실로 돌아왔을 때 자신이 시대에 뒤처진 느낌을 받았습니다. OHP(Overhead Projector, 슬라이드에 인쇄되어 있는 문서의 화상을 확대시켜 사용자 뒤에 있는 화면에 투영시키는 장치 − 옮긴이)를 꺼냈을 때 그 느낌은 더욱 강해졌지요.

　불과 몇 년 전만 해도 OHP는 교육에 중요한 도구였지만, 체세포 분열을 보여 주기 위해 슬라이드 조명을 어둡게 했을 때, 그녀는 문득 이것이 얼마나 지루한 작업인지 깨닫게 되었습니다. 같은 개념을 가르치기 위해 그녀가 이전에 활용했던 방식은 현재 학생의 요구를 충족시키지 못했습니다.

리사는 제게 고민을 털어놓았습니다. 그리고 저는 그녀가 더 나은 교사가 되고자 하는 것을 분명히 알 수 있었습니다. 리사는 자신이 학생이었다면 자신이 행했던 기존의 체세포 분열 수업이 지루했을 거라는 사실을 알고 있었습니다. 또한 그녀는 자신의 지식에 접근하는 학생들의 기회를 제한하고 싶지 않았습니다. 다만 그녀의 지식은 학생들이 활용할 수 있는 현대 기술을 제한했을 뿐이었습니다. 저는 그녀와 실행 가능한 방법 대해 이야기를 나누면서, 트위터에 들어가서 '해시태그 과학이야기(#scichat)'를 사용하는 다른 과학 교육자들과 소통해 보면 어떨지 권했습니다. 리사는 그때까지 트위터가 무엇인지 잘 알지 못했기 때문에, 저는 교사들이 어떻게 트위터를 활용할 수 있는지 짧게 설명해 주는 '60초 안에 트위터 끝내기'라는 영상을 알려 주었습니다.

일주일 후 리사는 다음과 같은 트윗을 보내왔습니다. "@gcouros 당신에게 영감을 받아 수업 내용을 하나 만들었어요. 그리고 이 영상은 그 결과물 중 하나입니다!" 그녀는 학생이 제작한 '60초 안에 체세포 분열 끝내기'라는 제목의 유튜브 영상 링크를 제게 공유했습니다.

저는 리사가 짧은 시간 안에 보여준 진전에 큰 감명을 받았습니다. 그녀는 새롭고 더 나은 학습 경험과 새로운 학습 모델을 만들고자 하는 열망을 실현했습니다. '60초 안에 트위터 끝내기' 영상을 보고 나서, 리사는 그것을 학생들에게 보여 주며 학생들에게 체세포 분열에 대한 동영상을 만들어 볼 것을 권했습니다. 그녀 스스로는 영상을 만들 순 없지만, 자신의 학생들은 할 수 있을 것이라고 믿었으니까요. 그 후에 그녀는 학생들로부터 배울 수 있었습니다. 리사가 가르치는 내용은 체세포 분열이지만, 혁신적이고 효과적인 변화를 주었다는 사실을 기억합시다. 이후 리사는 학급의 모든 학생이 체세포 수업 과정을 통과한 것은 자신의 학급이 처음이었다고 연락해 왔습니다.

리사의 일화는 높은 기대치나 한계 때문에 혁신을 포기할 이유가 없다는 것을 증명해 보였습니다. '상자 안에서 혁신하라'는 개념과

일맥상통하지요. 리사의 경우 교과 과정에 필요한 새롭고 더 나은 교수법을 만들었습니다. 훌륭한 교육자는 체계의 제약 속에서도 일할 수 있으며, 학생을 위해 혁신적인 학습 기회를 만들 수 있다고 믿습니다. 사실, 저는 그렇게 하는 것이 필요하다고 생각합니다.

저는 교육자의 대다수는 학생들이 원하는 학습 목표를 달성할 수 있도록, 매력적이고 효과적인 교육 방법을 만들어 내길 원한다고 믿습니다. 아침에 일어나 '오늘도 대충 시간 때우다 와야지!' 하는 교사는 없을 것입니다. 교사와 대화를 나눌 때마다 저는 그들이 얼마나 학생을 위해 훌륭한 일을 하고 싶어 하는지 깨닫습니다. 하지만 동시에 오늘날 교사에게는 엄청난 요구사항이 주어지고, 심지어 너무나 많은 이들이 "교사들은 변하려 하지 않는다!"는 말을 교사들에게 굉장히 자주 합니다. 제가 보기에는 교사들이 변화를 원하지 않는 게 아니라, 원하는 변화를 만들 수 있는 명확한 지침과 지원이 부족한 것 같습니다. 교육에서 효과적인 리더십은 모든 사람을 정해진 기준점에서 다음 지점으로 옮겨 놓는 것이 아닙니다. 각각의 사람을 자신만을 위한 'A' 지점에서 'B' 지점으로 이동시키는 것입니다.

훌륭한 교육자는 환경의 제약 가운데에서도 일할 수 있으며, 학생을 위해 혁신적인 학습 기회를 만들어 낼 수 있다.
#혁신가의 사고방식

혁신가의 사고방식으로 리더십에 접근한다면, 우리가 만나는 사람들에게 공감하고, 그들이 처한 상황에서 자신에게 효과가 있는 해결책을 찾거나 만들도록 도울 수 있습니다. 교육자이자 혁신 코치로서 제가 리사에게 단순히 기술을 더 잘 활용하라고 얘기하거나 수업의 구체적인 결과물을 고려해 보라고 요구했다면, 리사도 다른 많은 교사처럼 뭐라도 해야 한다는 생각에 기존의 것에 얽매여 거기서 최선의 결과를 기대했을지도 모릅니다. 그것이 지루하고 비효율적인 수업이 되더라도 말입니다. 그러나 저는 그녀가 자신의 목표를 이해하게끔 공감하고 모델을 제시하고 격려했고, 이로 인해 리사는 자신과 학생들을 위해서 새로운 학습 방법을 만들 수 있었습니다.

혁신가 사고방식의 여덟 가지 특성

저는 혁신가 사고방식에 필요한 여덟 가지 중요한 특성을 발견했습니다. 교사뿐 아니라 교육과 관련된 모든 사람에게 해당합니다.[2] 이 특성을 읽으면서, 리사가 수업에서 각 해당 특성들을 어떻게 입증하는지 확인해 봅시다. (삽화를 그려준 실비아 더크워스@sylviaduckworth에게 많은 감사를 전합니다.)[3]

1. 공감
앞에서 저는 교육자들이 하루도 빠짐없이 매일매일 학생을 위한 학습 기회를 만들어 내는 데 집중하고 있기 때문에, 자신들의 학습 경험에 대한 기대치도 굉장히 높다는 점을 언급했습니다. 사실 높은

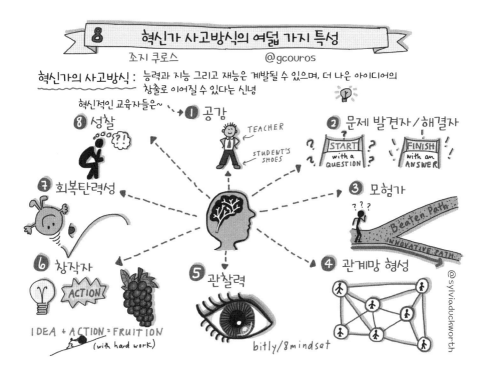

기대치는 나쁜 것이 아니며, 오히려 장점으로 활용될 수 있습니다. 그리고 교사들에게 주기적으로 "당신은 당신이 가르치는 교실의 학습자가 되고 싶은가?"라는 질문에 대해 생각해 보도록 요청하는 이유이기도 합니다. 공감력이 있는 교사들은 교사의 관점이 아니라 학생의 관점에서 교실 환경과 학습 기회를 고민합니다. 예를 들어, 리사는 자신이 수업해 왔던 기존의 정보 전달 방식은 실행이 쉽지만 학습자의 요구를 만족시키거나 관심을 끌 수 없고, 학생들이 유의미한 방법으로 교과 내용과 상호작용할 수 없다는 것을 깨달았습니다. 리사는 이를 바로잡기 위해 교실을 '교사 중심'에서 '학생 중심'으로 전환했습니다. 자신의 역할을 바꾸어 경험의 건축가, 즉 자신의 경험을 토대로 수업을 설계하는 건축가가 되었습니다. 동시에 실제로 학생들은 스스로 수업을 함께 만들어 갔습니다.

학생과의 관계를 발전시키고자 하는 의지는 교사로 하여금 학생을 이해할 수 있게 이끌어 줍니다. 리사는 일부 학생들이 이미 미디어를 제작하는 방법을 알고 즐기고 있지만 학교 수업과 연계하지 않는 것을 알고 있었고, 이러한 학생들의 관심사를 활용함으로써 혁신적인 학습 경험을 만들 수 있었습니다.

2. 문제 발견자/해결자 Problem Finders

수년 동안 학교는 학생들에게 질문과 문제를 내왔습니다. 이는 종종 학생들이 답을 찾으려면 특정 단계를 따라야 하는 선형 1차적 모델에서 비롯한 것입니다. 그러나 세상은 단계적이거나 선형 1차적이지 않습니다. 그보다는 오히려 복잡하고 종종 까다로운 해결책이 필요합니다. 때로 현실의 문제는 여러 차례 시도와 노력을 반복하면서 해결할 수 있거나, 정답이 여러 개일 때도 있습니다. 또한 문제 해결은 학습의 일부분에 지나지 않습니다. 교육계의 선구적인 사상가인 이완 매킨토시 Ewan McIntosh는 문제를 발견하는 것이 학습의 핵심이라고 지적했습니다. 이 말은 곧, 우리가 학생에게 먼저 문제를 제시하면 학생은 문제를 발견할 기회를 놓치게 된다는 의미입니다. 즉, 우리가 학생에게 먼저 문제를 제시하면, 학생은 문제 발견의 기회를 놓치게 됩니다.

현재, 세계의 교육 시스템은 기존의 강의법을 지양하고 문제를 해결해 나가는 과정을 통해 학습이 이뤄지도록 하는 문제 중심 학습

(교육용어, problem-based learning)에 열광하지만, 이로 인해 중요한 것을 놓칠 수 있습니다. 다음 세대가 문제 해결자로 성장하길 기대하면서, 정작 그들을 어떻게 문제 발견자가 되도록 지도할 수 있을지는 고민하지 않습니다.[4]

우리는 리사의 경우에서 문제 발견의 중요한 요소를 발견할 수 있습니다. 리사는 주변에 그녀에게 새로운 교육 방식을 제안하는 사람이 아무도 없었지만, 학생들이 깊이 있는 학습을 경험하지 못하고 있음을 느꼈고 뭔가 잘못되었다는 것을 스스로 깨달았습니다. 그녀는 학생들에게 영상 제작에 대한 아이디어를 제시하면서 동시에 학생 스스로가 자신의 지식을 공유하도록 다른 방식을 자유롭게 찾게 했습니다. 또한 학생들이 스스로 프레젠테이션을 만드는 방법을 알아낼 수 있도록 격려했습니다.

교사가 먼저 자기주도적인 사람이 되고 교육법을 향상시키는 법을 지속적으로 탐구함으로써 학생들에게 본보기가 되고, 학생으로 하여금 효과적인 학습법을 익히도록 자연스럽게 유도한 셈입니다. 학생에게 학습법을 단순히 설명하는 것에서 벗어나, '안내자'가 되어 행동으로 보여 준다면, 우리는 학생들이 스스로 해결책을 찾도록 격려하는 방식으로 그들을 지원할 수 있습니다.

문제를 발견하는 것은 학습의 핵심이다. 우리가 학생에게 먼저 문제를 제시하면, 학생은 문제 발견의 기회를 놓치게 된다.
#혁신가의 사고방식

교사가 앞에서 학생을 이끌어야 할 때도 있지만, 어떤 때는 우리가 학생과 나란히 움직이거나 혹은 방해되지 않게 비켜 있을 때 학생들의 학습 경험이 향상되기도 합니다. 올바른 접근법은 언제든 학생들의 요구에 대한 이해를 바탕으로 결정되고, 이에 기반하여 여러분이 속한 기관의 다양한 학습자와의 관계를 구축할 수 있습니다.

3. 모험가

혁신적인 교육과 학습은 위험을 감수하는 것과 관련이 있습니다. 우리가 학습자를 위해 새로운 기회를 만들 때, 우리의 모든 시도가 전체 학습자에게 항상 효과가 있는 것은 아닙니다. 새로운 시도가 언제나 학습자 모두에게 성공적이지 못했다는 점을 솔직히 인정합니다. 우리가 알고 있는 사례 중 상당수는 많은 학생에게 도움이 되지 않습니다. 그렇다면 우리는 학생들의 미래에 영향을 미칠 수 있는데도 불구하고, 왜 교실에서 위험을 감수해야만 할까요? 이 대답은 질문 속에 있습니다. 우리가 각각의 고유한 학생의 요구를 충족시키고 있는지 확인하기 위해서는 모험이 필요한 것입니다. 어떤 학생들은 일방적인 학습 방식에 잘 반응하는 한편, 또 어떤 학생에게는 다른 방법과 형식이 필요할 수도 있습니다. 학생 개개인에게 가장 잘 맞는 방법을 찾는 모험을 감행하지 않고 현상 유지에 머문다면, 새로운 것을 시도하는 것보다는 수월하겠지만 학생들에게 심각한 부정적인 결과를 가져올 수 있습니다.

모험을 고려할 때 효과가 없는 방법에도 무조건 도전하면 안 됩니다. 또한 우리가 하는 '모범 사례 또는 성공 사례'에 대한 질문을 던질 필요가 있습니다. 리사는 모험 없이 OHP와 슬라이드를 계속 활용할 수도 있었고, 학생들 중 일부는 평가에서 좋은 성적을 받았을 것입니다. 하지만 그들이 정말로 개념과 적용 방법에 대해 깊이 있는 지식을 얻었을까요? 아니면 단순히 정보를 암기하는 법만 익혔을까요? 우리의 아이들은 '학교 교육'에 길들여져 왔습니다. 통제된 학습 환경에 익숙하고 그 안에서 성공적으로 잘해낸 일부 학생들은 다른 방식의 교육과 평가에 대해 우려할지도 모릅니다. 하지만 두려움에 떨지는 않을 것입니다. 유치원 아이들이 얼마나 호기심이 많은지, 그리고 처음 입학해서 얼마나 많은 질문을 쏟아 내는지 생각해 보면, 저는 그 아이들 중 누구도 지금의 연습 문제지를 요구하지 않을 것이라고 확신합니다. 정말로 학생들이 현재와 미래의 리더와 학습자로 발전하도록 돕고 싶다면, 일상 업무 속에서 모험을 감행하는 것이야말로 권장해야 할 뿐만 아니라 반드시 필요한 일입니다.

혁신적인 사고방식을 지닌 교육자는 새로운 것을 시도하려는 의지를 지니면서도, 경험을 통해 새로운 것을 이끌어 내는 균형을 잡아 갈 것입니다. 애플Apple은 훌륭한 컴퓨터를 만드는 것으로 시작했고, 컴퓨터는 여전히 애플의 주요 사업입니다. 그렇지만 리더들은 아이폰을 개발하고자 하는 위험을 무릅썼으며 그 모험은 애플의 가장 큰 업적으로 이어졌습니다. 또한 그 '모험'은 앱 스토어, 아이패드 그리고 애플워치를 비롯한 다른 성공적인 시도를 가져왔습니다. 리사의 경우도 마찬가지입니다. 그녀가 택한 모험으로 인해 학생들은 성공을 경험했고, 이를 통해 리사도 더 혁신적인 아이디어를 구현했습니다. 중요한 것은 이제 리사가 "이 학습자들의 요구를 충족시키

PART1 교육에서의 혁신

기 위해서 더 나은 수업 방식이 있는가?"라는 질문을 자신 있게 던질 수 있다는 것입니다.

4. 관계망 형성

관계망Network은 혁신에 아주 중요합니다. 씨아이오닷컴CIO.com의 기자인 톰 카네시게Tom Kaneshige는 이렇게 말했습니다. "모든 아이디어는 근본적으로 아이디어들의 관계망이다. (중략) 만약 당신이 뜻밖의 재미있는 연결이 가능한 조건을 만들어 낸다면, '혁신적인 아이디어'가 생겨날 가능성은 더 높아질 것이다."5

아이디어를 적극적으로 공유하는 공간에 있을 때 사람들은 더 똑똑해집니다. 할리우드로 몰려드는 영화배우들, 내슈빌Nashville로 모이는 컨트리 음악 가수들, 그리고 실리콘 밸리에 자리 잡은 스타트업 기업들을 떠올리면 이해가 쉬울 것입니다. 이와 같은 비슷한 관심사를 가진 사람들이 많이 모인 관계망 속에서 혁신은 거의 자연적으로 발생합니다.

사람을 직접 만나 관계망을 형성하는 것은 여전히 교육계에서 중요하고 가치 있는 일이지만, 오늘날 소셜 미디어는 아이디어가 확산되는 공간을 제공하고 있습니다. 유명한 교육 강연자이자 작가인 스티븐 앤더슨Steven Anderson은 이렇게 말합니다. "우리는 혼자 있으면 똑똑하지만 함께하면 훌륭해진다." 아이디어를 공유하고 생각을 명확히 하여, 새롭고 더 나은 아이디어를 개발하는 것이 바로 관계망의 힘입니다.

우리는 학습에서 공유의 큰 이점을 알고 있기 때문에 학생에게 계속해서 "공유해야 한다!"고 말해 줍니다. 우리 스스로 이 충고를 받아들이기로 결심한다면 교육자들도 모두 도움을 받을 것입니다. 블로그를 활용하는 것도 하나의 방법입니다. 혹여 '나는 작가가 아니다'라는 생각에 망설여진다면, 이 점을 떠올립시다. 전 세계 사람들과 공유할 수 있는 모든 기회는 여러분이 애초에 공유하려 했던 것을 더 깊이 고민하도록 도울 것입니다. 미국의 유명한 칼럼니스트인 클라이브 톰슨Clive Thompson은 첨단기술이 문화, 경제, 정치에 어떤 영향을 미치는지 다루는 미국의 월간 잡지 〈와이어드Wired〉의 기사 '왜 최악의 블로거들조차 우리를 더 똑똑하게 만드는가Why Even the Worst Bloggers Are Making Us Smarter?'에서 독자를 가지는 것이 어떻게 학습을 향상시키는지 설명합니다.

독자가 있으면 생각을 명확히 할 수 있다. 머릿속에서 일어나고 있는 논쟁을 이기기는 쉽다. 하지만 진짜 독자와 마주할 때는 정말로 그들을 설득할 수 있어야 한다.

사회과학자들은 관중 효과라는 것을 증명한 바 있는데, 사람들이 지켜보고 있으면 우리의 성과가 달라진다는 것이다. 관중 효과가 항상 긍정적인 것은 아니다. 스포츠나 콘서트와 같이 생생한 대면 상황에서는 관중 효과로 인해 운동선수나 음악가가 더 나은 기량을 보일 수 있지만 때로는 예민해지거나 숨 막히게 긴장할 수도 있다.

그러나 다른 사람과 소통하려는 노력은 더 많이 집중하고 더 많은 것을 배우도록 만든다는 연구 결과가 있다.[6]

교사가 새로운 전략을 배우고 실천하기 위해 협력할 때 혁신과 즐거움은 커지게 마련입니다. 그렇기 때문에 종종 고립은 혁신의 적이 됩니다.

5. 관찰력

리사와 학생들의 예시로 돌아가 보겠습니다. 리사는 처음에 소셜 미디어를 통해서 다른 교육자들과 소통했습니다. 특히 '해시태그 과학이야기(#scichat)'를 검색하여 트위터에서 과학 과목에 관심이 있는 다른 교사들을 찾았습니다. 리사는 온라인에서 학생들이 할 수 있는 것에 대한 기대치를 확대한 교사들을 발견했습니다. 하지만 학생들이 스스로 '60초 안에 체세포 분열 끝내기' 영상을 만들도록 한 리사의 아이디어는 관계망에서 나온 것이 아니라 '60초 안에 트위터 끝내기'라는 영상을 보면서 생각해 낸 것입니다. 여기서의 교훈은 이것입니다. 때로는 네트워크 관계망에서 얻는 가장 가치 있는 것은 아이디어가 아니라, 뭔가 새로운 것을 시도하도록 하는 영감과 용기라는 것입니다.

오늘날 교육에 대한 아이디어는 교육에만 국한되지 않습니다. 많은 교육자는 구글, 페덱스, 혹은 테드 강연을 비롯한 여러 유튜브 영상에서 아이디어를 얻습니다. 사업가이자 저널리스트이면서 테드 강연을 기획하는 발행인인 크리스 앤더슨Chris Anderson은 온라인 영상이 학습에 미치는 영향을 '집단에 의해 가속된 혁신crowd-accelerated innovation'[7]이라고 칭합니다(3부 '개방적 문화 받아들이기' 장에서 더 자세히 논의할 것입니다). 온라인 영상을 통해서 전 세계 다른 사람의 현명함을 발굴해 내는 크리스의 헌신적 열정 덕분에 수백만 명의 사람이 영국의 유명한 교육학자 켄 로빈슨 경과 40년 경력의 미국인 교육가 리타 피어슨의 교육에 관한 이야기를 접할 수 있게 되었습니다. 저는 여러분이 현장 교육에 초점을 둔 사람들의 사고에만 머무르지 말기를 권합니다. 미국의 세계적인 베스트셀러 작가인 다니엘 핑크의 동기부여에 대한 강연 영상, 미국의 심리학자 배리 슈워츠가 지혜에 대한 생각을 공유한 영상, 혹은 미국의 유명한 강연자이자 작가인 수전 케인의 내성적인 사람들의 힘에 초점을 맞춘 강연과 같이, 전 세계 교육자들에게 지대한 영향을 미친 다양한 분야의 전문가들의 이야기도 큰 도움이 될 것입니다.

온라인상에서 자유롭게 공유할 수 있는 효과적인 아이디어와 정보의 관계망 만들기를 통해 교육자는 학생들의 학습 가능성을 확장할 수 있습니다. 조시 스텀펜호스트Josh Stumpenhorst는 정확히 이를 실천한 교육자입니다. 조시는 다니엘 핑크의 테드 강연을 본 후 다니엘이 말하는 동기부여와 자율성의 힘과 관련한 주제를 더 많이 읽었습니다. 그 후 학생들이 그들 스스로의 아이디어와 혁신을 제안하고 연구하도록 하는 '혁신의 날Innovation Day'을 만들었습니다. 그날의 큰 성공 덕에 조시의 학생들은 토요일에도 기꺼이 학교에 나와 학습을 이어 갔습니다. 만약 조시가 교육계 바깥에서 공유된 아이디어로부터 배우지 않고, 또 그것과 학생들의 요구를 연결하지 않았다면 그러한 효과적인 학습 기회는 만들지 못했을 것입니다.

제 꿈은 교육계에서 혁신 문화를 창조하고, 전 세계와 우리의 아이디어를 공유함으로써 학교를 혁신을 만드는 아이디어의 산실로 인식하는 분위기를 만드는 것입니다.

6. 창작자

누구나 정보를 소비할 수 있지만 그것은 학습이 아닙니다. 학습촉
진센터The Center for Accelerated Learning는 다음을 강조하고 있습니다.

학습은 소비가 아니라 창작이다. 지식은 학습자가 받아들이는 것이 아
니라 만들어 가는 것이다. 그렇기 때문에 학습은 학습자가 기존 체계에
새로운 지식과 기량을 통합할 때 비로소 일어난다. 학습은 그야말로 새
로운 의미, 새로운 신경망, 그리고 누군가의 전체 뇌와 신체 체계 안에서
전기와 화학적 상호작용의 새로운 패턴을 만들어 내는 일이다.[8]

리사의 경우, 가장 큰 변화는 그녀의 수업이 교사 중심에서 학습
자 중심으로 바뀌었다는 점입니다. 리사의 학급에서 많은 학생이 체
세포 분열에 대해 이해한 내용을 단순히 반복하거나 재공유했을 수
있지만, 그보다 리사는 학생들이 정말 개념을 이해하고 지식을 유지
하기를 바랐습니다. 무언가를 새로 만들어 내는 경험은 학생들이 정
보와 개인적인 연결고리를 맺도록 도와줍니다. 이것이야말로 깊이
있는 학습의 중요한 열쇠입니다. 이러한 연결은 우리의 학교에서 매
일 일어나야 합니다. 교육의 관점에서 보면, 리사는 학생들이 새로

운 내용과 지식을 만들어 내도록 이끄는 새로운 아이디어의 창출에 중점을 두었습니다. 바로 창작이 핵심이었지요.

넘치는 디지털 자료와 정보에 접근할 수 있게 되면서, 소비가 아니라 창작 문화를 육성하는 것이 중요해졌습니다. 집에서 영상을 보거나 자료에 접속한 후, 학교에서 '과제'를 수행하는 방식인 '거꾸로 교실'을 점점 더 많이 활용하게 됨으로써 창작에 대한 개념을 불어 넣는 것이 특히 중요해졌습니다. 이때 문제는 대면을 통해 직접 전달되든 혹은 영상을 통해서든, 강의는 정보의 소비에 초점을 둔다는 점입니다. 만약에 '거꾸로' 집에서 하는 활동이 영상을 시청하는 것에서 나아가 학생들이 파악해야 할 주제를 공유하도록 만드는 것이라면 어땠을까요? 학습에서 '창작'이 우리와 학생 모두에게 필수불가결한 것이 된다면, 얼마나 깊이 있는 학습이 가능할지 고려해야 합니다.

7. 회복탄력성

제가 좋아하는 중국 속담이 있습니다. "할 수 없다고 말하는 사람은 그것을 하고 있는 사람을 방해해서는 안 된다." 아, 혁신적인 교육가의 삶이 이토록 쉽다면 얼마나 좋을까요!

혁신가의 사고방식을 지닌 사람들이 처한 현실은, 단지 새롭다는 이유 때문에 지속적으로 문제 제기를 받는다는 것입니다. 대부분의 사람은 미지의 것이 엄청난 가능성을 품고 있을지라도 잘 모른다는 이유만으로 그것을 시도하기보다는, 이미 알고 있는 일반적인 것에 훨씬 더 편안함을 느낍니다. 혁신가들은 "중요한 것을 쓸데없는 것과 함께 버려서는 안 된다"는 식의 반발에 부딪힙니다. 사실 이러한 반대 속에는 앞으로 나아가는 것에 대한 두려움이 깔려 있습니다. 혁신가는 이를 고려하며 사람들이 반대할 가능성이 있을 때조차도 앞으로 나아갈 준비를 해야 합니다.

**스스로 자신의 아이디어를 믿지 못하면,
누가 믿어 줄 것인가.**
#혁신가의 사고방식

리사의 경우, 새로운 아이디어를 낸 후 동료 교사들에게 공격적인 질문들을 많이 받아야 했습니다. 게다가 많은 학생들이 이미 유튜브나 다른 미디어 플랫폼을 활용하고 있음에도 불구하고, 학생들이 소셜 미디어에 작업을 올릴 경우 발생할 수도 있는 부정적 결과에 주목한 관리자의 우려도 들어야만 했습니다.

다르고 새로운 것은 늘 위협적으로 보일 수 있습니다. 하지만 제가 깨달은 한 가지는, 새로운 일을 시작하려 할 때 '학습자에게 무엇이 최선인가?'라는 질문에 정확히 초점을 맞춘다면 올바른 결정을 내릴 수 있다는 것입니다.

새로운 시도는 동료 교사들의 우려뿐 아니라 심지어 학생들의 반발에도 부딪힐 수 있습니다. 대부분의 학생은 기존의 학교 생활에 익숙해서 해오던 방식을 벗어나는 활동에 겁을 내곤 합니다. 기존의 학교는 숙제, 시험, 규칙, 졸업 자격 등 학생들을 점검하고 관리하는 활동에만 그치기 때문입니다. 객관식 시험과 상반되는, 가르치려고 하는 개념과 창작을 효과적으로 연결하는 데 초점을 두는 학습 경험은 여전히 훨씬 많은 노력과 시간이 필요해 보입니다. 그러나 학생들이 이 경험에 도전하지 않는다면, 우리는 그들을 진짜 세상으로 내보내도록 준비시키는 데 계속 실패할 것입니다. 학생들에게 반응하고 귀 기울이는 것이 매우 중요한 만큼, 그들이 유연함을 가지고 문제에 맞서도록 돕는 것도 똑같이 중요합니다. 학교는 학생들이 사고를 확장할 수 있도록 도전하고 격려하기에 가장 좋은 장소이며, 동시에 실패하더라도 다시 도전할 수 있는 가장 안전한 곳이기 때문입니다.

회복탄력성은 혁신가의 필수적 특성이지만, 오르막과 내리막이 반복되는 인생 가운데 모든 사람들이 개발해야 할 중요한 자질이기도 합니다. 당신이 실패를 어떻게 회복하고 앞으로 나아가는지는 당신의 삶에서 매우 중요합니다. 혁신적인 아이디어로 관습을 넘어서 확신과 열정을 품어 보십시오. 자신의 아이디어를 스스로 믿지 못한다면 누가 믿어 줄까요?

8. 성찰

성찰은 혁신뿐 아니라 교육 면에서도 좀 더 관심을 기울여야 할 아주 중요한 실천입니다. 성찰은 우리에게 "무엇이 효과적인가? 효과가 없는 것은 무엇인가? 나 혹은 우리는 무엇을 바꾸어야 하는가? 앞으로 나아가려면 어떤 질문을 해야 하는가?"와 같이 의미 있는 질문들을 던지게 합니다.

우리의 노력, 발전 그리고 과정에 대해 질문하는 일은 혁신에 매우 중요합니다. 질문을 통해 어느 단계에서든 우리의 학습을 지속적으로 탐색함으로써 변화, 수정, 반복 혹은 심지어 다시 창조할 수 있는 영역을 발견할 수 있기 때문이지요. 되짚어 보는 성찰의 과정은 앞으로 나아가기 위해서 꼭 필요하며, 교육자로서 우리가 서로서로 연결하고 다시 학습을 심화할 수 있도록 이끕니다.

실제로 교육계에서 우리는 얼마나 자주 우리의 학습을 성찰하고 있을까요? 미국의 많은 학교에서는 다양한 형태로 '모든 것을 내려놓고 읽어라Drop Everything and Read, DEAR'를 시행하고 있습니다. 이는 학생에게 정보를 읽고 습득할 것을 독려하기 위한 것으로, 몇몇 학교에서는 학생이나 교육자들에게 '모든 걸 내려놓고 성찰하라'고 격려하는 데 중점을 두고 있습니다. 매일 시간을 내서 우리가 배운 것과 그것이 다음 단계에서 어떤 영향을 줄지 고민한다면 우리는 모두 엄청난 변화를 경험할 것입니다.

혁신적인 사고방식은 학생들에게
어떤 영향을 미치는가?

혁신가의 사고방식을 지닌 교육자가 존재하지 않는 학교에서 학생이 혁신가가 되기를 바라는 것은 헛된 꿈일 수밖에 없습니다. 교육자가 혁신하려는 의지 없이 틀 안에 갇혀 모범을 보이지 않는데, 학생이 어떻게 달라지겠습니까?

우리는 혁신을 제한할 수 없습니다. 교육가가 정작 교실 안에서 이뤄지는 학생의 활동을 좌지우지하면서, 스스로는 편안함에서 벗어나 새로운 것에 도전하는 것은 학생이 다르게 생각하도록 돕는 것에 별로 도움이 되지 않습니다. 학생에게 자기만의 학습 기회 유형을 발견하도록 기회를 만들어 주고, 교육자는 돕거나 물러나야 할 적절한 때를 배우는 것이 중요합니다.

유튜브나 바인(Vine, 6초 짜리 동영상 공유 앱)과 같은 소셜 미디어 플랫폼을 보면, 지금의 학생들은 우리가 어렸을 때 상상도 못했던 것을 만들어 낸다는 것을 발견할 수 있습니다. 저는 학생들의 놀라운 창작물을 대할 때마다, 그들이 혁식적인 아이디어를 생각해 작품으로 발전시킨 것이 학교 덕분인지 아니면 학생이 학교의 제약을 이겨낸 덕분인지 궁금해집니다. 교육자인 우리의 역할은 학생이 그들 스스로의 학습과 운명에 책임지는 혁신가로 여기도록 그들에게 자율권을 주는 것입니다.

우리가 본보기로 삼는 것이 바로 우리가 얻을 수 있는 것이다.
–지미 카사스 Jimmy Casas

리더로서 우리가 스스로 혁신적이지 않은데, 다른 사람들에게 혁신적이 되라고 말할 수 없습니다. 우리가 교사와 학생들에게 추구하는 특성들, 즉 공감, 문제의 발견과 해결, 위험 감수, 관계망 형성, 관찰력, 창작, 회복탄력성, 성찰은 우리 스스로의 일에서도 구현되어야 합니다. 교장으로서 저는 선임자가 했던 것을 그저 그대로 따라 하지 않고, 끊임없이 질문을 던졌습니다. "나는 내가 교장으로 있는 교육 공동체에 속하고 싶은가?" 이러한 공감적 사고방식을 바탕으로, 교사의 관점에서 모든 것을 바라보는 것을 잊지 않았습니다. 이전의 관리자에게서 취한 것도 많지만, 교사의 입장에서 그들을 싫어했기 때문에 따르지 않기로 마음먹은 것들이 있다는 것도 인정합니다. 저조차도 싫어했던 점들을 제가 관리자가 되었다고 해서 직원들이 좋아해 주기 바랄 수는 없었습니다.

리사와 함께 일하면서 저는 교육자들이 변화를 두려워하지는 않지만, 위험을 감수하는 모험을 할 수 있도록 지지받지는 않는다는 것을 깨달았습니다. 관리자는 실질적으로 지지를 얻는 것과 지지받고 있다고 느끼는 것의 차이를 아는 게 중요합니다. 관리자들은 교사에게 종종 모험을 격려하면서도, 정작 자신들은 모험에 뛰어들지 않습니다. 교사의 단순한 위험 감수는, 여러분의 팀원이 리더인 당신이 기꺼이 혁신가로서의 길을 걷기 위해 기존 방식을 깨려고 하는 것을 지켜볼 때 이뤄지는 '공식적인 위험 감수'와도 다릅니다. 관리자가 위험을 감수하는 게 보이지 않으면, 아무도 새로운 것에 도전하려 하지 않을 것입니다. 자신의 역할이 무엇이든 간에 리더가 위험을 감수한 모험을 감행하고, 실패하고, 회복하고 다시 일어서, 다시 모험에 도전하는 것을 다른 사람들에게 보여 준다면, 훨씬 쉽게 변화에 영향을 미칠 수 있습니다.

새로운 사고방식

　이 장을 준비하면서, 저는 한 번 더 리사의 사례를 짚어 보았습니다. 그녀는 자신의 사고방식을 바꿈으로써 자신과 학생들의 모든 것이 바뀌었다고 했습니다. 단지 교수법을 다시 고민한 것이 리사에게는 새로운 것을 시도하고 성공을 경험하게 한, 하나의 기회가 되었습니다. 여기에는 핵심적인 교훈이 있습니다. 혁신은 모든 것을 바꾸는데 있지 않으며, 때로는 한 가지만 바꾸어도 변화가 따라온다는 것입니다. 이 경험은 새롭고 더 나은 학습 기회로 이끕니다.

앞으로 나아가기

　이 장을 마무리하며, 제가 평소에 혁신적인 교육자를 위한 주문이라고 칭하는 글을 여러분과 공유하고 싶습니다.

　나는 교육자다.

　나는 혁신가다.

　나는 혁신적인 교육자이기 때문에 계속 질문한다. "학습자에게 무엇이 최선인가?" 이러한 공감적 접근을 통해 나는 새로운 학습 경험을 만들어 내고 설계할 수 있다.

　나는 나의 능력, 지능 그리고 재능을 더욱 계발할 수 있고, 이는 새롭고 더 나은 아이디어의 창출로 이어진다고 믿는다.

　교육에는 때때로 장애물이 있다는 것을 알고 있지만, 혁신가로서 나는 지금 가능한 일과 내일 나아갈 방향에 집중할 것이다.

나는 현재 내가 이용할 수 있는 도구들을 활용하여 내 학습법을 만들고 연계함으로써, 나의 생각을 계속 성장·발전시키며 공유할 수 있는 새로운 방식을 찾을 것이다.

나는 내가 향상시킬 수 있는 영역뿐 아니라 나의 강점이 발휘되는 영역에도 초점을 맞춘다. 그리고 나 자신과 주변 사람 안에서 그 강점들을 발전시킬 방법을 고려한다.

나는 내가 이미 알고 있는 것에 기반하여 시작하지만, 스스로에게 한계를 두지 않을 것이다. 열린 마음으로 새로운 학습을 기꺼이 받아들이며 앞으로 나아가도록 돕는 질문들을 끊임없이 던진다.

나는 내 생각에 질문을 던지고 아이디어에 도전하고 "우리가 늘 해왔던 방식이다"라는 대답을 나 자신과 학생들에게 허용하지 않는다.

나는 내가 추구하는 학습과 리더십의 본보기가 된다. 위험을 감수하고 새로운 것을 개발하며 새로운 기회를 탐색한다. 나는 위험을 감수하고 모험하는 모범을 보이며, 다른 이에게 자신의 학습에 위험을 감수하는 것을 요구한다.

나는 고립은 혁신의 적이라고 믿는다. 더 나은 나 자신과 타인을 위한 학습 기회를 만들어 내기 위해 다른 이들로부터 배울 것이다.

나는 특정한 사람과 특정 장소에 얽매이지 않고, 모두의 아이디어를 접하기 위해 지역 사회를 넘어 전 세계의 모든 이들과 관계망을 이룬다. 전문적인 판단하에, 이 아이디어들을 내 교육 공동체 학습자들의 요구를 충족시키는 데 활용할 것이다.

나는 다른 사람들의 목소리와 경험뿐 아니라, 나의 목소리와 경험도 믿는다. 왜냐하면 이것들은 교육을 발전시키는 데 중요하기 때문이다.

나는 내가 만든 학습과 나의 경험이 다른 이들에게 도움이 되기 때문에 공유한다. 나는 나의 견해를 주장하고, 전 세계의 세대를 초월한 학습자들에게 좋은 영향을 끼치기 위해 공유한다.

나는 우리가 혼자일 때보다 함께할 때 훨씬 더 뛰어나다는 것을 알기 때문에 다른 관점에 귀 기울이고 그것을 통해 배운다. 나는 누구에게서든, 어떤 상황에서든 배울 수 있다.

나는 과거를 되짚어 보는 것이 앞으로 나아가는 데 매우 중요하다는 것을 알기 때문에 적극적으로 나의 학습을 성찰한다.

이 사고방식을 모두 받아들였을 때, 우리 교육이 어떻게 변할 수 있을지 상상해 보십시오.

QUESTION **03**

[토론용 질문]

01 학습 경험을 바꾸기 위해서는 어떤 위험을 감수해야 하는가?

02 위험을 감수하는 환경은 어떻게 만들어 갈 수 있는가?

03 현재 여러분이 하는 학습과 업무에서 어떻게 혁신가의 사고방식을 표현할 수 있는가?

PART2

토대 마련하기

● 1부에서 우리는 혁신이 왜 중요한지, 혁신이 의미하는 바가 무엇인지, 그리고 혁신은 어떤 형태로 이뤄지는지 논의해 보았습니다. 이 비전은 매우 중요하지만 실제 행동이 수반되지 않는다면 아무 의미가 없습니다.

2부에서는 학교와 학군이 아닌 학습과 혁신 문화를 강화하는 조건을 조정하는 쪽으로 관심을 기울일 것입니다. 이를 위한 선결 조건인, 조직에서 효과적인 관계를 형성하는 방법을 살펴볼 것이며, 또한 혁신가가 되려면 왜 지속적인 학습자가 되어야 하는지에 대해서도 논의할 것입니다. 이어 참여에서 권한 부여로 전환하는 것이 왜 모든 학습자에게 도움이 되는가를 알아볼 것입니다. 마지막으로 당신이 커뮤니티와 함께 공유된 학습 비전을 함께 만들어 가도록 격려할 것입니다. 함께 일함으로써 우리는 모든 학습자를 위한 더 나은 기회를 만들어 갈 수 있습니다.

THE
INNOVATOR'S
MINDSET

관계, 관계, 관계

우리는 인간을 보살피는 것에 우선순위를 두는 조직을 더 많이 만들어야 한다.
리더로서 사람들을 보호하는 것은 우리의 유일한 책임이며,
그때 사람들은 서로서로 보호하고 조직을 함께 발전시켜 갈 것이다.
하지만 리더가 그렇게 하지 않을 때도 직원이나 조직 구성원으로서
우리는 서로를 돌볼 용기가 필요하다.
그럼으로써 우리는 우리가 바랐던 리더가 될 수 있는 것이다.[1]

-사이먼 시넥

　　여러분은 아마도 이런 경험을 한 적이 있을 것입니다.

　　어떤 제품이나 서비스에 불만이 있는 경우, 여러분은 문제 해결을
요청하려고 고객센터에 전화를 겁니다. 녹음된 자동응답 시스템의
선택 사항을 건너뛰고 담당자와 직접 통화하기 위해 바로 '0'번을
누릅니다(누구나 불만이 있을 때 기계에서 나오는 소리를 계속 듣고 싶어하진
않을 테니까요). 그리고 기다림 끝에 상담원과 연결되어 문제를 토로
합니다. 상담원은 당신을 도와주고 싶지만, '매니저'만이 그 문제를
해결할 수 있다는 답변만 돌아옵니다. 기다리는 시간이 길수록 당신
은 더욱 화가 납니다. 매니저가 전화를 받을 때까지 당신의 기대치
는 높아졌다가 낮아졌다가 합니다. 이미 기다리는 데 보낸 시간 때
문에 기대를 걸기도 하지만, 한편으로는 너무 많은 시간을 허비했기

때문에 기대가 사라지기도 합니다. 아마 다른 회사의 서비스를 이용할 수 있다면 그렇게 했을지도 모르지요.

이것은 아주 흔한 일입니다. 소비자를 상대하는 직원들은 도울 힘이 없는 경우가 많습니다. 하지만 상담원이 당신의 문제를 해결할 능력이 없다면, 그것은 직원의 잘못이 아니라 리더십의 문제입니다. 이런 회사에서 '고객 상담원'은 소비자에게 제대로 일하고 있다는 신뢰를 전혀 얻지 못합니다.

다행스럽게도 몇몇 회사의 리더들은 직원에게 권한을 부여하는 것의 중요성을 이해하고 있습니다. 최근에 저는 스타벅스에서(사실 이 책을 쓴 장소이기도 하지요) '단백질 세트'를 주문해서 달걀을 한 입 베어 물었는데 제 입맛에는 맞지 않았습니다. 저는 바로 카운터로 가서 직원에게 이를 이야기했고, 그는 매니저가 아니었지만 환불 후에 무료로 다른 제품을 제공해 주었습니다. 간단한 말 한마디로 제가 가진 문제는 바로 해결되었고, 그 브랜드에 대한 저의 충성도는 다시 한 번 공고해졌습니다. 스타벅스 직원에게는 자기 업무에서 주도권을 가질 자유가 주어집니다. 이는 제가 그곳에 가는 이유 중 하나이며, 스타벅스가 최고의 직장으로 꼽히는 이유 중 하나이기도 할 것입니다.[2]

> 교육에서 가장 중요한 세 가지는 바로 첫째도 관계,
> 둘째도 관계, 셋째도 관계다.
> 관계가 없이는 어떤 것도 가능하지 않다.
> #혁신가의 사고방식

그런데 이것이 혁신과는 무슨 관련이 있을까요?

사실 전부 관련이 있습니다.

당신이 상식적인 결정을 내릴 수 있다는 신뢰를 얻지 못한다면 혁신을 위해서 그 이상을 추구하는 것은 불가능합니다. 리더십 전문가이자 《신뢰의 속도 The Speed of Trust》의 저자인 스티븐 코비는 신뢰, 혹은 신뢰의 결여가 비즈니스 성과에 어떻게 중대한 영향을 미치는지 설명합니다. 그의 메시지는 교육에도 그대로 적용됩니다.

> 회사 혹은 관계에서 신뢰가 낮으면 거기에는 모든 과정에 '부담금'이 숨어 있다. 모든 의사소통, 상호작용, 전략, 결정 과정에서 속도는 늦어지고 비용은 커지면서 부담금이 생겨난다. 내 경험에 따르면 중대한 불신은 사업 비용을 두 배로 증가시키고 실행 기간을 세 배나 늘린다.
>
> 반면 높은 신뢰를 얻으며 운용되는 개인이나 조직은 그들의 의사소통, 상호작용, 결정 과정을 놀라운 속도로 성공으로 이끄는 부담금과 반대 개념인 인센티브와 같은 '상금'을 받게 된다. 최근 세계적인 컨설팅 전문 기업 왓슨 와야트 Watson Wyatt의 연구에 따르면 높은 신뢰도를 보이는 회사는 낮은 신뢰도를 보이는 회사보다 세 배나 높은 성과를 냈다![3]

교육 분야의 리더로서 제 일은 우리가 돕는 사람들을 통제하는 것이 아니라, 그들이 재능을 펼칠 수 있도록 하는 것입니다. 혁신이 교육의 우선사항이 되기 위해서는 신뢰가 기본이 되는 문화가 필수입니다. 교사가 학급에서 이 같은 문화를 만들 것을 기대하고 있다면 조직의 윗선에서도 본을 보여야 합니다. 경우에 따라서는 사람들이 시간을 들여 신뢰를 쌓기 전에, 리더인 우리가 그들에게 먼저 신뢰를 주어야 합니다. 사실 상대와 원하는 관계를 맺기 위해서 신뢰를 보여 주는 것은 가장 빠르고 좋은 방법입니다.

교육 분야의 리더로서 자신의 역할과 학교, 학군의 신뢰 수준을 고민한다면 다음의 질문들을 던져야 합니다.

- 사람들은 종종 나에게 허락이나 지도를 구하는가?
- 위험 감수를 독려할 뿐 아니라 그것이 기대되는 환경을 만들었는가?
- 조직 안팎의 다른 사람들에게 우리 학교가 이뤄낸 훌륭한 성과를 어떻게 강조해 알렸는가?

이 질문들은 혁신에 관한 것이지만 '혁신 문화'를 만들어 내는 데 있어 관계의 중요성을 나타낸 것이기도 합니다. 사실 혁신에서 관계는 매우 중요합니다. 제가 교육에서 항상 가장 중요한 세 가지는 바로 첫째도 관계, 둘째도 관계, 셋째도 관계라고 말하는 이유가 여기 있습니다. 관계가 없이는 어떤 일도 가능하지 않습니다.

혁신을 파괴하는 힘

미국 텍사스 출신의 혁신적인 유치원 교사 매트 고메즈는 자신의 학급에서 일어나는 일들을 학부모와 공유하기 위해 2010년 페이스북 계정을 만들었습니다. 소셜 미디어를 통한 의사소통이 많은 교육자에게도 일반적이 된 요즘은 이런 활동들이 더 이상 혁신적이지 않습니다. 하지만 당시만 해도 유치원 교사가 학부모와 연락하고, 실제로 그들을 안심시키기 위해서 이러한 매체를 사용한 것은 처음 있는 일이었습니다. 처음에는 몇몇 학부모가 거부감을 표현하기도 했는데, 이는 누구나 새로운 것을 시도할 때 종종 겪는 일입니다. 결국 그들은 매트를 신뢰하게 되었고 연말 즈음에는 학급에서 일어나는 일들을 페이스북으로 즐겁게 지켜볼 수 있었습니다. 페이스북 페이지에 남긴 학부모들의 몇몇 반응을 소개합니다.

"보자마자 깜짝 놀랐습니다. 줄리의 (그리고 학급의) 교육 경험을 가족과 공유하기 위해 특별히 애써 주신 점 감사합니다. 줄리가 이렇게 훌륭한 선생님을 만나서 멋지게 학교 생활을 시작하게 된 것은 우리가 바랐던 일이랍니다."

"고메즈 선생님, 아이를 유치원에 처음 보낸 부모로서 우리 아이가 학교에서 하루 종일 어떻게 지내는지 매우 걱정되었어요. 그러나 선생님의 페이스북 페이지를 통해서 아이가 배우고 성장하며 즐거운 하루를 보낸다는 것을 알고는 마음이 놓였어요. 오늘 무엇을 했는지 물어보는 질문에 늘 돌아오는 "별 거 없었어요"라는 대답에도 다음을 준비할 수 있게 되었답니다. 이제 아이들이 무엇을 했는지 알게 되니까 수업과 연계한 심화학습과 프로젝트 등을 원활하게 할 수 있게 되었어요. 아이들과 부모들을 위해 선생님이 애쓰신 점 진심으로 감사합니다. 내년에도 이 페이스북이 그리울 거예요."

"혹시 1학년 선생님도 페이스북 페이지를 운영하실 계획이 있을까요?"

이 시도는 아주 효과적이었습니다. 학부모의 인식이 걱정에서 칭찬으로 옮겨 갔다는 사실에 주목해야 합니다. 매트의 모험은 큰 결실을 맺었습니다. 그는 학부모들과 관계망을 형성하기 위해 매우 의미 있는 방식으로 도구를 활용했으며 자녀를 학교에 처음 보내는 유치원 학부모들을 안도시켰습니다. 이 외에도 부모와 교사는 함께 일하고(사이버 공간에서일지라도 어쨌든 함께 있는 공간에서), 관계를 만들고, 수업 계획에 대해 배웠으며, 학생들에게 긍정적인 사이버 정체성(digital identity의 한국어 심리학 용어)의 본보기가 되었습니다.

안타깝게도 매트는 이후 유치원의 관리직으로부터 페이스북 활동을 그만둘 것을 요청받고, 학부모들에게 상황을 설명해야 했습니다.

이번 주를 끝으로 저는 학급 페이스북 페이지를 닫습니다. 지역 사회에서 장려하는 활동이 아니기 때문에 중단하게 되었습니다. 저는 이렇게 되리라는 것을 알았습니다. 허락 없이 새로운 것을 시도할 때는 위험 요소가 따르기도 하니까요. 그래서 저 나름대로는 오늘을 준비해 왔습니다. 페이스북 페이지는 아주 성공적이었고, 학부모님들을 참여시키기 위해 우리가 할 수 있는 것이 더 있다는 것을 보여 주려는 저의 목표는 이뤄졌다고 생각합니다. 사실 페이스북 페이지가 성공했기에 중단도 가져왔습니다. 저와 함께 일하는 다른 훌륭한 교사들도 이 도구를 활용하기를 원했고, 학부모님들은 왜 저만 페이스북을 활용하는지 묻기 시작했으니까요. 이러한 일련의 일들로 교장 선생님은 상황을 해결해야 할 필요가 있었고, 최종 해결책으로 페이스북 중단을 결정했습니다.

최고 수준의 형평성

관리자들은 매트의 성공적인 시도가 다른 교사들에게 더 많은 압박을 줄까 봐 걱정했습니다. 몇 해 전 다른 교육자와 나눈 비슷한 이야기가 생각납니다. 그녀는 '블로그에 글쓰기'라는 새로운 것을 시도하기를 원했고, 교장 선생님에게 허락을 구했으나 돌아온 대답은 "안 됩니다"였습니다. 이유는 무엇이었을까요? 교장 선생님은 그 모험이 성공해서 모든 직원들이 그렇게 하도록 요구받는 상황을 걱정했기 때문이었지요.

무슨 이야기일까요?

적어도 이 두 경우의 리더들은 다른 많은 사람들이 생각만 하고 결코 입에 담지 않았던 우려를 언급할 정도로 용감했습니다. 리더들을 움직이는 두려움이 늘 실패에 대한 것은 아닙니다. 때로 진짜 두려움은 성공에 관한 것입니다. 어떤 것이 효과가 있으면 다른 교사들도 그렇게 하기를 기대할 것이고, 그렇게 되면 모두가 더 많은 일을 책임져야 하기 때문입니다.

혁신적인 계획에 대해 종종 드러나는 또 다른 우려의 반응은 새로운 프로그램이나 접근이 우수하지만, 다른 환경에서는 제공되지 않는 학습 기회를 만들기도 한다는 점입니다. 그러나 결국 우리의 관심이 학습자에게 무엇이 최선인가에 있다면, 기회의 형평성은 최저 수준이 아닌 최고 수준에서 조성될 것이라고 생각합니다.

'NO'의 힘 VS 'YES'의 문화

문제는 당신이 어떤 이유에서든 혁신에 대해 "아니오"라고 말한다면 앞으로도 사람들은 새로운 것을 시도하기 꺼린다는 것입니다. 그들은 '내가 나의 학급이나 다른 학급에서조차 학습에 영향을 미치는 새로운 일을 할 수 없는데, 학교 전체의 필요를 충족시키는 것을 목표로 삼아야 하는가?'라는 의구심을 가질 것입니다. 다시 말해 자신의 아이디어는 중요하지 않다고 생각합니다. 이런 식으로 억압된 혁신은 산불처럼 번지지 못합니다. 직원들은 누군가의 새로운 시도가 좌절되었다는 이야기를 들으면, 성가시거나 과감하게 바꾸려는 행동을 하지 말아야겠다고 생각합니다. 일부 용감한 사람들은 허락받기보다는 나중에 용서를 구하는 편이 낫다는 신념으로 밀어붙이기도 하지만, 만약 우리가 교육자들이 새로운 일을 시도했을 때 유일한 선택지가 용서를 구하는 방향으로 환경을 만들었다면 이는 교육자의 문제가 아니라 리더십의 문제입니다. 스티브 잡스는 이런 말을 했습니다. "똑똑한 사람을 고용한 다음 그들에게 할 일을 알려 주는 것은 사리에 맞지 않는다. 우리가 똑똑한 사람을 고용하면 그들은 자신이 무엇을 할 것인지 우리에게 알려줄 수 있다." 리더가 직원들이 실수를 저지르지 않도록 보호하고 관리하는 데 대다수의 시간을 써버린다면, 이는 시간 낭비일 뿐 아니라 직원들은 자신감을 상실하게 됩니다. 새로운 것을 시도하기 위해 한계를 뛰어넘으려는 사람들의 포부를 꺾는다면 학교에서 일어나는 혁신은 그저 작은 주머니 속 안에서만 머물 것이며, 최악의 경우에는 아예 혁신이 일어나지 않을 수도 있습니다. 머지않아 혁신가들은 용서를 구하는 것에 지칠 것입니다. 그들은 자신의 창의력과 열정을 활용하기 위해 신뢰를 받을 수 있는 곳으로 이직하거나, 아니면 더 나쁘게는 그저 현상만 유지하려고 들 수도 있습니다. 이 두 경우 모두 학습자들은 자신들의 독창성을 잃게 됩니다.

교사의 진취성을 제한해서 학생의 학습 기회를 막기보다는, 모든 수준에서 교육자들이 더 나아지도록 밀어주고 도와주는 경쟁적 협업competitive collaboration 환경 구축이 필요합니다. 이것이 가능하려면 아이디어가 사장될 두려움에 숨기지 말고, 공개적이고 지속적으로 아이디어를 공유해야 합니다(3부 '개방적 문화 받아들이기' 장에서 더 논의하겠습니다). 마찬가지로 우리는 교육자 간의 관계를 구축하고 강화하여, 모든 사람이 전체의 필수적인 부분으로서 자기 자신을 인식하도록 해야 합니다.

우리가 만약 학습자에게 가장 좋은 것에 주된 관심을 둔다면, 기회의 형평성은 최저 수준이 아닌 최고 수준에서 만들어질 것이다.
#혁신가의 사고방식

두려움 때문에 "아니오"라는 대답만 존재하는 곳으로 떠밀려 가지 말아야 합니다. "좋아요" 문화를 만들기 위해 노력해야 합니다. 신뢰가 기본이 되고 자신이 실제로 지지받고 있다는 것을 알게 되면, 학습자, 교육자 그리고 리더들은 기회를 잡는 것을 덜 '위험'하게 느낄 것입니다. 그렇다고 모든 일에 무조건 "좋아요"라고 말해야 한다는 뜻은 아닙니다. 하지만 "예"라는 대답이 혁신을 이룰 방법을 찾아 준다는 점은 꼭 기억해야 합니다.

담임 교사 VS 학교 교사

제가 처음 교직에 들어왔을 때, 몇몇 교사에게서 동료들이 자기 작업을 공유해 주리라는 지나친 기대는 접으라는 충고를 들었습니다. 수 시간, 수 일, 심지어 수년간에 걸친 작업을 학생들을 위해 전수하기를 꺼리는 교육자들이 있는 것 같았습니다. 운 좋게도 나의 첫 교육 파트너는 기꺼이 자신이 개발한 모든 것을 나에게 알려 주었습니다(감사합니다. 마를렌!). 그녀의 관대함은 당시 제게 엄청난 도움이 되었습니다. 만약 그녀가 자신의 작업을 공유하는 것을 꺼렸다면 저는 완전히 다른 길을 걸었을지도 모르지요.

여기서 담임 교사와 학교 교사의 다른 관점을 볼 수 있습니다. 담임은 자신의 학급 안에서 중요한 일을 하고, 또 학생들과 함께 그런 일을 하는 사람들입니다. 학교 교사도 그렇게 하지만, 차이점은 학교 교사는 학년이나 과목에 상관없이 전교생을 자기 학생으로 간주한다는 것입니다. 학교 교사는 관리 감독과 같은 활동을 일이 아니라 기회로 여깁니다. 왜냐하면 그 시간을 통해 다른 학생들과 교류하고 다른 관점에서 그들을 알아갈 수 있기 때문입니다.

학교 교사는 또한 자신의 아이디어를 기꺼이 공유합니다. 저는 교실에서 혁신적인 것을 하고 있다면, 동료들과 공유합니다. 그러면 동료의 학생들도 도움받을 수 있습니다. 비록 다른 교사가 제 제안이나 아이디어를 제가 적용한 방식으로 활용하지 않는다고 해도, 우리가 같이, 우리 혹은 다른 이들이 한 것들을 조정하고, 바꾸고, 섞어서 시험하는 것만으로도 간단한 공유는 창의력을 자극합니다.

이러한 협업 정신은 교사와 관리자 모두가 구현해야 할 특성입니다. 제 멘토 중 한 명이자 캐나다 파크랜드Parkland 교육청에서 오랫동안 교장으로 재직한 데이비드 피식 박사는 제가 학교 행정가로 일할 때 하나의 교훈을 주었습니다. 그는 등교하는 아이들과 직원들에게 인사하기 위해 매일 아침 학교 로비에 서 있었다고 합니다. 피식 박사의 직원들과 학생들은 수도 없이 그의 이 한결같은 일상을 언급했습니다. 학교장은 이런 작은 행위를 통해 학교가 학생에 관한 곳임을 모두에게 천명한 것입니다. 그는 매일 아침에 하는 인사를 일이 아닌 기회로 여겼습니다. 교장의 이러한 본보기는 학교에서 서로 교류하는 분위기가 즉각 조성되도록 만들었습니다. 그 결과 교직원들은 교실 밖 복도에서 학생들과 적극 교류하고 친밀한 관계를 맺었습니다. 당신이 만약 교육감, 교장, 코치, 교사이거나 혹은 교내에서 다른 역할을 수행하고 있더라도 당신이 아이들과의 친밀한 관계를 중요하게 여기고 있다는 것을 다른 사람들에게 알리는 것은 중요합니다. 이는 학교 분위기를 만드는 좋은 방편이 될 것입니다.

변화는 한 번에 한 사람씩에게만 일어난다

교사 연수는 집단 전체에 대한 공통된 이해를 만들어 가는 기회를 제공할 수 있지만, 우리는 전체가 개인으로 구성된다는 점 또한 기억해야 합니다. 저는 모두가 같은 책을 읽고 함께 배우는 학교에 몸담아 왔습니다. 이 표준화된 접근은 교육자가 해당 책을 읽어본 적이 없더라도, 모두에게 그 내용이 적절하며, 모두가 발전을 위한 동일한 필요조건을 지녔다는 것을 가정하고 있습니다. 이것은 사실 지나친 가정입니다.

우리가 차별화되고 좀 더 개별화된 접근을 취해 본다면 어떨까요? 전설적인 우승 제조기였던 미국 프로농구 코치 필 잭슨Phil Jackson은 개인의 강점을 활용하는 방식으로 팀을 우승으로 이끌었습니다. 선수들은 팀의 한 부분으로 각기 특별한 역할을 담당했습니다. 그가 각 선수의 개인적인 발전의 필요조건을 충족시키기 위해서 했던 일 중 하나는 선수들 각각의 삶에 도움이 될 거라는 판단에서 각각의 다른 책을 건넨 일입니다.

실제로 해당 직원의 필요와 관심사를 충족시키는 것을 구체적으로 고를 수 있을 정도로 상대를 잘 안다고 가정해 봅시다. 당신은 직원이 자신의 업무와 직업적 목표를 향상시키도록 도울 수 있으며, 더 깊은 수준에서 직원 개개인을 알고 신경 쓰고 있다는 점을 보여줄 수 있습니다. 또한 나아가 학급 수준과 개별 학생의 수준으로 쉽게 전수되는 본보기가 될 것입니다.

⚙️ 당신은 직원들과 함께하는
개인적인 시간을 투자나 지출로 보는가?
#혁신가의 사고방식

문화는 기대, 상호작용 그리고 궁극적으로는 전체 학습 공동체의 관계에 의해 발전되어 왔습니다. 하지만 관계는 일대일의 형태로 형성되어 왔습니다. 당신은 혹시 직원들과 함께 보내는 사적인 시간을 투자나 지출로 보고 있진 않습니까? 누군가의 개인적 문제에 귀 기울이는 10분은 리더십의 관점에서 보면, 상대방에게 충성심뿐 아니라 기대 이상의 것을 하도록 의지를 심어 주는 놀라운 일이 되기도 합니다. 그 시간은 바로 혁신 문화를 조성하는 관계에 대한 투자입니다.

〈뉴요커New Yorker〉지에 실린 '느린 아이디어'라는 제목의 기사에서 저명한 미국의 외과의사이자 공중보건연구의인 아툴 가완디Atul Gawande는 일대일 관계가 새로운 것을 시도하려는 사람들의 의지를 높이는 요인에 대해 설명합니다.

그러나 기술과 동기부여만으로는 부족하다. 새로운 아이디어가 소통되고 확산되는 방법을 연구하는 미국의 위대한 학자 에버렛 로저스Everett Rogers는 이렇게 말했다. "본질적으로 확산이란 다른 사람들과 대화를 나누는 사람들이 혁신을 퍼트리는 사회적 과정이다." 대중매체는 사람들에게 새로운 아이디어를 소개할 수 있지만, 사람들이 무언가를 받아들일지 결정할 때는 자신이 알고 있고 신뢰하는 사람들의 안내를 따른다는 점을 지적한 것이다. 모든 변화에는 노력이 필요하며 그 노력을 하기로 결정하는 것은 사회적 과정이다.

특히 영업사원들은 이 점을 잘 알고 있다. 한 번은 제약회사 직원에게 고집 세기로 악명 높은 의사에게 어떻게 새 약을 선택하도록 설득했는지 물어보았다. 그는 아무리 논리가 강력하더라도 증거만으로는 충분하지 않다고 했다. 당신은 '일곱 번 만남의 규칙'을 적용해야 한다. 개인적으로 의사들과 일곱 번 '만나면' 그들은 당신을 알게 되고, 그들이 당신을 알면 당신을 신뢰하게 되고, 당신을 신뢰하면 그들은 변한다. 그가 직접 의사들의 벽장에 무료 약물 샘플을 채우는 이유가 바로 여기에 있다. 그러고는 구석에서 고개를 내밀고 묻는다. "그래서 따님 데비의 축구 경기는 어떻게 됐나요?" 그렇게 다음 질문으로 이어질 수 있는 것이다. "우리의 신약에 대한 연구를 보신 적이 있나요? 시도해 보시는 건 어떻습니까?" 이 영업사원이 파악한 바와 같이, 사람 간의 상호작용은 저항을 극복하고 변화에 속도를 붙이는 데 핵심적인 역할을 한다.[4]

이 기사는 제가 전문적인 학습 방법에 대한 생각을 바꾸는 데 도움을 주었습니다. 22개교 1만 명 이상의 학생을 위해 일하는 캐나다 앨버타주 파크랜드 교육청의 수장으로서 훌륭한 아이디어를 빠르게 확산하고 발전시키는 방법을 좀 더 쉽게 생각할 수 있게 된 것입니다. 대규모의 그룹 워크숍 모델이 가진 문제점은 아무리 우리가 차별화하려고 애써도, 모두가 당신 혹은 그들이 바랐을 수도 있는 그날에 유의미한 수확을 얻어가지는 못한다는 것입니다. 즉, 공통된 비전을 개발하기 위해서는 대규모 그룹 회의가 필요할 때가 있습니다. 하지만 사람들을 A지점에서 B지점으로 움직이게 하려면 가완디가 언급했듯이 관계를 구축하고 혁신에 박차를 가하는 데 도움이 되는 인간 상호작용의 정기적인 기회를 만들 필요가 있습니다.

중앙 관리자로서 저는 종종 여러 학교에 방문하여 대학 교수의 근무 시간과 맞먹는 시간을 보내곤 합니다. 학교에 가는 날은 한 번에 한 명에서 세 명까지의 직원과 40분에서 60분에 걸친 회의를 수차례 진행합니다. 이 소규모 그룹 회의는 많은 대규모 일체형 학습 기회에서 종종 부족했던 친밀감을 형성하는 데 도움을 주고, 보다 나은 방식으로 참가자에 대해 알 수 있게 합니다. 직원들이 서로 더 알아 가는 기회가 되는 이 회의는 자유토론 형식으로 진행됩니다. "당신은 무엇을 배우고 싶나요?"라는 간단한 질문을 토대로 토론을 조율합니다. 이때는 제가 전달하고자 하는 바보다는 학습자가 원하는 것에 중점을 둡니다. 어떤 회의에서 저는 의사소통이 좀 더 수월해지는 도구를 공유했으며, 다른 회의에서는 가르치는 방법에 대한 철학적 변화를 논의하기도 했습니다. 각 회의는 가르치는 사람과 배우는 사람의 요구에 초점을 맞추었기 때문에 정해진 의제가 없습니다. 그러나 사람들은 제 임시 사무실을 나서면서 제가 그들을 경청하고, 그들과 그들의 개인적인 성공에 관심을 기울인다고 느꼈습니다. 또한 그들은 그 과정에서 자신들에게 중요한 것이 무엇인지도 배웠습니다. 이러한 '만남'은 부서 간, 교사 간의 관계를 구축하는 데 도움이 되며, 구축된 관계는 학습과 혁신 문화의 기반이 됩니다.

이제 당신은 이런 개인적 접근 방식 때문에, 특히 대규모 학군 안에서 혁신 문화를 만들어 내는 데는 시간이 한정 없이 들 것이라고 생각할 수도 있습니다. 모든 사람을 일대일로 만나는 것은 불가능해 보일 수 있습니다. 솔직히 말해, 그런 생각을 하는 당신이 옳을지도 모르겠습니다. 저 역시 같은 생각을 했었고, 모든 학교 각 부서의 교육자를 일대일로 만나는 일이 불가능하다는 것을 알고 있었습니다. 그렇지만 제가 주목한 점은 일대일 회의가 혁신을 어떻게 가속화했는가입니다. 제가 만났던 사람들은 학습 경험을 만들어 내기 위해 저에게만 무조건 의존하지 않았고, 그 대신 우리가 논의한 아이디어의 가치를 발견하고, 다른 동료와 공유할 새로운 자신감을 얻었습니다. 심지어 어떤 이들은 자신이 배운 것을 가지고 자기만의 회의를 이끌기도 했습니다. 한 교장 선생님은 교사 연수를 진행하는 동안 그 무엇도 공유한 적이 없던 교사가 소규모 회의 후, 자신이 배운 것과 그것이 학생들에게 어떤 영향을 미쳤는지 공유할 시간을 줄 것을 간청했다고 제게 알려 주었습니다.

때로 우리 일은 촉발제의 역할을 하고, 자신감을 키우도록 도운 다음, 한 발 뒤로 물러나는 것입니다. 어떤 학교 혹은 학교 부서의 혁신이 전적으로 한 사람에게만 달렸다면, 그 혁신은 그저 주머니 속에만 머무를 것입니다. 그러나 반대로 학습자가 리더가 될 수 있도록 자율권을 주는 데 초점을 둔다면 아이디어는 더욱 확산될 수 있습니다. 때로는 단 한 사람에게만 스스로 결정할 권리를 부여해도 그룹 전체에 자극이 되기도 합니다.

앞으로 나아가기

의미 있는 변화를 원한다면 생각을 연결하기 전에 마음을 연결해야 합니다. 관계를 향상시키고 신뢰를 구축하는 데 시간을 쏟는 것은 전체의 발전에 아주 중요한 과정입니다. 문화 자체가 없다면 혁신 문화도 존재할 수 없습니다. 사람들이 관심과 보살핌을 받고 있다는 생각을 하는 환경을 만들어 가는 것에서 모든 혁신이 시작됩니다. 우리가 알고 있는 바로 이 사실이 교실에서 학생들의 학습에 영향을 미칠 것입니다.

디지털 상호작용이 일반화된 세상에서 우리는 그 어느 때보다도 사람 사이의 상호작용을 원하고 있습니다. 그렇기 때문에 당신의 조직에서 혁신의 확산을 보장하는 데 필요한 세 가지는 첫째도 관계, 둘째도 관계, 셋째도 관계입니다. 50년 전 학교에서는 인간관계가 가장 중요했는데, 이는 50년 후에도 변함이 없을 것입니다.

의미 있는 변화를 원한다면
생각을 연결하기 전에 마음을 연결해야 한다.
#혁신가의 사고방식

[토론용 질문]

01 어떻게 하면 여러분의 학군, 학교 그리고 교실에서 개인적인 관계를 구축할 수 있는가?

02 여러분은 다른 사람들이 위험을 감수하는 모험을 하도록 어떤 방식의 자율권을 주는가? 예를 들어 보라.

03 학교 공동체가 개인적인 관심사를 바탕으로 학습할 수 있도록 어떻게 기회를 만들 수 있는가?

배우고, 이끌고, 혁신하라

왜 우리는 50년에서 100년의 역사를 가진 회사의 운영이 혁신을 이뤄내지 못한 것은
그냥 넘어가면서, 우리 스스로의 삶 속 모든 부분에서 혁신을 요구하는가?

−제이미 노터 Jamie Notter

어렸을 때 부모님은 그리스에 있는 가족에게 한 달에 딱 한 번만 전화를 걸 수 있었습니다. 장거리 전화, 특히 해외 통화는 비쌌기 때문이지요. 미래의 이야기를 그린 〈젯슨 가족 The Jetsons〉과 같은 TV쇼를 보며 영상통화로 친지들의 얼굴을 볼 수 있는 날을 상상했던 기억이 납니다. 이제는 페이스 타임 Face Time, 스카이프 Skype 그리고 구글 행아웃 Google Hangouts과 같은 서비스를 통해 전 세계 어디에서든 친구들, 가족들과 저렴하고 편리하게 연락을 취할 수 있게 되었습니다. 하지만 이 놀라운 능력이 우리 손에 있는데도 여전히 많은 어른은 이를 활용하려 하지 않습니다. 심지어 어떤 이들은 특히 교육과 관련되어서 계속 사람들과 연결되어 있다고 불평을 늘어놓기도 합니다. 사실, 기술 혁신으로 인한 끊임없는 사이버상의 연결이 아이들

을 산만하게 만들고 우리가 가르치는 방식을 가로막는다고 생각할 수도 있습니다. 하지만 또 다른 관점으로 보면, 언제 어디서든 다른 사람들과 연결하는 학생들의 능력에 대한 인식은 수많은 새로운 학습 기회를 창출합니다.

당신이 교육, 기술 그리고 삶에서 변화를 바라보는 방식은 당신이 다른 사람이나 상황을 이끌어 가는 방식을 형성합니다. 우리는 자주 변화에 대해 이야기하고 타인의 변화를 기대하지만, 자기 자신의 변화에 대해서는 그냥 넘어가기도 합니다. 우리가 효과적인 리더가 되려면 우리의 학습자들, 즉 학생과 교육자에게서 추구하는 행동과 태도의 본보기가 되어야 합니다. 그러니까 우리가 하려 하지 않거나, 할 수 없는 것을 다른 사람들에게 하도록 지시하기보다는 "함께하자"라고 제안하는 것이 훨씬 더 설득력 있고 강력할 것입니다.

판에 박힌 일상을 허물어라

리더가 새롭고 더 나은 기회를 인식하고 나아가 발견하는 최선의 방법은 실사용자의 관점에서 삶을 경험하는 것입니다. 조직행동 전문가인 프랑크 바렛은 반복되는 일상에서 벗어나 다른 이의 관점에서 상황을 바라본다면 새로운 해결책을 찾을 수 있다고 설명합니다. 미국의 경제잡지 〈하버드 비즈니스 리뷰Harvard Business Review〉가 제작한 '혁신을 위해서는 판에 박힌 일상을 허물어라To Innovate, Disrupt Your Routine'[1]라는 영상에서 바렛은 한 항공사가 고객 서비스 불만을 처리하는 사례를 공유했습니다. 이 영상에서 한 항공사의 간부들은 고객에게 더 나은 경험을 만들어 줄 수 있는 방법에 집중하기 위해 간부 연수를 실시했습니다. 연수 첫날 참가자들이 회의를 하는 동안, 항공사의 마케팅 담당 부사장은 간부들이 묵는 호텔 방의 침대를 비행기 의자로 교체했습니다. 다음날 비행기 의자에서 밤을 지낸 후, 그들은 고객의 편안함을 향상시키는 방법에 대한 '급진적인 혁신안'들을 내놓았습니다. 마케팅 담당 부사장이 그들의 일상적인 수면 방식을 허물고 고객의 불편함을 경험하도록 만들지 않았다면 그 연수는 주목할 만한 혁신적인 변화 없이 끝나고 말았을 것입니다.

고객은 업계 실사용자입니다. 업계 리더인 우리에게 실사용자는 바로 우리의 학습자라고 할 수 있습니다. 때로 학교와 교실에서 학습자들의 불편을 체험해 본다면 실로 엄청난 경험이 될 것입니다. 한 예로 선구적인 교육 개혁자이자 책, 영상, 앱으로 이루어진 종합 교육 프로그램 〈디자인 프레임 워크에 의한 이해Understanding by Design Framework〉의 개발자 중 한 명인 그랜트 위긴스는 자신의 블로그에 한 교육자가 새로 부임한 학교에서 매일 두 명의 학생을 그림자처럼 따라다닌 내용을 작성한 강력한 게스트 포스트를 공유한 바 있습니다.[2] 작성자가 설명한 초기 계획은 다음과 같았습니다.

교장 선생님은 교사 일을 시작하는 것의 일환으로 이틀 동안 나에게 "학생이 돼라"고 제안했다. 하루는 고등학교 1학년 학생을 그림자처럼 따라다니면서 그들의 모든 과업을 수행했고, 다른 날에는 고등학교 3학년 학생을 따라다녔다. 나는 학생들이 하는 모든 것을 수행했다. 예를 들면, 칠

판에 강의나 메모가 적혀 있으면 최대한 빨리 나의 노트에 옮겨 적었다. 화학 실험실에서는 파트너 학생과 함께 실험을 했고, 시험이 있을 때는 시험을 치뤘다(스페인어 과목은 통과했지만 상업 과목은 확실히 과락한 것 같다).

이 포스트에서 그녀는 '학생이 되는' 과정에서 자신이 어떻게 고군분투했는지 공유했습니다. 학생들과 이틀을 보낸 후 다음의 시사점을 언급했습니다.

1. 학생들은 종일 앉아 있었고, 앉아 있는 것은 피곤하다.
2. 고등학생들은 수업의 약 90퍼센트 정도를 수동적으로 앉아서 듣기만 한다.
3. 종일 다소 귀찮은 느낌이 있다.

그녀의 말에 이의를 제기하려고 이 내용을 공유한 것은 아닙니다. 이는 당시 그녀가 학교에서 경험한 것이지만, 우리가 학생들이 학교에서 어떤 것을 경험하고 있는가를 실제로 알고 있는지 한 번 더 생각해 보기 위한 것입니다. 우리는 학교에서 일어나는 일에 대해서 얼마나 자주 추정합니까? 그리고 이 교육자의 발견처럼 우리의 추정은 부정확하거나 불완전하지 않은가요? 제가 앞서 제기한 질문을 스스로에게 계속해서 던져 보면 좋겠습니다. "나는 내가 가르치는 교실의 학습자가 되고 싶은가?" 이러한 관점으로 교육을 살펴본다면, 학생에게 부여된 기대치 중 일부는 우리가 하루 종일은 고사하고 단 한 시간도 감당하지 못할 수도 있다는 사실을 깨닫게 될 것입니다.

수업에 대한 학생들의 관점을 블로그 게시글에 인용한 문장을 보고 저는 충격을 받았습니다. "나는 고등학교 1학년 학생 대표인 신디에게 본인이 학급에서 중요한 기여를 한다고 느끼는지, 그리고 만약 본인이 결석을 한다면 다른 학생들이 그동안 본인이 수업에 공유하는 지식과 기여를 얻지 못해 아쉬워할 것인지에 대해 물었다. 그러자 신디는 웃으며 '아니오'라고 대답했다."

여러분의 목소리가 아무 영향력이 없는 곳에 매일 가는 것을 상상할 수 있을까요? 특히 저는 이런 식의 물러남에 충격을 받았습니다. 이 이야기를 통해 저는 아주 많은 학생이 학습 경험을 직접 선택할 기회가 드물고, 자율성이 거의 존재하지 않는 경험을 공유한다는 사실을 깨달았습니다.

학교의 현실에서 학습 환경은 교사에 의해서만 아니라 교직원 전체에 의해서 만들어집니다. 학생이 학교에서 경험하는 바가 이런 것이라면, 우리는 리더로서 새롭고 더 나은 것을 창출하도록 하는 학습과 혁신을 지원하기 위해 무엇을 해야 할까요?

현재에 충실하고, 사람들을 이끌고, 일을 관리하라

지역 교육계의 중앙 관리자로서 저는 학교에서 교사를 최대한 지원하는 것에 관심이 많았습니다. 혁신 문화를 이끌려면 저부터 교사들이 하는 일과 연계되어야 합니다. 제 결정이 학급에 영향을 미친다면, 저는 이 결정을 공유하기 위해 직접 학습 환경으로 뛰어들어야 한다고 생각했습니다.

그래서 저는 종종 노트북을 들고 무작위로 어느 한 교실에 들어가, 세 시간에서 여섯 시간 정도 머무르곤 했습니다. 거기에서 제가 행정적인 업무를 처리하고 이메일에 답하는 동안, 교사와 학생들은 자신의 일상을 보냈고 나중에는 제가 그 자리에 있다는 사실조차 의식하지 못했습니다. 물리적으로 교실에 머무는 경험은 저로 하여금 교사와 학생들의 경험을 더 잘 이해하는 데 도움을 주었습니다. 저는 사실 교사를 평가하기 위해 교실에 머무르지 않았습니다. 학습 환경을 평가하려는 목적을 가지고 있었습니다. 그 시간 동안 제가 신경 썼던 한 가지는 "교사들이 학급을 잘 운영하기 위해서 얼마나 많은 '다른 일'을 하고 있는가"였습니다. 교사들은 학생들과 함께 컴퓨터에 로그인 하기 위해 씨름했고, 계속 문제가 생기는 와이파이를 해결해야 했습니다. 그들은 교사보다는 마술사에 더 가까워 보였습니다. 그리고 무엇보다 학생들을 위한 효과적인 학습 기회를 만들기 위해 몇 번이나 반복해서 애쓰다가 낙담하는 모습을 보기도 했습니다.

학교를 성장시킬 '혁신'을 원한다면, 우리는 기꺼이 혁신이 일어날 환경으로 뛰어들어야 합니다. 만약 시간이 없다면 여러분이 가진 기술을 장소에 구애받지 않고 활용할 수 있다는 것을 기억하십시오. 여러분도 저처럼 할 수 있다는 것입니다. 교실에 있으면서도 컴퓨터나 태블릿으로 업무를 볼 수 있습니다. 물론 조용한 사무실에서는 훨씬 빠른 이메일 회신이 가능하겠지만 교실에서 업무를 하고 싶었던 데는 여러 이유가 있습니다. 그중 교육과 학습의 현실을 논의할 수 있다는 점이 가장 중요했습니다.

우리가 기꺼이 해야 할 또 다른 일은 우리의 도전을 가로막는 장애물 없애기입니다. 가령, 시간을 잡아먹는 학생들의 로그인 과정을 언급했는데, IT부서의 관점에서 보면, 인터넷은 빨리 접근할 수 있고 로그인 과정도 신속합니다. 하지만 한 교실에 20명에서 30명 가량의 학생(그것도 운이 좋을 경우)이 있다는 점을 감안해 봅시다. IT 사무실의 한 사람에게는 쉽고 빠르게 보이는 작업이 교실 전체가 제대로 하려면 수 분이 걸릴 수도 있습니다. 특히 정해진 시간이 있고, 시간을 다투는 교실에서는 더 길게 느껴집니다. 이는 교실에 직접 있음으로써 교사가 겪는 현실을 이해할 수 있게 하는 수많은 사례 중 하나에 불과했습니다. 만약 직접 보지 못했다면, 저는 이 특정한 문제에 공감하지 못했을 수도 있습니다.

정말로 혁신 문화를 만들기 원한다면, 교사에게도 기술과 자원이 필요합니다. 또한 그들은 학습자로서 우리가 정말로 머무르기 원하는 환경을 만드는 데 지원받는다는 느낌을 가질 수 있어야 합니다. 리더로서 우리는 학교, 교육자 그리고 학습자를 위한 비전을 가져야 하며, 동시에 비전을 실현하기 위해 함께 노력함으로써 교육자를 지원하는 업무를 관리해야 합니다. 스티븐 코비는 이렇게 말했습니다. "당신은 일을 처리하는 것이지만, 실제로는 사람을 이끌고 있는 것이다. 그것이 바로 우리가 그들에게 자율권을 주는 방법이다."[3]

숙련된 학습자, 혁신적인 리더

교실에 머무르면서 사람들을 잘 이끌고 싶다면 먼저 배워야 한다는 것을 한 번 더 깨닫게 되었습니다. 혁신가이자 리더로서 우리는 어떤 변화가 가능하고 실제로는 어떤 모습이어야 하는지 탐구하는 시간을 갖기도 전에, 무모하게 변화부터 주려고 하는 경우가 있습니다. 예를 들어, 몇 년 전 저는 교사들에게 '디지털 포트폴리오'에 대해 듣기 시작했습니다. 그들은 학생들에게 시도하고 싶어 했지만 문제는 그들 대부분이 디지털 포트폴리오를 제작하는 구체적인 과정은 몰랐다는 것이었습니다. 교사로서 그들은 개념이 마음에 들었던 것일 뿐, 학습자의 관점에서 디지털 포트폴리오가 어떻게 작동할지 고려하지 않았습니다. 많은 학교에서 이 개념을 실제로 실행해 보았습니다. 그리고 제가 그 과정에서 목격한 것은 단순히 종이 포트폴리오를 온라인상으로 옮겨 놓는 것이었습니다. 대부분의 경우, 아이들이 과제를 인터넷에 올리고 링크만 공유한 '실물 전자 복사본'으로 보였습니다.

저는 디지털 포트폴리오를 어떻게 제작할 수 있는지, 그리고 교사들과 더 중요한 학습자들이 어떻게 사용할 수 있는지 알고 싶었습니다. 교사와 학생들이 그것을 하도록 요청하기보다 제가 직접 경험하고 싶었기에 제 디지털 포트폴리오를 만들고 그 과정의 장점, 단점, 가능성을 알아보기로 했습니다.

저는 제 학습의 '포트폴리오'로 블로그를 시작하면서, 공개된 반응의 힘과 학습심화 효과를 확인할 수 있었습니다. 누구나 제 작업과 사람들의 반응을 볼 수 있다는 점을 의식하자, 제가 배우는 것에 대해 더욱 깊게 생각하게 되었습니다. 또한 블로그를 통해 학교뿐 아니라 외부 세계와의 협력의 힘을 깨달았습니다. 전 세계 어느 곳에서든지 누구나 저의 아이디어에 의문을 표시할 수 있었고, 그로 인해 저는 제 스스로의 생각에 의문을 품을 수 있게 되었습니다. 저는 포트폴리오가 누군가의 학습 수단일 뿐 아니라, 공개 행사장이 되어야 한다는 것을 알게 되었습니다. 학습 과정을 공개함으로써 제가 남기는 글이나 댓글 등의 디지털 발자국이 가진 영향력도 이해하기 시작했습니다. 더욱이 디지털 발자국을 남긴다는 것이 실제로 어떤 의미인지 배웠으며, 단순히 다른 사람이 조사한 것을 공유하는 것이 아니라 실생활의 관점에서 장점과 파생된 결과를 학생들과 논의할 수 있었습니다. 학생들과의 신뢰를 구축하는 데 우리가 가르치는 것을 몸소 실천하는 것보다 더 나은 방법은 단언코 없습니다.

제가 시도한 하나의 포트폴리오를 시작으로 모든 학교가 학습자 중심의 매력적인 디지털 포트폴리오를 만들게 되었습니다. 지금 파크랜드 교육청에 소속된 모든 학교는 디지털 포트폴리오를 실천하고 있습니다. 이는 저 혼자서 이룬 결과가 아닙니다. 교육청에 속한 학교의 진보적이고 근면한 교직원들이 이 작업을 지지하는 것에서 그친 것이 아니라 적극적으로 나서서 배우고 그 경험으로 학생들을 가르친 결과입니다. 제가 혼자서 시작한 이 학습은 결과적으로 유치원에서 고등학교 3학년까지의 학생들 중에서 자기만의 디지털 포트폴리오를 만들고 발전시키며 유지할 수 있는 능력을 가진 1만 명을 확보해 주었습니다. 그러나 여전히 이는 과정 중에 있으며 학습은 매우 혼란스러울 수 있습니다(우리는 이 혼란스러움을 받아들여야 합니다!). 우리 리더들은 학생들이 새롭게 만들고 수집한 정보를 몇 장의 종이 안에는 담을 수 없지만 무한의 사이버 공간에서 포트폴리오를 만들 수 있다는 것을 이해했습니다. 그리고 이는 학생들에게 시간과 함께 자신의 성장을 전시하고 공유할 수 있는 기회를 선사했습니다(블로그와 디지털 포트폴리오에 대해서 더 많은 것을 배우고 싶다면, bit.ly/blogasportfolio에서 제 포트폴리오를 확인할 수 있습니다).

위대한 리더들은 비전을 작은 단계로 쪼개서 실현합니다. 완수된 각각의 작은 단계는 그 과정에서 자신감과 능력의 개발을 돕는 역할을 합니다. 학습에 관하여 먼저 본을 보임으로써 저는 교직원들과 교류할 수 있었고, 학습자로서도 능력이 있다는 것을 직원들에게 확실히 각인시켰습니다. 저는 "교사로 사는 것이 어떤 것인지 이해하지 못한다"는 말은 결코 듣고 싶지 않았기 때문에 직접 배우고 과정을 경험함으로써 우리가 하는 일의 지평을 넓혀 가게끔 격려할 수 있었습니다.

현재를 인지하고 배움을 첫째로 두고 학습자를 염두하면 혁신적인 리더로 성장할 수 있습니다. 이 장의 마무리에서 혁신적인 리더에게 필요한 몇 가지 자질을 알려 드리겠습니다.

혁신적인 리더의 특성

1. 이상

이상을 품은 리더는 학교를 위해 큰 이상을 품고, 그것이 자신의 교실에서 어떻게 구현될 수 있는지 단계를 나눌 수 있습니다. 혁신 문화를 만들기 위해서는 더 훌륭한 이상으로 나아가는 일련의 작은 단계들이 필수적입니다. 하나의 거대한 도약으로 발전하는 것이 아닙니다. 혁신적인 리더는 자신감과 능력 모두를 구축하는 작은 단계들을 활용하여 사람들이 계속 성장하도록 도와야 합니다. 그랬을 때 사람들은 더 기꺼이, 더 혁신적일 수 있습니다.

2. 공감

새로운 아이디어는 당신이 돕는 사람들의 요구를 이해하는 데에서 출발합니다. 처음 교장이 되었을 때 저는 선임교장의 아이디어와 실천을 그대로 답습하고 싶지 않았습니다. 대신 저는 "만약 내가 이 학교의 교사라면, 교장에게 무엇을 기대하겠는가?"라는 질문을 생각했습니다. 이러한 관점으로 학습 환경을 고민하자 저는 학교에서 학생이 되는 것, 교육 공동체에서 학부모가 된다는 것에 대해 공감할 수 있었습니다. 예를 들면, 교사로서 저는 아무런 진전도 없이 쓸데없이 길어지는 회의에 들어갔을 때 맥이 빠지곤 했습니다. 그래서 다른 사람들의 시간을 존중하기 위해 회의 시간을 줄이고 이메일로 처리할 수 있는 것들은 그렇게 하고, 학습에 더 많은 시간을 할애하도록 했습니다. 이때 줄어든 회의 시간이 혁신일까요? 그렇지 않습니다. 당신이 돕는 이들이 있는 곳으로, 직접 뛰어드는 그곳이 바로 혁신이 시작되는 지점입니다.

3. 학습의 본보기

저는 캐나다 웨스트 밴쿠버^{West Vancouver}의 교육청장, 크리스 케네디를 굉장히 존경합니다. 그는 "리더는 자신의 학교와 함께 학습에 깊이 관여해야 한다"고 믿으며 본보기를 보이고자 하는 교육자입니다. 저 역시 여기에 동의합니다. 우리는 늘 해오던 대로 하거나 그저 아는 것을 하는 오류에 빠지기 쉬우며, 그런 식의 사고방식으로는 모두가 한계에 부딪칠 수밖에 없습니다. 학생들을 위해 더 나은 것을 하고 싶다면, 필요한 변화를 만들어 내는 법을 이해하기 위해서 스스로 실험 쥐가 되어 새로운 학습 기회로 뛰어들어야 합니다. 뭔가 새로운 것을 경험하기 전에는 새로운 것을 만드는 것이 매우 어렵기 때문입니다.

4. 모험가

'모험가'라는 말은 교육계에서 아주 진부한 표현이 되었습니다. 리더로서 모험을 촉진하고 요구하기는 쉽지만 실제로 모험을 감수하는 모습을 보여 주는 일은 드뭅니다. 위계질서 구조 내에서 사람들은 윗사람이 그렇게 하는 것을 보지 못한다면 위험을 감수하고 새로운 것을 시도할 가능성이 적습니다. 사람들이 새로운 것을 시도하기를 원한다면, 리더들은 자신이 기꺼이 같은 일을 하고 있음을 공개적으로 보여 주어야 합니다.

**뭔가 새로운 것을 경험하기 전에는
새로운 것을 만들어 내기 어렵다.**
#혁신가의 사고방식

5. 관계망 형성

관계망은 성장과 혁신에 아주 중요합니다. 학교의 벽 너머를 보지 않을 때는 스스로 놀라운 일을 하고 있다고 착각하기 쉽습니다. 그렇지만 위대한 리더는 항상 관계망을 형성합니다. 오늘날 관계망 형성은 그 어느 때보다 쉬워졌습니다. 물론 대면 상호작용이 좋긴 하지만, 기술 덕에 우리는 더 이상 지역이나 이동 비용에 제한받지 않게 되었습니다. 이제는 손을 내미는 사람은 누구나 전 세계의 교육자들과 연결될 수 있습니다. 단지 선택의 문제일 뿐이지요. 학교 바깥에 있는 사람들과 연결될 수 있는 이 자유는 우리의 사고를 확장시켜 줍니다. 또한 다른 사람의 아이디어를 통합하여 학생들에게 놀라운 학습 경험을 만들어 주는 새롭고 더 나은 아이디어들을 실천하게 합니다.

6. 관찰력

위대한 아이디어는 종종 다른 위대한 아이디어를 촉발시킵니다. 전 세계에 퍼진 '천재의 시간(Genius Hour, 학생 개인이 특별히 관심 있는 분야를 정해진 시간 동안 탐구하게 하는 프로젝트)'이라는 개념은 교육자들이 학교 밖에서 일어나는 일에 주목하고, 이 아이디어들을 학생들의 필요에 맞게 수정하는 과정에서 생겼습니다. 학교나 다른 기관에서 아주 많은 정보를 얻을 수 있다는 것이 인터넷의 강점입니다. 산업계의 아이디어가 반드시 학교에서 '있는 그대로' 작동하지는 않지만, 아이디어를 연결하고 재구성하는 법을 배운다면 굉장히 놀라운 것이 만들어질 수도 있습니다.

7. 팀 구축자

가장 덜 혁신적인 조직은 종종 비슷한 생각을 지닌 사람들로만 둘러싸인 것처럼 보입니다. 혁신은 때로 갈등과 의견 충돌에서 비롯되기도 합니다. 물론 적대적인 방식이 아니라 다른 생각을 촉진하는 방식입니다. 한 사람의 아이디어가 다른 사람보다 우월하다는 식이 아니라, 다양하게 공유된 아이디어들을 병합함으로써 실제로 더 나은 아이디어를 만들어 내는 것이 중요합니다. 만약 여러분이 혁신적인 리더가 되고 싶은데, 주변에 당신과 성격이 비슷한 사람들만 있다면, 그것은 혁신에 이르는 방식이 될 수 없습니다.

8. 관계에 항상 초점 두기

학교에서는 혁신에 너무 집중한 나머지, 그것이 본질적으로 사람의 노력에 의한 것임을 종종 잊습니다. 스마트폰 자체는 혁신이 아닙니다. 스마트폰 개발의 이면에 존재하는 생각이 바로 혁신이 일어나는 지점입니다. 사무실에서 꼼짝 않고 트위터로 사람들과 소통하면서 훌륭한 아이디어와 새로운 것을 취한 다음 사무실을 나서는 것은 어렵지 않습니다. 하지만 혁신적인 리더가 되고 싶다면, 여러분의 역할은 그저 새롭고 더 나은 아이디어를 들고 나오는 것이 아니라, 그 임무에 직원들을 개입시키는 것임을 기억해야 합니다. 만약 여러분이 같은 건물 안의 사람들에게 주의를 기울이며 관계를 맺어야 한다는 점을 잊는다면 설령 새로운 아이디어를 제공하더라도 상대는 그것을 받아들이지 않을 것입니다. 사람들은 새로운 것을 시도하는 것이 안전하고 가치 있다고 여길 때, 그것을 위해 노력할 가능성이 훨씬 높습니다.

앞으로 나아가기

혁신적인 리더는 새로운 아이디어를 만들기 위해 노력해야 합니다. 하지만 더 중요한 것은 혁신 문화를 창출하는 것입니다. 우리는 종종 사람들에게 자율권을 주어 자신의 길을 가도록 하는 것에 대해 이야기하지만, 그 과정에서 그들이 마주할 장애물을 제거해야 한다는 사실을 자주 간과합니다. 이것이 바로 학급에서 시간을 보내며 교육과 학습의 실상을 직접 지켜보고, 학생과 교육자를 위해 더 나은 내일을 만들도록 돕는 것이 중요한 이유입니다. 다시 한 번 말하지만, 혁신의 핵심은 사람이지 사물이 아닙니다. 우리가 일할 때 이 진실을 항상 최우선에 둔다면 혁신 문화를 더 쉽게 만들어 갈 수 있을 것입니다.

[토론용 질문]

01 여러분이 돕는 이들의 요구를 이해하는 법을 배울 수 있는 '한가운데'로 들어가는 방법은 무엇인가?

02 여러분이 학교에서 보기를 원하는 새로운 학습 계획은 무엇이며, 여러분은 어떤 본보기를 보일 수 있는가?

03 여러분은 혁신적인 리더의 어떤 특성이 개인적인 강점이라 생각하는가? 여러분은 어떤 영역에서 성장해야 하는가?

참여 VS 자율권 부여

다음 세기를 내다볼 때, 다른 이들에게
자율권을 부여하는 사람이 리더가 될 것이다.
-빌 게이츠

제가 미국 버지니아주 로어노크Roanoke에 도착해 비행기에서 내려 강연하기 위해 호텔로 이동할 때입니다. 자동차를 빌리는 대신 호텔까지 더 빠른 우버를 이용하기로 했습니다. 우버 기사가 왔고 친절하게 제 짐을 들어서 트렁크에 싣고는, 제가 차에 탈 수 있도록 문을 열어 주었습니다. 출발하자 저는 기사에게 호텔이 어디에 있는지 물어보았습니다. 하지만 그는 대답이 없었습니다. 다시 물어보았지만 역시나 묵묵부답이었습니다. 제가 어깨를 톡톡 두드리자, 그는 놀란 눈으로 뒤돌아보며 "저는 듣지 못해요"라고 입 모양만으로 말했습니다.

이동하는 동안, 저는 이 사람이 일자리를 가지는 데 기술이 얼마나 훌륭한 기회를 만들어 주었는가에 대해 생각했습니다. 운전 중에 모바일 기기로 경로가 자동 업데이트 되기 때문에 그는 호텔로 가는 방향을 미리 알 필요가 없었습니다. 또한 그는 제 우버 프로필을 통해서 생김새를 알 수 있었습니다. 호텔에 도착해서 저는 입 모양으로 "감사합니다"라고 말했습니다. 그도 저에게 고맙다고 했고 우리는 각자 자기 길을 갔습니다.

그날 밤, 저는 이미지 업로드 사이트 이미저Imgur에서 다른 사람이 올린 게시글을 보았습니다. 그는 청각 장애가 있는 우버 기사를 만나서, 구글에서 "감사합니다"를 뜻하는 수화를 검색했다고 합니다. 그 기사는 수화로 보인 그 남자의 작은 친절에 큰 감동을 받았다고 합니다. 그 이야기를 읽고 저는 훌륭한 서비스를 제공한 제 우버 기사에게 감사를 표할 기회를 잃은 것에 마음이 불편했습니다. 강연을 마치고 돌아가는 길에 다시 공항까지 우버를 이용하기로 했고, 운이 좋게도 같은 기사를 만났습니다. 그는 이전과 마찬가지로 똑같이 우수한 서비스를 제공했습니다. 저는 게시글을 떠올리며 뒷자리에서 수화로 "감사합니다"를 연습했습니다. 구글을 검색한 다음 제대로 하고 있는지 확인하려고 유튜브 영상을 보았습니다. 공항에 도착해서 기사는 제 가방을 트렁크에서 꺼내 연석 위에 올려 주었습니다. 그때 저는 간단한 입모양 대신 제대로 하는 것이길 바라며 "감사합니다"라는 수화를 했습니다. 고마워하는 그의 표정에 저는 깜짝 놀랐습니다. 사람 대 사람으로서 그를 소중하게 여기는 마음을 보여 주는 법을 배우는 데는 단 몇 분밖에 걸리지 않았습니다.

저는 왜 이렇게 했을까요? 솔직히 말하면, 할 수 있었기 때문입니다.

우리가 손끝으로 배우고 만들 수 있는 힘은 때로는 경외심을 불러옵니다. 2000년에는 이런 이야기를 공유하기 어려웠지만, 오늘날에는 스마트폰으로 유튜브, 우버, 구글과 같은 기술을 어디서든 풍부하게 이용할 수 있게 되었습니다.

아이들의 창의성은 학교 덕분인가? 아니면 학교의 제약을 이겨낸 덕분인가?

이 질문은 2015년 파크랜드 교육청에 속한 한 학교에서 어떤 학생과의 만남을 상기시켜 주었습니다. 중학교 2학년 교실을 지나칠 때 저는 그 학생이 새로운 자동차를 설계하기 위해서 컴퓨터 첨단공학 프로그램을 쓰고 있다는 것을 알아차렸습니다. 그때는 '혁신 주간'이었고 학생들은 각자의 관심 분야를 토대로 과제를 개발하고 계획할 수 있는 기회를 가졌습니다. 그 학생은 자동차 설계에 열정을 보였습니다. 저는 이 건물에서 어떤 교사도 이 학생에게 복잡한 공학 프로그램 활용법을 가르쳐 주거나 애초에 차를 만드는 아이디어를 알려 주지 않았다는 것을 알았습니다. 전적으로 이 학생이 생각해 내고 실행한 것이었습니다. 저는 학생 옆에 앉아서 감탄하며 프로그램의 활용법을 어떻게 배웠는지 물었습니다. 그러자 그 학생은 나를 얼빠진 사람처럼 쳐다보더니 한마디로 대답했습니다. "유튜브요."

유튜브는 세계에서 가장 커다란 정보의 도서관이 되었다.
#혁신가의 사고방식

사실 물어보기 전에, 저는 그 학생이 학교에서 유튜브를 보면서 기술을 익혔을 가능성이 크다는 것을 알고 있었습니다. 그는 사이트를 검색하고 필요한 것을 배울 수 있는 기회와 시간을 모두 허락받았기 때문입니다. 유튜브는 세계에서 가장 커다란 정보의 도서관입니다. 그런데 어째서 몇몇 학교와 심지어 어떤 곳의 교육자들은 학생들에게서 이 학습 도구에의 접속을 차단하는 것일까요?

한마디로 통제하기 위해서입니다.

순응 문화

2012년 세스 고딘은 '꿈을 훔치지 마라Stop Stealing Dreams'는 테드엑스 강연을 평소 학교에서 주로 하는 인사말로 시작했습니다. "소년, 소녀 여러분 안녕하세요!" 그리고 나서 그는 지난 100년 이상 학생들이 그래온 것처럼 청중이 "안녕하세요. 고딘 선생님!" 하고 대답할 것을 기대했다고 털어 놓았습니다. 그리고 고딘은 우리들의 교실에서 아주 일반적인 이 문장과 대답이 순응의 문화를 만들었다고 설명했습니다.[1] 그의 말이 맞습니다. 교사로서 저는 제가 여러분에게 뭔가를 말할 때 특정한 방식의 대답이 돌아오기를 기대합니다. 대답이 마음이 들지 않는다면, 아마도 교실에서 제가 기대하는 대답이 나올 때까지 반복해서 말할 것입니다. 반복의 목표는 학생들이 순응하게 만들기 위해서입니다. 그러나 학습의 목표는 그렇지 않습니다. 과연 학교가 추구해야 하는 것이 정말로 반복일까요?

그러지 않기를 바랍니다.

교육자들은 종종 참여에 대해, 그리고 그것이 오늘날 우리가 사는 세상에서 얼마나 중요한지에 대해 이야기합니다. 많은 이들이 아이들이 더 많이 참여하기를 바라면서 그들이 학교에서 배우는 것들이 얼마나 실생활에서 유용한지 알려 주려고 노력해 왔습니다. 저는 교사가 된 초반부터 아이들을 수업에 참여시키는 것에 중점을 두었습니다. 그래서 더욱 재미있고 흥미진진하게 이야기하는 법을 배웠습니다. 학생들의 마음을 사로잡았던 영화, 〈죽은 시인의 사회〉의 로빈 윌리엄스처럼 되고자 최선을 다했습니다. 불행히도, 한 해가 끝나고 제 '쇼'가 막을 내렸을 때 학생들이 가진 교사에 대한 기대는 굉장히 높아져 있었습니다. 제 교육 스타일이 만들어 낸 것은 "우리를 참여시키지 않는다면, 당신은 좋은 교사가 아니다"라고 믿는 학생들이었습니다. 교사 초년 시절, 저와 학생들은 참여만으로 충분하다고 여겼던 것 같습니다.

물론 참여는 아주 좋은 것입니다. 그러나 저는 거기에서 더 나아가 학생에게 자율권을 부여하고 배울 수 있는 기량을 갖추도록 해야 함을 그 후에야 깨달았습니다. 다른 이들에게 의지한 단순 참여만을 유도하는 것을 넘어, 학습자들에게 자발적으로 되는 법을 가르치고, 그들 나름의 학습으로 안내하는 것이 중요합니다.

빌 페리터는 참여와 자율권 부여의 개념을 정확히 구분합니다. 학생을 참여시키는 것은 "아이들이 우리의 내용, 관심사, 교육 과정에 흥미를 가지도록 만드는 것을 의미한다"라고 했습니다. 반면 자율권 부여는 "학생에게 스스로의 열정, 관심사 그리고 미래를 추구할 수 있는 지식과 기량을 제공한다는 뜻이다"라고 했습니다.[2]

그렇다고 자율권 부여가 참여를 대신한다는 말은 아닙니다. 사실 사람들은 학습에 참여하지 않고서는 진정한 자율권을 부여받았다고 느끼지 못합니다. 만약 참여를 높은 천장, 혹은 가장 높은 빗장이라

학생들을 참여시키는 것은 아이가

우리의 : - 내용
- 관심사
- 교육 과정에

흥미를 가지도록 만드는 것을 의미한다.

학생들에게 권한을 부여하는 것은 아이들에게

자신의 : - 열정
- 관심사
- 미래

(를 추구할 지식과 기량을 제공하는 것을 의미한다.
아이들은 참여가 아니라 자율권을 부여받아야 한다.)

여긴다면 우리는 요점을 놓치는 것입니다. 생각해 보십시오. 여러분이 원하는 것이 다른 이가 세상을 바꾸는 이야기를 듣고 싶은 것인지, 아니면 스스로가 그렇게 할 기회인지를요. 세상을 바꾸는 사람의 이야기는 우리를 끌어당기지만, 세상을 변화시키는 사람이 되는 것은 우리를 변화로 이끌 것입니다. 따라서 전문 교육자로서 당신이 해야 할 질문은 이것입니다. 당신이 순응과 참여 혹은 자율권 부여 사이에 선택의 기로에 놓였다면, 어떤 말로 당신의 학생들을 정의하고 싶은가요?

자율권 부여의 문화

오늘날 학생에게 자율권을 주는 것에 중점을 두는 학교가 많다는 것은 기쁜 일입니다. 사실 제가 지역적, 세계적으로 알고 지낸 많은 교육자는 저의 호기심을 자극했고 아이들을 위해 만들어 온 자신들의 학습 과정에 저를 참여시켰습니다. 이 혁신적인 교사들과 리더들은 우리 모두가 앞으로 나아가도록 도와주는 효과적인 학습과 기회를 공유하도록 저를 격려하고, 자율권도 주었습니다.

몇 해 전 저는 보건 수업시간에 뭔가 다른 것을 시도했고, 의도하지 않은 결과에 놀란 적이 있습니다. 보건 과목은 중학교 1학년 학생들을 대상으로 가르치기에 특별히 흥미로운 주제가 아니었으며, 그저 시간표 빈칸 채우기용에 지나지 않았습니다. 그래서 학생들이 참여할 수 있는 내용을 만들려고 노력하는 대신, 학생들에게 그 목표를 넘겨 보기로 결정했습니다. 각각의 보건교육 과정 목표를 살펴본 다음, 학생들에게 친숙한 언어로 고쳐 썼습니다. 그리고 학생들에게 각자 그룹을 만들고 관심이 가는 목표를 골라서 서로 가르치라고 했습니다. 저는 전형적인 중학교 1학년 교사라기보다는, 박사 과정 학생들을 대하는 교수님처럼 행동했습니다. 학생들은 매일 저에게 조언과 피드백을 구하러 왔지만, 그들이 가르치고 공유하는 방식은 제 화려한 가르침보다 훨씬 더 효과적이었습니다. 깊이 있는 학습이 진행된 것입니다. 학생들은 서로 가르친 것을 이해하고 기억했습니다. 학생들에게 학습에 대한 주도권을 주자 확실히 분위기가 바뀌었습니다.

교육자와 리더로서 우리 일은 다른 사람을 통제하는 것이 아니라, 그들에게서 최고의 것을 이끌어 내는 것이다.
#혁신가의 사고방식

여기서 주목할 것은 교과 과정의 수준은 여전히 유지되었다는 점입니다. 저는 그저 다른 관점으로 접근해 학생들이 학습에 대한 주도권을 갖도록 이끌었을 뿐이지요. 그때까지의 제 교육 방식은 제가 배워 온 방식인 교과 과정을 따르고, 참여할 수 있는 강의를 만들고, 학생들이 이해한 바를 보이게 하는 식이었습니다. 이 모델에서는 순응과 참여라는 단 두 개의 선택지밖에 없습니다. 하지만 학생들에게 가르치는 권한을 부여함으로써 학습을 위한 새롭고 더 나은 기회를 만들 수 있었습니다. 미국의 유명한 베스트셀러 작가이자 출판사 사장인 해리엇 루빈은 이렇게 설명합니다. "자유는 실제로 힘보다 더 큰 게임이다. 힘은 당신이 통제할 수 있는 것에 관한 것이지만 자유는 당신이 불러일으킬 수 있는 것에 관한 것이기 때문이다." 저는 학생들에게 자율권을 부여함으로써 학생들의 잠재력을 불러일으켰고, 그들이 탐구하고 학습을 심화시키는 내용에 의미 있는 연결을 만들도록 허용하였습니다.

교육자와 리더로서 우리 일은 다른 사람을 통제하는 것이 아니라, 그들에게서 최고의 것을 이끌어 내는 것입니다. 참여는 충분하지 않습니다. 우리는 학생들에게 우리가 원하는 것과 동일한 기회를 만들어 주어야 합니다.

정체성의 날

몇 년 전, 당시 우리 학교의 교장이었던 셰릴 존슨은 학교에 '정체성의 날'을 제안했습니다. 이는 단순한 아이디어였지만 큰 영향력을 가져왔습니다. 행사 당일에 학생, 교육자, 관리자, 행정 보조원 등 교내의 모든 사람은 전교생과 함께 자신이 품고 있는 열정을 공유할 기회를 가졌습니다. 저는 첫해에는 레이커스(Lakers, 로스앤젤레스 농구팀 – 옮긴이)에 대한 애정을 공유했고, 둘째 해에는 제가 키우는 강아지에 대해 이야기했습니다.

이 행사는 관계를 구축하는 데 큰 도움이 되었습니다. 앞서 언급했듯이 관계는 사람들이 기꺼이 위험을 감수하고 함께 혁신하는 환경을 만들기 위한 기본 요소입니다. 학생들이 자신의 관심사를 나누도록 허용하는 것은, 학생들이 자신의 목소리가 중요하고 자신들이 관심을 가지는 것 역시 중요하다고 느끼는 환경을 만들었습니다. 어떤 아이는 레고 만들기를 좋아한다는 이야기를 했고, 어떤 아이는 음악가가 되고 싶다는 이야기를 공유하며 직접 작곡한 노래를 연주하기도 했습니다. 또 어떤 아이는 발명가가 되고 싶어했으며, 가장 최근에 만든 것을 보여 주었습니다.

이 행사는 모두가 각자의 목소리를 낼 수 있게 했고 이전에는 볼 수 없었던 공동체의 유대감을 만들었습니다. 예를 들어, 2학년 학생 중 한 명은 변속장치가 없는 소형 자전거를 이용해 프리 스타일 곡예를 수행하는 스포츠인 BMX 전국 챔피언이었지만, 그때까지 학교의 대다수 사람은 그녀의 재능을 전혀 몰랐습니다. 같은 스포츠에 관심이 있는 1학년 교사와 이 학생이 교류하는 모습은 아름다웠습니다. 그들은 행사 후에도 자신들이 가장 좋아하는 '익스트림' 스포츠에 대해 한참을 이야기했습니다.

행사 첫해에 한 학생이 했던 발표는 제 기억 속에 아주 또렷이 남아 있습니다. 6학년 말리는 우리에게 같은 행동을 무의식적으로 반복하는 신경질환인 투렛 증후군에 대해서 가르쳐 주었는데, 이는 그녀가 매일 겪어야 하는 병증이기도 했습니다. 아무도, 심지어 담임 선생님도 그녀가 투렛 증후군을 사람들에게 소개하고 가르치려는 계획을 가지고 있다는 것을 몰랐습니다. 발표를 하면서 말리는 설명했습니다. "이것은 나의 일부이기 때문에 공유하고 싶었어요." 간결하지만 강력한 표현이었습니다.

저는 우리 교육 공동체에 이렇게나 효과적인 기회를 마련한 세릴 존슨에게 무한한 감사를 드립니다. 그녀는 이 일이 교직원과 학생 모두에게 자율권을 부여하고 서로 교류할 수 있도록 만들 것이라 확신했기 때문에 새로운 일을 위한 모험을 감행한 것입니다. 그리고 그녀는 옳았습니다.

권한 자율권 부여는 하나의 행사 그 이상이다

오늘날에는 《천재의 시간Genius Hour》, 《메이커 스페이스Makerspaces》, 《혁신의 날과 주간Innovation Day/Week》과 같이 가르치는 방법에 대한 훌륭한 책과 자원이 많습니다. 이미 많은 교육자가 이 개념들을 듣고 받아들였으며, 그것은 실로 굉장한 결과를 가져왔습니다! 학생들이 자신의 열정과 관심사를 탐색할 기회를 만들어 줌으로써, 학습에서도 학생들에게 자율권을 부여할 수 있었습니다.

> 우리의 사고는 학습이 어떤 것이었는가가 아니라
> 학습이 진정으로 무엇을 이루어 낼 수 있는가에
> 초점을 맞추어야 한다.
> #혁신가의 사고방식

이러한 행사들은 열정에 기반을 둔 학습이 교직원들만큼이나 학생들에게 아주 유익한 효과를 낳는다는 것을 교육 공동체가 이해하도록 만듭니다. '혁신의 날'을 만들고, '천재의 시간'을 시행하는 것은 좋은 시작이지만 거기서 멈출 수 없습니다. 혁신은 일회성 이벤트로 전락해서는 안 되기 때문입니다.

교육 사상가이자 훌륭한 저서《학습의 발명 Invent to Learn》의 공동 저자인 게리 스테이저 Gary Stager는 학생에게 학습이 어떻게 다가가야 하는지에 대한 지평을 계속 넓히고 있는 교육자입니다. 그는 '메이커 스페이스(3D 모델 파일과 다양한 재료들로 소비자가 원하는 사물을 즉석에서 만들 수 있는 작업 공간 – 옮긴이)'의 구축에 대해 질문하자 다음과 같은 강력한 대답을 내놓았습니다.

> 우리 학교 리더들이 "2,500만 달러 규모의 메이커 스페이스를 만들고 있다"고 할 때면, 저는 메이커 스페이스가 교육적 불평등을 악화시킬까 봐 걱정이 됩니다. 보안이 필요한 값비싼 하드웨어가 존재하지만, 저는 그보다는 자신의 창의력을 발휘하여 무언가 만들어 내는 문화가 학교 건물 구석구석과 매 수업시간에 스며들게 만들고 싶습니다. 지금도 몇 개의 골판지 상자를 가지고 있는 메이커 스페이스처럼 우리 교사들은 훌륭한 일을 하고 있습니다. 교과 과정 속에서 학생들은 그저 교습을 받는 사람들이 아니라 소설가, 수학자, 역사가, 작곡가, 예술가, 엔지니어가 될 수 있습니다.[3]

만약 우리가 진정으로 학생이 학습에 몰두하고 새로운 지식과 아이디어들을 만들기를 원한다면, 학생들에게 여러 분야에 걸쳐 이러한 학습을 실천할 기회를 보장해 주어야 합니다. "만들어 놓으면, 오게 되어 있다"는 개념은 교육에는 전혀 해당하지 않습니다. 우리는 학습이 어떤 것이었는가가 아니라, 학습이 진정으로 무엇을 이룰 수 있는가에 초점을 맞추어 생각을 전환해야 합니다.

학교 VS 학습

2014년 '학교 VS 학습'이라는 제목의 글을 블로그에 올린 적이 있습니다. 이 글에서 저는 '전통적 학교'의 개념과 실제로 이뤄지는 사람들의 '학습 방식'을 비교하는 도전을 해보았습니다. 당시 제가 공유한 아이디어들은 다음과 같습니다.

- 학교는 답을 찾는 것에서 시작하도록 장려한다. 학습은 질문으로 시작하도록 장려한다.
- 학교는 소비와 관련이 있다. 학습은 창의성과 관련이 있다.
- 학교는 연관된 정보를 찾는 것과 관련이 있다. 학습은 열정과 관심사를 탐구하는 것과 관련이 있다.
- 학교는 순응을 가르친다. 학습은 인지된 규범에 도전하는 것과 관련이 있다.
- 학교는 일정한 시간이 정해져 있다. 학습은 항상, 언제든 일어날 수 있다.
- 학교는 종종 고립되어 있다. 학습은 종종 사회적이다.

- 학교는 표준화되어 있다. 학습은 개별화되어 있다.
- 학교는 특정 사람들로부터 정보를 얻는 법을 가르친다. 학습은 모두가 교사이자 학습자가 될 것을 장려한다.
- 학교는 정보를 제공하는 것과 관련이 있다. 학습은 자신의 의사소통 방식을 만드는 것이다.
- 학교는 순차적이다. 학습은 무작위적이고 동시다발적이다.
- 학교는 표면적 사고를 촉진한다. 학습은 깊이 있는 탐구와 매우 관련 있다.[4]

저는 위에 언급한 학교와 학습의 특징 중 어느 쪽도 실제에서 100% 적용되는 것이 아니라는 것을 압니다. 하지만 우리가 새로운 것을 만들기 위해 이 둘을 결합한다면 어떻게 될까요? 학교는 끊임없이 변하는 세상에서 진정으로 유연하고 기민한 학습자들을 성장시키는 장소로 바뀔 수 있을까요? 예를 들어 첫 줄의 "학교는 답을 찾는 것에서 시작하도록 장려한다. 학습은 질문으로 시작하도록 장려한다"는 서술은 이렇게 바꿀 수 있습니다. "학교는 여러분 자신의 질문을 개발하고 답을 찾도록 장려한다."

만약 우리가 정말로 학습자에게 자율적 권한을 부여하는 것에 초점을 둔다면 학교는 어떤 모습이 될지 상상해 보십시오.

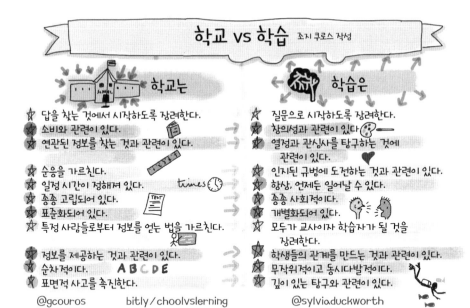

학교 vs 학습 조지 쿠로스 작성

학교는

☆ 답을 찾는 것에서 시작하도록 장려한다.
★ 소비와 관련이 있다.
★ 연관된 정보를 찾는 것과 관련이 있다.

☆ 순응을 가르친다.
☆ 일정 시간이 정해져 있다.
★ 종종 고립되어 있다.
★ 표준화되어 있다.
☆ 특정 사람들로부터 정보를 얻는 법을 가르친다.

★ 정보를 제공하는 것과 관련이 있다.
★ 순차적이다. A B C D E
★ 표면적 사고를 촉진한다.

@gcouros   bitly/choolvslerning

학습은

☆ 질문으로 시작하도록 장려한다.
★ 창의성과 관련이 있다.
★ 열정과 관심사를 탐구하는 것에 관련이 있다.

☆ 인지된 규범에 도전하는 것과 관련이 있다.
☆ 향상, 언제든 일어날 수 있다.
★ 종종 사회적이다.
★ 개별화되어 있다.
☆ 모두가 교사이자 학습자가 될 것을 장려한다.

★ 학생들의 관계를 만드는 것과 관련이 있다.
★ 무작위적이고 동시다발적이다.
★ 깊이 있는 탐구와 관련이 있다.

@sylviaduckworth

(실비아 더크워스는 이 이미지를 만들어 대비되는 아이디어를 깔끔하게 요약했다.)[5]

우리가 살고 있는 세상

위의 서술에서 묘사한 대로 정말로 학습 기회를 만들고 싶다면, 우리는 순응 문화가 학생과 교육자를 위한 환경을 조성하지 않는다는 사실을 명심해야 합니다. 순응을 요구하는 것은 오늘날 학습자들을 사회에 기여하는 창의적인 사람으로 준비시키는 일에도, 그들의 미래를 위해서도 전혀 효과적인 방법이 아니기 때문입니다.

저를 종종 화나게 만드는 말은 이것입니다. "우리는 아이들이 살아갈 세상을 위해서 아이들을 준비시켜야 한다." 실제로 우리는 모두 아이들과 '같은' 세상에 살고 있습니다. 그렇기 때문에 우리 모두는 교실 안에서 뿐만 아니라, 학교 밖의 삶에서도 잘해낼 수 있도록 돕는 기량과 사고방식을 함께 개발해야 합니다. 학생들이 학교에서도 자신들의 삶에서도 성공할 수 있도록 자율적 권한을 주는 것은 우리가 기업들이 찾고 있는 자질에도 주목하고 있다는 것을 의미합니다. 1부 '혁신가의 사고방식' 장에서 저는 '구글에서 일자리를 얻는 법'[6]이라는 토머스 프리드먼의 글을 언급했습니다. 그 글에서 그는 회사가 직원들에게 원하는 다섯 가지 자질을 강조했는데, '순응'은 거기에 언급되어 있지 않습니다. 다음의 내용으로 확인해 봅시다.

1. **인지 능력** : 임기응변 능력.
2. **리더십** : 새로운 리더십 대 전통적인 리더십. 리더로서 자신의 권력을 내려 놓아야 할 때를 알고 있는가?
3. **겸손** : "나는 잘 모르겠습니다"라고 말하고, 한 발 물러서서 더 나은 아이디어를 수용하는 능력.
4. **주인의식** : 조직의 문제를 곧 자신의 문제로 인식하고, 그것을 해결하기 위해 함께 노력하는 것이 중요하다.
5. **전문성** : 가장 덜 중요한 자질. 왜냐하면 이미 답을 알고 있다는 식의 사고는 새로운 선택지를 탐구하는 것을 방해할 수 있기 때문이다.

프리드먼은 학교가 세심한 주의를 기울여야 한다고 강조하며 글을 맺고 있습니다. "집단이 계속해서 혁신하고자 노력하는 이 시대에 구글 또한 리더십, 겸손, 협업, 적응력, 꾸준한 학습에의 열정 등 소프트 스킬을 중요시한다. 이것은 당신이 어디서 일하든 필수적인 사실이 될 것이다."

학생들이 학교에서도 자신들의 삶에서도 성공할 수 있도록 자율적 권한을 주는 것은 우리가 기업들이 찾고 있는 자질에도 주목하고 있다는 것이다.
#혁신가의 사고방식

앞으로 나아가기

교육 분야에서 일하면서 구글이 추구하는 이러한 특성과 세계가 기대하는 바를 고려한다면, 순응이나 참여 문화를 만드는 것으로는 충분하지 않습니다. 실제로는 심지어 해로울 수도 있지요. 교육 공동체는 이러한 '소프트 스킬'이 높게 평가받고, 예외가 아닌 표준이 되도록 해야 합니다. 그렇게 했을 때만이 학생과 교직원 모두가 학교를 발전시킬 수 있는 모험을 기꺼이 감행하고 또 배우도록 자율적 권한을 받았다고 느낄 수 있습니다.

[토론용 질문]

01 학생들과 교직원들을 위해 단순 참여가 아닌 자율적 권한 부여에 초점을 둔 학습 기회를 어떻게 만들 수 있을까?

02 '학교 대 학습' 이미지로 여러분은 어떤 새로운 이야기를 만들 수 있는가? 그 새로운 이야기는 한 쪽 특성으로 치우쳐 있는가, 아니면 중간에 더 가까운가?

03 여러분은 학생들의 목소리와 의견을 들을 뿐 아니라, 그것이 필수가 되는 학급과 학교를 어떻게 만들 수 있는가?

공통된 비전 만들기

뛰어난 성취 이전에 큰 생각이 존재한다.

－윌프레드 피터슨 Wilferd Peterson

한 취업 박람회에서 저는 비전을 품은 교육자들을 지역 교육기관으로 끌어들이기 위한 한 홍보문을 보았습니다. '애크메 학군 Acme School District …… 아주 일하기 좋은 곳(누군가 비난받는 것을 피하기 위해 임의로 학군 이름을 바꾸었습니다).'

하지만 이 홍보문은 전혀 설득력이 없습니다. 이 문구는 지역과 그곳의 교육자들이 어떤지 전혀 알려 주지 않기 때문입니다. 이러한 홍보 문구가 정말로 '아주 일하기 좋은 곳'일 거라는 생각을 들게 한다면, 아마도 어느 조직이나 소매업체들이 일찌감치 자기들의 웹사이트에 이런 문구들을 올렸을 것입니다. 설령 그 흥미롭지 못한 문구가 사실이라 하더라도, 여전히 지역적 우선 순위와 교육자들이 어떻게 이해 관계자들의 요구를 처리하는지에 대한 궁금증은 남아 있습니다.

우리는 오늘날의 교육이 어떤 모습이 될 수 있는가에 대한 비전에 학생뿐 아니라 교사, 리더 그리고 더 큰 커뮤니티까지 주목하게 만들어야 합니다. 그러니까 '아주 일하기 좋은 곳'에서 더 발전해야 한다는 이야기입니다. 하지만 비전을 전달하는 최선의 방법을 결정하기에 앞서 우리는 비전을 설정해야 합니다. 학습자에게 바라는 특성과 최적의 학습 환경을 명확하게 규정해야 합니다. 또한 학교나 학군의 비전과 사명을 어떻게 만들어 나갈지는 이후 그것을 실현하는 데 사람들이 참여할지 말지를 결정하게 하는 중요한 과정입니다.

실제로 비전과 사명을 설정하는 데 참여하는 사람들이 그것을 수용할 가능성이 가장 큽니다. 만약에 어떤 조직이 주말 연수에서 비전과 미션을 정의하기로 하고, 연수에는 관리자 그룹만 초대한다면 오직 관리자들만 그 비전과 미션에 열정을 보일 것입니다. 하지만 그 과정에 나머지 직원들을 포함시킨다면 모두가 그것에 동참할 가능성이 큽니다. 왜일까요? 순응과 참여에서 자율적 권한 부여로 옮겨 가는 개념으로 거슬러 올라가 봅시다. 진정한 자율적 권한 부여는 주인의식과 자율성이 있어야 가능합니다. 교육에서 앞으로 나아가기 위해서, 즉 실생활과 연결되는 교육 비전을 만들기 위해서는 하향식이나 상향식 접근 이상의 방식을 취해야 합니다. 다시 말해, 모두의 힘이 필요한 것이지요.

새로운 비전

2011년 캐나다 앨버타주 에드먼턴^{Edmonton} 서쪽에 위치한 스물두 개 학교로 구성된 파크랜드 교육청의 리더들은 사고방식을 전환할 필요성을 인식했습니다. 이 전환의 일부는 학습에 대한 새로운 비전과 사명을 발전시키는 과정에서 교육 공동체 전체를 포함시키는 것으로 시작했습니다. 교직원과 학생들 외에도 교육계 리더들은 부모와 비즈니스 리더들과 상의하여 그들을 참여시켰을 뿐 아니라 그들에게 권한을 부여했습니다. 물론 모든 사람이 회의에 참석할 수는 없었습니다. 1만 명이 넘는 학생으로 구성된 학교 공동체에서 모두가 얼굴을 마주하고 회의하기는 어렵지만, 기술을 활용해 각자의 생각을 공유할 기회를 가졌습니다. 개인과 그룹은 학생들의 현재와 미래를 위해서 필요하다고 생각되는 것을 공유했습니다. 창의성, 혁신 그리고 탐구와 같은 단어들이 반복적으로 등장했지만, 순응이라는 단어는 등장하지 않았습니다.

일부 과정에서는 사람들이 다르게 생각하도록 유도하는 프롬프트^{prompt}를 활용하였습니다. 이것은 로드맵으로 제공되기보다는 교육이 실제로 어떤 모습일지 논의되도록 사람들의 생각을 열어 주었습니다. 예를 들어 크리시 베노스데일'의 아래 이미지는 교육에서 가능한 전환의 아주 훌륭한 예입니다. '무엇이 중요한가?', '무엇이 훌륭한가?', '무엇이 부족한가?' 등과 같은 질문은 모든 이해관계자가 교육의 가능성을 고민하고, 지역 사회의 학교를 위한 새로운 비전을 만드는 대화를 촉진할 수 있습니다.

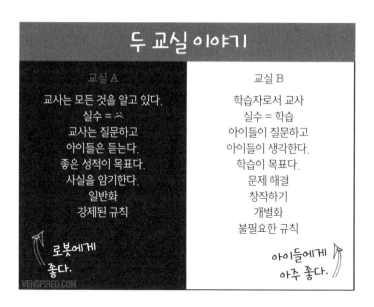

이러한 다양한 그룹의 의견을 모으고 엮는 데 상당히 많은 시간과 노력을 들인 후, 드디어 새로운 비전이 탄생했습니다.

파크랜드 교육청은 탐구, 창의력 그리고 상상력이 학습을 흥미롭게 만들고 모든 학습자가 자신의 꿈에 도달하기를 열망하는 곳이다.

동일한 과정을 거쳐 만들어진 사명은 비전이 어떻게 실현될지 설명하고 있습니다.

우리의 목적은 빠르게 변하는 국제사회에서 우리 학생들이 최고가 되도록 준비시키고 참여시키며 격려하는 것이다.

비전 선언문에서 의도적으로 '학생' 대신 '학습자'라는 용어를 사용한 사실에 주목해 주십시오. 전 세계의 많은 진보적 조직과 함께 파크랜드 교육청은 학교의 모든 수준에서 혁신 문화를 창출하는 데 학습이 가장 중요하다는 점을 알고 있었습니다. 만약 혁신적인 학생들을 원한다면 우리가 먼저 혁신적인 리더이자 교육자가 되어야 합니다. 혁신 문화를 만들고 싶다면 우리가 먼저 학습과 성장을 촉진하는 데 집중해야 하는 것이지요.

제가 파크랜드 교육청의 비전에서 가장 좋아하는 점은 일반화된 것이 아니라는 점입니다. 즉 하나의 공동체에만 적용되는 고유한 비전인 것입니다. 또한 교육청의 일원이라면 누구나 '자신의 꿈에 도달'하도록 격려받아야 한다는 강력한 선언문도 포함하고 있습니다. 사실, 이 책을 쓰고 있다는 것 자체가 이 특정 학군이 학생을 넘어 학습자의 정체성을 기꺼이 받아들이고, 누구든지 커다란 열망을 품은 사람들을 지원하고 있다는 점을 보여 주는 하나의 증거입니다. 강력하고 명확한 비전과 사명 선언문은 취업 박람회에서 본 '아주 일하기 좋은 곳'이라는 문구보다는 훨씬 더 여러 이해 관계자에게 설득력이 있습니다.

필요한 행동

비전 선언문은 외울 수 있을 정도로 명확하고 직접적이어야 합니다. 또한 중요한 점은 조직 내의 모든 사람이 서로 연결되어야 한다는 것입니다. '시스템적 사고 Systems thinking'는 문화의 전환을 이루는 중요한 요소이지만, 어떻게 더 큰 비전이 학교와 학급의 수준으로 이행될지 이해하지 못하고 설명하지 못한다면, 우리는 그저 말 외에는 아무것도 만들어 내지 못한 것입니다. '시스템적 행동'이 따라오지 않으면 '시스템적 사고'는 큰 의미가 없습니다. 수립한 비전을 달성하기 위해서 우리는 학교 시스템 안에서 개인들이 성취 가능한 작은 단위까지 미션을 쪼개야 합니다. 최종 목표를 향한 각 단계가 성취됨으로써, 과정 중에 자신감과 역량이 구축될 수 있습니다. 그러므로 개인이 성공하면 조직 전체가 이익을 얻게 되는 것입니다.

혁신 문화를 만들고 싶다면 우리가 먼저 우리의 학습과 성장을 촉진하는 데 집중해야 한다.
#혁신가의 사고방식

오늘날 교실에서 찾아야 할 여덟 가지

어떤 행동이 당신의 학교나 학군의 비전을 달성하는 데 도움이 될지 판단할 때, 혁신적인 사고를 북돋우는 학습 환경의 특성을 염두에 두면 유용할 것입니다. 저는 연구와 조사를 통해 비전을 성공적으로 실행하는 조직이 학습에서 매일 다음의 것들을 시행하거나 장려한다는 사실을 발견했습니다.

1. 목소리

학습은 사회적이며, 공동구성지식co-constructing knowledge은 학습자에게 자율권을 부여합니다. 학생들은 다른 이들에게서 배우고 자신이 배운 것을 공유할 수 있는 기회를 가져야 합니다. 오늘날에는 목소리를 나눌 수 있는 기회가 많습니다. 우리는 학생들에게 목소리를 낼 수 있도록 자율권을 부여하는 동시에, 학생들이 자신의 목소리를 효과적으로 사용하는 법을 가르쳐야 합니다. 이를 학생들이 스스로 깨우치도록 내버려 둔다면, 학생들은 매우 힘든 시간을 겪을 것입니다.

2. 선택

선택은 학생들이 어떻게 배우는지, 그리고 무엇을 배우는지와 모두 관련 있습니다. 어떻게 하면 학생들이 관심 분야의 전문 지식을 더 배우고 발전시킬 수 있을까요? 저는 대학 생활의 처음 몇 년 간은 성적을 잘 내지 못하다가, 졸업을 앞두고는 점수를 눈에 띄게 향상시켰습니다. 무슨 변화가 있었을까요? 제가 수업을 선택할 수 있게 되자, 직접 선택한 수업에 제대로 관심을 갖고 집중하게 된 것입니다. 선택할 기회를 얻으면 학생은 자신의 강점과 관심사를 기반으로 학습에서 중요한 성취를 맛볼 수 있습니다.

3. 깊이 생각하는 시간

교실은 매우 바쁘게 돌아갑니다. 저는 왜 많은 교사가 서둘러서 교과 과정을 끝내고 모든 것을 제시간에 마치기 위해 애쓰는지 이해합니다. 하지만 더 깊은 학습을 가능하게 하려면, 시간을 충분히 가지고 교류하며 깊이 생각하는 과정이 필요합니다. 이를 통해 학습자는 자신이 배우는 것에 대해 실제로 생각하고 깨달을 수 있는 더 나은 기회를 얻게 됩니다. 앞서 언급했듯이 '모든 것을 내려놓고 읽는' 시간은 그저 뭔가를 읽는 시간이 아니라, '모든 걸 멈추고 돌아보는' 기회가 되어야 합니다. 미국의 철학자이자 교육학자인 존 듀이John Dewey는 "우리는 경험에서 배우지 않는다. 경험을 심사숙고하는 것에서 배운다"라고 말했습니다. 깊이 생각하는 시간은 교실에서 선택적으로 이뤄지거나 '스스로 혼자서' 갖는 게 아니라, 학생과 교육자 모두에게 정기적인 시간으로 훈련되어야 합니다.

4. 혁신의 기회

저는 '혁신 주간'에 캐나다 앨버타주의 소도시 스프루스 그루브Spruce Grove에 위치한 그레이스톤 센테니얼 중학교Greystone Centennial Middle School를 방문해 집 주변에 있던 잡동사니들로 공기부양정을 만드는 학생들을 만났습니다. 농담이 아니라 놀랍게도 그들은 공기부양정으로 사람들을 태우고 다니며 체육관 주변의 안내를 담당하고 있었지요. 이 학생들은 불과 중학교 2학년이었습니다.

학생들에게 그들이 열정을 쏟은 이 프로젝트에 관해서 물어봤습니다. 그들은 유튜브에서 비슷한 영상을 본 적이 있다고 했습니다. 거기에서 아이디어를 얻고, 자신들이 판단하기에 부족했던 몇몇 요소를 추가했다고 했습니다. 다시 말해, 그들은 새롭고 더 나은 것을 만들어 낸 셈입니다. 중요한 점은 '혁신'이 학생들에게 일회성 이벤트가 아니라 표준이 되어야 한다는 것입니다. 학생들이 격려받으며 혁신적인 아이디어를 추구하고 개발할 시간을 얻게끔 모든 분야에서 지속적인 기회를 만들어 내는 것이 필수적입니다.

5. 비판적 사고

교육에서 '공장식 교육제도factory model'는 학생들이 순응하고, '그들이 들은 대로' 행동하도록 강요했습니다. 순응은 아이들이 배운 것을 오랫동안 기억하게 돕지는 않지만, 무사히 어른이 되도록 하는 태도를 만들어 줍니다.

저의 첫 번째 관리자 파트너이자, 가장 친한 친구 한 명은 제게 자신의 아이디어를 추진할 때 반드시 질문을 던지고 생각을 공유해 달라고 부탁했습니다. 왜 그랬을까요? 그는 자신의 아이디어가 아니라 최고의 아이디어를 원했던 것입니다. 그래서 아이디어가 성공할 수 있도록 질문하고 도전해 주기를 바랐던 것입니다. 그를 이끄는 원동력은 자존심이 아니라 교직원과 학생이 성장하는 것을 보고 싶은 열망이었습니다. 저는 함께 일하는 사람들에게 똑같은 요구를 하는 법을 배웠습니다. 그 결과 활발한 대화가 촉진된 것은 물론, 비판적인 사고와 질문이 모든 조직에서 활발하게 이뤄졌습니다.

우리가 사는 세상에는 득과 실을 모두 불러오는 정보가 너무나 많기 때문에 비판적인 사고 역시 매우 중요합니다. 학생들이 진실과 허구를 구분하는 법을 이해하고, 정보의 출처를 고려하는 것이 왜 중요한지 알 때, 많은 아이디어와 사실들을 손쉽게 접할 수 있는 것은 도움이 됩니다. 미국의 저술가이자 블로거, 강연가인 하워드 라인골드Howard Rheingold가 '헛소리 탐지crap detection'의 중요성을 강조한 이유이기도 합니다. "거짓 정보, 허위 정보, 스팸, 신용 사기, 근거 없는 소문 그리고 장난을 정확히 구분하는 것은 당신에게 달렸다. 헤밍웨이가 반세기 전에 이름 붙였던 '헛소리 탐지'는 지금 그 어느 때보다도 중요한 개념이다."²

**중요한 점은 '혁신'이 학생들에게 일회성 이벤트가 아니라
표준이 되어야 한다는 것이다.**
#혁신가의 사고방식

우리는 학생들에게 정중하게 질문하는 법을 가르쳐야 하고, 단순히 도전을 위한 도전이 아닌, 다른 사람들의 아이디어를 발전시키기 위해 도전할 수 있는 자율적 권한을 부여해야 합니다.

6. 문제 해결자/발견자

앞서 언급했듯이 문제 '해결자'뿐 아니라 문제 '발견자' 세대를 발전시키는 것이 중요합니다. 메건 하워드 교장은 6학년 학생 중 한 명이 어떻게 교복을 분실하는 아이들의 문제를 '발견'했는지에 대한 멋진 이야기를 들려주었습니다. 그 학생은 아이들이 분실하는 소지품을 다시 찾을 수 있도록 QR코드를 활용할 것을 제안했습니다. 이는 학교의 '캡스톤 프로젝트Capstone Project'를 통해 진행되었는데, 학생들이 자신들의 공동체에 영향을 주는 문제를 발견한 다음, 조사하고 이를 해결하기 위해 일정 시간을 가지게 하는 것입니다. 점점 더 많은 학교에서 학생들에게 이러한 기회를 만들어 주고 있습니다. 이러한 학생 주도형 프로젝트는 종종 학생들이 즉시 영향을 미칠 수 있도록 권한을 부여하는 데 중점을 둡니다. 아이들이 문제를 찾고 제대로 문제를 해결하는 데 목적의식을 갖도록 요구하는 것은 매우 중요합니다.

7. 자기 평가

저는 교사가 이렇게 말하는 걸 한 번도 들어 본 적이 없습니다. "저는 학생들의 성적표를 어서 작성하고 싶어요!" 평가 업무를 해야 하는 교사들은 종종 학생이 무엇을 알고 있고, 또 할 수 있는지 다른 이들에게 보일 증거를 찾느라 수많은 시간을 보내곤 합니다. 만약 학생이 10월에는 할 수 있었으나 1월에는 할 수 없어진 것을 성적표에 기재한다면 이 성적표는 여전히 유효할까요? 학생에게 스스로 평가하는 법을 가르치는 것은, 단지 자기 자신을 위해서 그렇게 하는 것이 아니라 스스로를 돌아보는 또 다른 기회를 제공하는 것입니다.

그럼으로써 학생은 자신의 학습에 주인의식을 갖게 되는 것이지요.

우리는 학생이 무엇을 알고 있는지를 문서로 만드는 데 너무 많은 시간을 쓰고 있지만, 학생이 스스로 학습에 노력을 쏟도록 권한을 부여하고 자신의 강점과 성장 영역을 이해할 수 있도록 돕는 데에는 충분한 시간을 투자하지 못한 것 같습니다. 포트폴리오는 학습자가 자신의 지식을 공유하고 학습 과정을 기록하는 훌륭한 방법입니다. 스스로를 돌아보는 것은 자신이 어디에 있었고, 지금 어디에 있으며, 어디로 가고 있는지에 대한 이해를 발전시킵니다.

8. 연결된 학습

초창기 교사 시절, 저는 과학 과목에서 정말 어려움을 겪었습니다. 과학은 제가 학생이었을 때 도전이 되었던 교과목이었는데, 교사가 된 후에도 변함이 없었습니다. 아직도 제가 학급 교사였다면 과학에 관해 가르치는 데는 가장 뛰어난 사람은 아닐지 몰라도, 과학자에 대해 가르치는 데는 최고일 것입니다. 이 지점이 바로 연결된 학습이 시작되는 곳입니다. 오늘날 우리는 스카이프, 페이스 타임, 구글 행아웃 등을 활용해서 자신의 지식을 기꺼이 공유하는 다양한 분야와 산업 영역의 전문가들과 연결될 수 있습니다. 물론 교류는 기술을 통해서만 이뤄지는 것은 아닙니다. 지역 전문가를 초청해 학생들과 이야기를 나누게 할 수도 있습니다. 또한 교사는 학생이 콘텐츠 전문가와 교류하고 새로운 지식과 아이디어를 만드는 학습에 적용하도록, 효과적인 학습 경험을 설계하고 활성화할 수 있게 되었습니다. 오늘날의 기술은, 10년 전에는 교실 구성원이 될 거라고는 상상도 할 수 없었던 사람들에게 접근할 수 있게 해 주었습니다.

또 다른 교류 방법인 소셜 미디어를 통해서 학생들은 다른 이들로부터 피드백을 받을 수 있습니다. 4학년 교사인 켈리 홀든@kholden과 같은 교사는 학생에게 자신의 생각을 공유하고, 전 세계 사람들의 전문지식을 활용하도록 가르칩니다. 저는 학생들이 자신의 게시물을 작성하고 온라인에 공유하는 '블로그 런칭' 파티에 참석한 적이 있었습니다.

생각해 보십시오. 만약 우주를 배운다면 누구에게서 배우고 싶을까요? 우주비행사일까요 아니면 교사일까요? 대답은 분명합니다. 우리는 전문가에게서 배우고 싶어 합니다. 바로 기술을 활용하여 이러한 교류를 활성화할 수 있습니다. 더욱 필요한 것은, 이러한 효과적인 학습 기회를 학생들이 스스로 촉진하도록 가르쳐야 한다는 것입니다.

현실에 대한 비전

이 장에서는 다른 사람의 개념을 섞어 우리의 필요에 맞게 수정하는 것을 이야기했습니다. 2015년 교실에서 찾아야 할 여덟 가지 특성에 관한 블로그 글을 작성한 후,[3] 실비아 더크워스는 제가 공유한 내용을 기반으로 이미지를 만들었습니다.[4] 매우 창의적인 그녀의 이미지는 많은 시각 학습자에게 도움이 되었습니다.

이미지는 종종 아이디어를 더욱 촉발시킵니다. 특히 우리가 아이

디어를 공유할 때 더욱 그렇습니다. 파크랜드 교육청 리더십 팀이 실비아의 이미지를 가지고 학생 자문 그룹과 논의할 때도 그러했습니다. 학생들은 이미지에 대해 어떻게 생각하는지 질문을 받았고, 선생님들과 그것에 대해 대화를 나누도록 격려받았습니다. 학생들과 교육자들 사이의 대화는 학급에서 이 여덟 가지가 잘 성취되고 있는지, 또 어떻게 성취되고 있는지에 집중했습니다. 인쇄된 글과 이미지, 그리고 토론을 통해 아이디어를 촉발하는 이 과정에서 제가 발견한 놀라운 가치는, 학생에게 자신이 배우는 것을 교사와 공유할 수 있는 자율권을 주며, 궁극적으로는 그들이 참여하는 교육과 학습 경험의 종류에 영향을 미칠 수 있도록 하는 기회였습니다.

거듭 말하지만, 이 '여덟 가지'는 교실이 어떠해야 하는지를 보여 주는 로드맵이 아닙니다. 교실이 무엇이 될 수 있는가에 대한 아이디어와 혁신을 촉진시키는 아이디어입니다. 학교는 아직도 학생이 거의 신경도 쓰지 않는 비전을 만드는 데 너무 많은 시간을 보내고 있습니다. 반대로 만약 교육자가 학생의 목소리를 듣고 존중하는 기회를 만든다면, 학생은 효과적이고 진정한 교육 경험을 함께 만들어 가고, 비전도 현실화 될 수 있을 것입니다.

> **모든 학습자가 자신의 꿈에 도달하도록 격려받는 곳에서는
> 아래 '만약에'라는 질문들이 현실이 될 수 있다.**
> #혁신가의 사고방식

만약에?

학교를 위한 새로운 비전을 만들고 이에 도달하기 위한 전략 개발에 매우 도움이 되는 과정으로 "만약에?"라는 질문을 발견했습니다. 이것은 당신이 원대한 꿈을 품고 앞으로 나아가는 데, 그리고 당신과 교육 조직에서 중요한 것이 무엇인지 알아내는 데 도움을 줄 것입니다. 저의 "만약에?" 질문 중 일부를 소개합니다.

만약에 위대한 학교를 만드는 데 필요한 모든 것이 이미 조직 안에 있고 우리는 그저 그것을 개발하고 공유하기만 하면 된다고 믿는다면 어떨까?

만약에 학교가 학생만 학습자가 되는 게 아니라 모두가 '학습자'가 되어야 하는 방식으로 운영된다면 어떨까?

만약에 우리가 교직원과 학생이 '위험을 감수하도록' 장려하고 관리자로서 공개적으로 본을 보인다면 어떨까?

만약에 우리가 교육을 '직업'이 아닌 '열정'으로 여기는 사람을 고용한다면 어떨까?

만약에 학생뿐 아니라 우리 조직의 모두가 자신의 꿈을 추구하도록 지지받는다면 어떨까?

만약에 우리가 지역적으로는 물론이고, 세계적으로도 교류하고 학습하는 데 집중한다면 어떨까?

만약에 우리의 최우선 관심사가 '업무'가 아니라 늘 '사람'에게 있다면 어떨까?

만약에 우리가 학습자의 강점을 인식하고 구축해 간다면 어떨까?

만약에 우리가 학생이 현재와 미래의 세상에서 변화를 만들도록 자율적 권한을 부여한다면 어떨까?

앞으로 나아가기

미래는 확실해지기 전까지는 가능성을 보는 사람들의 것이다.
-존 스컬리 John Scully [5]

모든 학습자가 자신의 꿈에 도달하도록 격려받는 곳에서는 이

"만약에?"의 질문들이 현실이 될 수 있습니다. 우리가 어떻게 앞으로 나아갈 기회를 만들고 장애물을 극복하는가가 중요합니다. 저의 부모님은 자신들이 이미 가지고 있던 것을 다른 나라에서 재현하기 위해 캐나다에 온 것이 아니라, 자신과 가족을 위해서 더 나은 것을 만들어 내기 위해 왔습니다. 꿈은 중요하지만, 교육에서 혁신이 촉진되는 조건을 만들 때까지 이 꿈들은 현실이 되기 어려울 것입니다.

[토론용 질문]

01 학교나 조직에서 학습에 대한 고무된 비전을 만드는 데 더 큰 공동체를 어떻게 참여시킬 것인가?

02 여러분의 비전(개인적으로나 조직적으로)은 오늘날 이용 가능한 효과적인 학습 기회를 반영하는가? 이것은 설득력이 있으며 교육자들에게 이를 이루기 위한 자율적 권한을 부여하고 있는가?

03 비전을 현실로 만드는 과정에서 필요한 작은 단계들은 무엇인가?

PART3

재능을
발휘하도록
돕기

●　　　지금까지 우리는 혁신이 무엇인지 정의하고, 학교에서 혁신적 사고방식이 표준이 되는 문화를 조성하는 데 필요한 토대를 쌓는 문제에 초점을 맞추었습니다. 요약하자면, 혁신이란 새롭고 더 나은 무언가를 만들어 내는 사고방식을 말합니다. 여러분은 자신이 속한 공동체와 신뢰를 쌓고 협력함으로써 교육자와 학습자에게 학교를 성장시킬 도전을 하도록 자율적 권한을 부여할 수 있습니다.

3부에서는 사람들이 재능을 발휘할 수 있도록 학교를 이끄는 방법에 초점을 두고 논의하겠습니다. 제가 바라는 바는 여러분들이 혁신이 무엇인지 이해하는 것도 중요하지만, 책에 나온 지식만으로는 충분하지 않다는 점, 그리고 상의하달식 사고방식에 따른 지휘는 효과적이지 않다는 점을 깨닫는 것입니다. 혁신은 명령이 아니며 우리가 팀과 협력해서 함께 수행하고자 하는 것임을 알게 되면, 여러분들은 교육적 리더십에서 더 큰 성공을 거둘 것입니다. 그 출발은 우리 자신이 바뀌는 것입니다. 다른 사람들을 발전시키려면 우리의 행동, 그리고 때로는 무행동無行動을 먼저 거울에 비춰 봐야 합니다. 이를 실천하면 사람들의 재능을 발휘시키고 혁신이 꽃피는 문화를 만들어 낼 수 있습니다.

THE
INNOVATOR'S
MINDSET

강점 기반 리더십

실패에 초점을 맞추는 대신, 우리의 강점과 일상적인 성공에 기반을 두면 더 많은 것을 배운다.
-톰 래스 Tom Rath[1]

성공은 우리의 약점을 제거하는 것이 아니라 강점을 발전시킴으로써 이룰 수 있다.
-메릴린 보스 사반트 Marilyn vos Savant[2]

   흔한 교육 사례 하나를 보겠습니다. 한 학생이 수학 과목에서 어려움을 겪고 있습니다. 교사는 학생이 이 과목을 잘하도록 돕기 위해 추가로 연습 문제를 숙제로 냅니다. 더 나아가 선택 과목 대신 추가로 수학 수업을 더 들으라고 권했을 수도 있겠지요. 이렇게 했을 때 흔히 나타나는 결과는 무엇일까요? 학생은 수학 성적을 올리는 것은 커녕, 수학과 학교를 싫어하게 됩니다.

   앞 장에서 논의한 '만약에…, … 라면 어떻게 될까?'를 생각해 봅시다. 학습자의 약점에 초점을 맞춘 결함 모형Deficit Model에 따른 활동을 중단하고, 학습자의 강점에 기반을 둔 강점 모형Strengths-based Model에 따른 활동을 시작하면 어떻게 될까요? 학생들에게 자율권을 준다면, 자신이 좋아하는 것을 발견하도록 돕고 강점을 발전시키는 학습 경험들을 만들 수 있습니다.

학생이 글쓰기에 뛰어나다면 글을 쓸 기회를 더 많이 마련해 줍시다. 과학에 열의를 보인다면 그런 열정을 개척할 기회들을 제공할 방법들을 찾아 줍시다. 우리가 그렇게 했을 때 교육이 어떤 모습이 될지 상상해 봅시다!

그러나 유감스럽게도 우리는 학생들의 관심사를 그들 앞에 미끼처럼 흔듭니다. "네가 싫어하는 일을 끝내야만 네가 좋아하는 일을 할 수 있어"라고 말하는 식이지요. 초보 교사 시절, 저는 체육을 좋아하는 학생을 격려하기는커녕 다른 과목 '과제'를 끝내지 않으면 체육 수업을 받을 수 없다고 으름장을 놓곤 했습니다. 유익한 접근 방식은 아니었지만 제 자신이 학생 때 종종 겪었던 방식이었고, 저의 학생에게도 적용해야 하는 방식이라고 생각했기 때문이지요. 그 결과 학생들은 대개 마지못해 과제를 끝내긴 했지만(순응 모형), 그럴 때마다 학생과 저의 관계는 나빠졌습니다. 나빠지지 않을 수가 없지요.

"우리는 부족하다"라는 메시지가 항상 전달되는 환경은 모든 당사자의 사기를 떨어뜨리고 비생산적으로 만들 수 있다.
#혁신가의 사고방식

강점에 초점을 맞춘다는 것이 취약 분야들을 무시한다는 뜻이 아님을 분명히 하고 싶습니다. 오히려 그 반대로, 실제로 학생들이 자신의 취약 분야를 개선하도록 격려할 수 있습니다. 성공은 능력과 자신감을 키운다는 점을 명심하십시오. 따라서 학교가 학생이 학교 안에서 성공을 경험할 수 있도록 한다면 학생의 자신감이 높아질 것입니다. 학생이 자신의 강점을 발휘할 기회를 계속 제공하면, 학습 능력이 향상될 뿐 아니라 스스로에 대한 믿음도 커집니다. 어떤 과목에서 학생은 각 과제 속 어려움을 극복하면서 그 과목을 스스로 학습하고, 재미를 느끼기도 합니다. 따라서 교사가 새로 개발된 학생의 성공 마인드에서 나오는 힘을 이용하면, 더 어려운 과목에서도 학생의 실력이 향상되도록 도울 수 있습니다.

더 나은 가르침,
그리고 더 나은 학습을 위해 앞장 서기

교사는 대개 학생을 지도할 수업을 자신이 예전에 겪은 학교 문화와 학습 경험을 모방해서 설계합니다. 따라서 교사가 결함 모형에 따라 구축된 문화에 속했을 경우, 그 사고방식이 종종 수업에 드러납니다. 일례로 시험 성적 자료가 학생의 취약 분야를 확인하고 해결하는 데 사용된다는 것입니다. 이런 관행은 많은 교육자가 자신의 일에 대한 의욕을 잃게 만드는 결과를 가져오기도 합니다.

최근에 '읽고 쓰는 사람들의 비율은 높아졌지만, 학생들은 여전히 수학과 싸우고 있다'[3]라는 〈토론토 선Toronto Sun〉지의 기사를 읽었습니다. 이 글에는 지역의 문맹률이 낮아진 것을 칭찬하는 문장이 하나도 없었습니다. 그 대신 이 기사는 수학 교육과 그 학습 결과가 기대에 미치지 못하고 있다는 데 초점을 맞추었습니다. 캐나다의 온타리오Ontario주가 그냥 낮은 수학 점수를 무시하고 "얻는 것이 있으면 잃는 것이 있다"는 식의 사고방식을 도입해야 할까요? 절대 그렇지 않습니다. 그렇다고 낮아지는 수학 실력을 향상시키는 데에만 전적으로 초점을 맞춰서도 안 되지요. 하지만 우리는 한 문제가 튀어나오면, 다음 문제가 나타날 때까지 기존의 문제에 초점을 맞추는 '교육 두더지 잡기' 게임을 계속하고 있습니다.

어려움을 겪는 분야에 초점을 맞추려고 강점에 관심을 갖게 하는 것을 포기할 수는 없습니다. 결함 모형은 행정가와 교육자에게 '개선되어야 하는' 분야들에 과잉 보상을 하게 만들고 있습니다. 그럴 경우 이미 이뤄지는 모든 훌륭한 강점은 금방 잊히게 되지요. "우리는 부족하다"라는 메시지가 항상 전달되는 환경은 모든 당사자의 사기를 떨어뜨리고 비생산적이 되게 합니다.

작가이자 인간행동 연구자인 톰 래스Tom Rath는 《위대한 나의 발견 강점혁명Strengths Finder 2.0》에서 "매일 자신의 강점에 집중할 기회가 주어진 사람들은 자신의 일에 몰두할 확률이 6배 높고, 만족할 만한 삶의 질을 누리고 있다고 답할 확률이 3배가 넘는다"[4]라고 언급했습니다. 리더가 교육자들과 학생들에게 자신이 잘하는 분야를 탐구하고 훈련할 기회를 충분히 주어야 하는 것은 분명합니다.

하지만 리더인 우리가 그저 뒤로 물러나 성장을 운에 맡겨야 한다는 뜻은 아닙니다. 실제로 래스의 연구에서는 관리자가 막연하게 직원들이 해당 분야에서 성장할 것이라고 가정할 때보다는, 실제 직원들의 강점에 초점을 맞추었을 때 사람들이 일에 훨씬 더 몰두한다는 결과를 얻었습니다. 래스는 다음과 같이 언급했습니다.

2005년 우리는 관리자들이 직원들의 강점에 초점을 맞추었을 때와 약
점에 초점을 맞추었을 때, 그리고 직원들을 개입 없이 그냥 놓아 두었을
때 어떤 현상이 벌어지는지 연구했다. 그 결과를 보고 나는 조직 내에 만
연한 자발적 격리 현상이나 극도의 부정적 성향을 줄이기가 얼마나 쉬
운지에 대한 내 생각을 완전히 재정립하게 되었다.[5]

관리자가 주로	일과 조직으로부터의 자발적 격리 현상
개입 없이 그냥 놓아 둘 때	40%
직원의 약점에 초점을 맞출 때	22%
직원의 강점에 초점을 맞출 때	1%

위의 결과에서 알 수 있듯이, 당신을 못 본 척하고 개입 없이 그냥
놓아 두는 관리자가 약점에 초점을 맞추는 관리자보다 더 나쁜 영향
을 미칩니다. 아마 가장 놀라운 결과는 직원의 강점에 초점을 맞추
는 관리자와 일할 경우, 당신이 업무에서 무능력함을 보일 가능성이
크게 낮아진다는 점입니다. 이 연구는 날마다 직장에서 목격하는 자
발적 격리 현상(active disengagement, 업무나 인간관계에서 '회피'나 '비
몰입'하는 유형을 뜻함 – 옮긴이)이라는 유행병은 우리가 주변 사람들이
자신의 강점을 개발하도록 도울 수 있다면, 충분히 치료가 가능하다
는 것을 확인해 줍니다.

여기서 제게 크게 와 닿는 점은 직원들을 못 본 척하고 그냥 놓아 두면, 약점에 초점을 맞출 때보다 그들에게 훨씬 더 부정적인 영향을 미친다는 것입니다. 종종 자신의 리더십은 사람들을 간섭하지 않는 것에 있다고 말하는 교육자를 종종 봅니다. 저는 신뢰와 자율성이 동기부여에 반드시 필요하다는 것을 알고 있고, 그렇게 지도하고 있지만, 개인이 모인 집단으로서의 학교에서 하는 일에는 더 큰 목적이 있다는 것을 믿습니다. 교사와 리더로서 우리는 협력하고 서로의 성장을 독려할 때, 더 강해지고 능률적일 수 있습니다. 우리가 래스의 연구를 믿는다면(저는 믿습니다) 단순히 '사람들을 내버려 두는' 것은 최상의 전략이 아닙니다.

뛰어난 리더는 현명한 조언을 하는 동시에 신뢰와 자율성 사이에서 균형을 맞춥니다. 이끈다는 것이 꼭 사람들에게 무엇을 할지, 혹은 어떻게 할지 다 말해 준다는 뜻은 아닙니다. 오히려 세세한 부분까지 일일이 관리하는 대신, 질문을 던지고 인식에 이의를 제기함으로써 다른 사람들의 생각과 능력을 독려해야 함을 의미합니다.

우리는 우리 자신을 진정으로 더 나아지게 만드는 사람들을 찾았을 때 성장합니다. 더 뛰어나고 좋은 아이디어를 떠올리도록 당신을 독려하는 멘토를 찾고, 당신을 따르는 이들에게도 당신이 그런 사람이 되어야 합니다. 리더는 사람을 못 본 척하고 그냥 놓아 두는 것이 아니라, 강점을 살림으로써 재능을 발휘하도록 만들어야 합니다.

혁신이 꽃피는 문화를 만들기 위해서 우리는 필요한 것을 이미 모두 갖추고 있음을 깨달아야 합니다. 그리고 이를 활용할 수 있는 방법을 찾아야 합니다.

잘못된 접근 방식

교장이 된 첫해 저는 학생들의 블로그 활동을 지원하고 싶은 마음이 강했습니다. 그러기 위해서 교육자이자 리더인 우리도 블로그 활동을 해야 한다고 생각했습니다. 무지했던 저는 우리가 이 분야에서 뒤처져 있다는 메시지를 반복해서 강조하면 사람들을 자극할 수 있을 줄 알았습니다. 그리고 우리가 나아질 수 있는 유일한 방법은 직접 해 보는 것이라고 생각했습니다. 그런데 결과적으로 제가 한 일은 우리 학생들이 겪지 않기를 바랐던 바로 그 일이었습니다. 저는 직원들이 시간을 내서 취약한 분야에 집중하길 원했습니다. 일부 직원들은 마지못해 그렇게 했지만, 곧 이런 접근 방식이 제가 원하는 학습 문화를 만드는 데 효과적이지 않음을 깨달았습니다.

오히려 효과가 있었던 방법은 사람들과 일대일로 시간을 보내며, 가르치는 일에서 각자의 강점을 살펴보는 것이었습니다. 저는 각자의 가장 뛰어난 분야들을 부각시키고 명확히 표현했습니다. 각 개인의 강점에 초점을 맞추었던 것은 우리 학교가 단지 블로그뿐 아니라 다른 많은 분야에서도 발전할 수 있기를 바랐기 때문입니다. 그래서 저는 직원들에게 "우리가 이 분야에서 굉장히 뒤처져 있기 때문에 학생들을 위해 블로그를 해야 합니다"라고 주장하는 대신, "당신은 이런 일들을 굉장히 잘하네요. 모든 직원이 이런 전문 기술을 보고 배울 수 있다면 큰 도움이 될 거예요. 나와 함께 앉아서 이것에 관한 글을 블로그에 올려 보는 건 어떨까요?"라고 권했습니다. 우리의 발전을 돕기 위해 강점에 우선적으로 초점을 맞추었던 이 방식은 궁극적으로 우리 학교에서 이미 일어나고 있던 훌륭한 일들을 확인하는 기회가 되었습니다.

> 일류 수준의 성취를 초일류 수준으로 만드는 것보다
> 무능을 보통 수준으로 끌어올리는 것이 훨씬 많은 에너지를 소모한다.
> **—피터 드러커** Peter Drucker [6]

맞춤화

파크랜드 교육청의 부교육감인 켈리 윌킨스는 다른 사람들의 강점을 활용하는 데 탁월했습니다. 저는 켈리가 교장으로 있던 학교에서 교사로서 처음 그녀를 만났습니다. 하루도 지나지 않아 그녀가 평범하지 않은 리더십의 접근 방식을 취하고 있다는 것을 알아차렸습니다. 중학교 교사의 채용 과정에는 직책에 대해 명확히 규정되어 있지 않고 업무 조정이 가능해서, 켈리는 채용할 때 어느 정도의 융통성을 발휘할 수 있었습니다. 저는 교사 생활을 하면서 처음에는 초등학생들을, 그 바로 뒤에는 고등학생들을 가르쳤습니다. 중학교 교육에는 별로 경험이 없었지요. 하지만 켈리는 제 이력서와 포트폴리오에서 독특한 점들을 발견해서, 기존에 존재했던 특정 직위가 아닌 제 강점에 맞춘 직위를 만들었습니다. 제가 함께 일했던 한 교육감은 "우리는 사람을 직무에 맞추지 않는다. 최고의 사람들을 발견하여 그들에게 직무를 맞춘다"라고 말한 적이 있는데, 켈리는 이 개념을 내내 실천했습니다. 그녀가 우리 학군에서 리더감을 찾아내고 그 자질을 개발하는 사람으로 유명한 것은 이 때문이었습니다. 저는 여전히 특정 과목들과 학년들을 가르쳤지만 어떻게 하면 기술을 효과적으로 활용하는지에 대한 제 노하우에 맞춘 직무도 포함되어 있었습니다. 기존 환경 안에서의 혁신을 원한 켈리의 태도는 저를 위한 기회를 만드는 데 도움이 되었습니다. 결과적으로 이로 인해 저도 학생을 위해 같은 일을 실행할 자율적 권한을 받은 것입니다.

우리가 속한 학교나 조직에서 어떤 사람이 특정 직위에서 두각을 드러내거나 학교가 좋은 결과를 냈을 경우, 이를 모방해 다른 조직에서도 똑같은 직위가 계속 만들어지지만 실제로 그 결과는 기대에 못 미치는 경우가 많음을 아실 겁니다. 왜 그럴까요? 바로 결과를 만드는 것은 '직책'이 아니라 사람이기 때문입니다. 사람들의 강점을 발판으로 삼으면 그들로부터 얻을 수 있는 것이 훨씬 많아집니다.

함께 무언가를 구축하기 위해
서로의 능력을 끌어올리기

제가 당시 이 중학교에서 정확한 명칭도 없었던 새로운 자리에서 일하기 시작했을 때 맡은 역할들 중 하나가 학습에 기술을 통합시키는 것이었습니다. 그 전에 저는 컴퓨터 강좌에서 학생들에게 기술을 사용하는 법을 가르친 적이 있었습니다. 학생들에게 영어, 역사 같은 다른 과목에서도 기술을 이용해 학습을 향상시키고 가속화하도록 가르칠 계획이었습니다. 교장인 켈리는 자신의 목표와 제게 원하는 것들을 분명하게 밝혔고, 제가 가장 효과적이라고 느끼는 방식으로 수업을 이끌 수 있는 자율적 권한을 주었습니다.

처음에 저는 학급별로 주당 40분 수업을 하기로 되어 있었는데, 종종 한 반과 연이어 두 번 수업을 할 필요가 있었습니다. 하지만 제 수업시간은 다른 교사의 수업시간에 맞추어 고르게 분배되어 있었고, 수업 일정이 효율적이라고 여겨지진 않았지만, 신참이던 저는 풍파를 일으키고 싶지 않았습니다. 하지만 저는 켈리가 아이들을 위해 무엇이 가장 좋은지에 항상 초점을 맞춘다는 사실을 처음부터 알고 있었습니다. 그 점을 염두에 두고 저는 켈리에게 기술을 이용한 학습에는 짧게 노출되는 것보다 더 깊이 파고들 수 있는 일정이 필요하다는 의견을 내놓았습니다. 그래서 더 깊이 있는 학습 기회를 만들기 위해, 학급당 적어도 한 주 혹은 두 주 동안 쭉 수업을 이어가는 편이 더 나을 것 같다고 제안했습니다. 또한 수업이 아니라 프로젝트에 초점을 맞춘다면 더 도움이 될 것이라고도 덧붙였습니다.

제 의견을 들은 뒤 켈리는 "저는 선생님을 이 분야의 전문가로 채용했습니다. 무엇이든 선생님이 가장 좋다고 생각하는 것을 하세요"라고 말했습니다.

켈리는 '아이들에게 가장 좋은 일'을 하는 것이 항상 최우선이라는 비전에 따라 사람들이 새로운 시도를 하기를 원했습니다. 우리가 학생들에게 더 좋은 다른 일을 할 수 있다면 그 일을 탐구해야 했습니다. 그녀는 자신이 기꺼이 모험을 할 의지가 있음을 보여 주었습니다. 이는 리더십에서 중요한 요소입니다. 리더 스스로가 위험을 무릅쓰고 자신이 하고 있는 일들을 공유하거나 스스로를 발전시키려고 노력할 의지를 보이지 않는다면, 사람들은 조직에서 위험을 감수하고 도전하길 꺼릴 것입니다. 켈리는 세세한 부분까지 일일이 관리하거나 완벽을 강요하지 않고, 더 나은 새로운 해결책을 생각하도록 독려하는 환경을 조성함으로써 훌륭한 본보기가 되었습니다.

학습이란 복잡한 것입니다. 우리는 위험과 실패, 성장, 수정을 편하게 느껴야 합니다. 사람들은 리더가 모험하는 것을 보게 되면, 스스로 아이디어들을 시도하고, 자신과 학생들의 역량을 최대한 끌어낼 가능성이 더 많아집니다. 사람들에게 자신의 능력을 활용하여 모험하도록 허용한다면, 혁신적인 아이디어와 학습이 꽃피는 곳을 만드는 데 도움을 얻을 것입니다.

리더들은 누가 똑똑한지 궁금해하는 대신, 그 사람이 어떤 식으로 똑똑한지 궁금해한다.
−리즈 와이즈먼 Liz Wiseman **외**[7]

당신이 꿈꾸는 직업

저는 켈리에게서 많은 것을 배웠고 지금도 배울 기회가 주어진 것에 감사하고 있습니다. 사람들에게서 최고의 것을 끌어 내기 위해 노력하는 켈리는 제게 다른 사람들의 강점을 이용하고 스스로 기회를 만드는 가능성을 찾는 것에 관해 많은 것을 가르쳐 주었습니다. 미국 출신으로 전 세계 기업의 임원 대상 리더십 개발자이자 유명 작가인 리즈 와이즈먼과 영국 출신 글로벌 경제 리더인 그렉 맥커운Greg Mckeown은 《멀티플라이어Multipliers》에서 이렇게 말했습니다. "누군가의 타고난 특별한 재능을 발견하는 것은 자발적인 노력을 이끌어 내는 열쇠다. 그러면 사람들은 단지 요구된 것을 하는 데만 그치지 않고 자신의 모든 지력을 발휘하게 된다."[8] 때로는 질문만 던져도 사람들의 강점이 무엇인지 발견할 수 있습니다.

저는 교장으로 재직할 때, 해마다 채용 과정을 시작할 즈음 교사들에게 메일을 보냈습니다. "우리는 현재 채용을 진행하고 있습니다. 당신이 내년에 바라는 일자리가 무엇인지, 어떤 형태일지 설명해 줄 수 있으신가요?"

우주비행사나 리얼리티 TV 프로그램에 출연하는 유명인이 되고 싶다고 말한다면, 우리가 해줄 수 있는 일은 분명 제한적입니다. 하지만 학교라는 환경 안에서 우리가 어떤 기회들을 만들 수 있을지 궁금했습니다.

이런 질문을 던지는 데 중요한 점은, 우선 질문을 한다는 그 자체입니다. 특정 교사가 원하는 자리를 만들 수 있다고 보장할 수는 없습니다. 하지만 사람들에게 무슨 일을 하길 원하는지 알려 달라고 하지 않으면 우리는 그것을 알 수가 없습니다. 5학년 학생들을 가르치는 걸 좋아하긴 하지만, 사실은 유치원생이나 1학년 학생들을 너무 가르치고 싶다고 대답한 한 초등학교 교사가 떠오릅니다. 놀랄 만한 일은 반대로 고학년을 가르치고 싶어 하는 1학년 담당 교사가 있었다는 것입니다. 그래서 단순히 두 사람의 자리를 바꾸어 주었습니다. 두 교사 모두 새로운 학급에서 놀라운 성과를 보였고 이러한 기회를 믿을 수 없을 정도로 고마워했습니다.

때때로 사람들이 자신이 원하는 것을 공유하길 겁내는 것은 그 소망이 실현 가능하다는 것을 모르기 때문이다.
#혁신가의 사고방식

또 다른 교사는 자신은 어떤 특정 과목을 가르치는 건 좋아하지만, 지금 학년에서 담당하라고 요청받은 과목에는 그다지 열정을 느끼지 못한다고 고백했습니다. 그는 학생들을 가르치는 일은 좋아하지만, 가르치는 과목에 대한 열정이 있을 때 더 능률적이라는 것을 알고 있었습니다. 두 번의 조정 끝에 그 교사는 자신이 뛰어날 것이라고 생각하는 자리에 배정되었습니다. 그리고 놀라운 성과를 보였습니다.

직원들의 소망을 물어봐야 할 필요성을 확인해 준 한 2학년 교사의 답장도 기억납니다. 그녀는 "내 꿈은 2학년을 가르치는 것이고,

나는 매일매일 그 일을 하며 산다. 하지만 애초에 이런 질문을 제게 던진 것에 대해 얼마나 감사하는지 말하고 싶다"라고 썼습니다.

사람들과 새로운 무언가를 시도하거나 좋아하는 어떤 일을 추구할 기회를 주는 것은 단지 학생들을 위해서만이 아니라 직원들을 위해서도 중요합니다. 때때로 사람들이 자신이 원하는 것을 공유하기 겁내는 것은 그 소망이 실현될 수 있다는 것을 모르기 때문이지요. 저와 제 동료 행정관들은 자신이 하는 일에 열정을 느낄 수 있는 자리로 사람들을 보낼 수 있다면, 개인적으로 성공을 거두어 전체적으로 조직을 향상시킬 가능성이 더 많아진다고 생각합니다. 우리가 교사들의 요청을 자주 반영할 수 있었다는 사실도 저를 계속해서 놀라게 했습니다.

대학 동료이자 현재 파크랜드 교육감인 캐럴린 젠슨은 우리 리더들은 이 질문을 특정 시기에 한정시켜서는 안 되며 팀원들의 미래를 위한 기회를 만들도록 계속 도와야 한다는 생각을 밝혔습니다. 캐럴린은 또한 이렇게 말했습니다.

또 다른 중요한 질문은 "앞으로 3~5년 뒤에 당신이 경력의 어느 지점에 있을 것이라고 생각하는가?"이다. 리더가 되는 데 관심이 있는 사람이 누구인지 아는 것은 교육청이 위원회 일을 맡을 사람을 찾을 때 가치 있는 정보다. …… 교사들이 자신의 일의 범주를 확장하기 시작할 때, 전문성 개발과 동료 간의 연계가 이뤄질 수 있다. 교사들이 학생들에게 개인적 관심을 기울이고 특별한 활동이나 항목을 도입해 학생들의 능력을 꽃피우도록 돕는 것처럼, 행정관들이 교사들의 경력에 개인적 관심을 기울이면 교사들도 전문적으로 성장할 것이다. 교사들이 자신이 학생들처럼 보살핌을 받는다고 느끼는 것은 훌륭한 학교 문화를 만드는 데 많은 도움이 된다.

캐럴린은 우리가 교사들에게 진정한 관심을 보이고 그들이 열정을 느끼는 분야에서 성공을 거두도록 돕는 노력을 기울이면, 기대 이상의 성과를 보여줄 가능성이 훨씬 많다는 것을 상기시켜 주었습니다.

주인의식의 중요성

강점에 기반을 둔 리더십에 초점을 맞추었다면, 직원들에게 자율적 권한을 부여하고 학교나 조직의 방향을 이끄는 데 주인의식을 갖도록 하는 것이 중요합니다. 몇 년 전, 새 직원과 일하며 우리가 학교 내에서 전문적 학습 기회를 만드는 데 앞장설 수 있다고 제안했습니다. 우리 학교 내에 전문가들이 있었기 때문에 외부 전문가를 찾지 않았습니다. 교장으로서 저는 그해 세 분야에 초점을 맞추자고 제안했고, 직원들의 피드백에 따라 실제로 네 번째 분야를 추가했는데, 바로 기술통합, 포용, 비판적 사고, 그리고 시민의식과 사회적 책임이었습니다. 학교 내에서 구성된 팀이 이 각각의 주요 분야를 이끌기로 했습니다. 제가 내건 유일한 조건은 직원들이 자신이 잘하는 분야와 관련되거나, 관심 있는 팀에 들어가라는 것이었습니다. 자신이 참여하기에 역량이 부족하다고 느끼는 분야의 팀에 들어가기보다는 자신의 열정을 따르기를 원했습니다. 주제에 대한 관심이 높을수록 직원 전체의 학습이 더 향상될 것이라고 믿었기 때문이지요.

저는 각 팀에게 목표를 세우고 성공 기준을 정하라고 요청했습니다. 전문가인 팀원들이 해당 분야에서의 성공이 어떤 모습일지 알기 때문에 학교를 위한 지침을 세울 수 있으리라는 것이 제 생각이었습니다. 교장인 저는 전체 계획을 감독했지만(저 역시 상관으로서가 아니라 성공에 중요한 역할을 하는 동등한 팀원으로서 한 팀에 가입하기도 했습니다), 우리가 성장하고 일부 새로운 계획을 시행하려면 직원들이 절차와 결과 모두에서 자신들에게 진정한 자율적 권한이 있다고 느껴야 한다는 것을 알고 있었습니다. 이것은 '내 목표'를 성취하는 것과 '우리 목표'를 성취하는 것 사이의 차이었습니다.

서로의 생각을 공유하고 배우면서 우리의 강점과 열정을 탐구하자, 제가 그때까지 참여했던 프로젝트들 중에서 가장 혁신적이고 힘을 실어 주는 전문적인 발전이 이뤄졌습니다. 각 그룹은 자신들의 아이디어를 실행하고 학생과 직원 모두의 학습을 향상시킬 수 있는 다양한 방법을 제시했습니다. 우리는 서로 돕고 배우는 한편, 서로가 더 발전하도록 독려했습니다. 교사들과 직원들은 서로를 전문가로 보고, 그들의 기여와 전문지식을 가치 있게 평가했습니다. 이 경험에서 얻은 또 다른 이점은 교사들이 이 방식을 본떠 교실에서도 학생들로 이루어진 그룹이 수업을 주도하는 접근 방식을 도입한 것이었습니다. 우리는 직무의 다양한 측면을 배우는 동시에 효과적인 학습 기회들을 창출하는 더 좋은 방법을 발견한 것입니다.

앞으로 나아가기

학교의 비전에 도움이 되는 개인의 강점에 초점을 맞추면, 좁은 분야의 혁신에 그치지 않고 혁신이 꽃피는 문화로 나아갈 수 있습니다. 각 개인이 자신의 특별한 자질을 인정받고 그러한 강점들이 학교의 전체적 학습 비전을 위해 모일 때, 우리는 진정으로 학교를 변모시킬 수 있습니다. 개선해야 할 분야에만 초점을 맞춘 결함 모형을 따르는 대신, 먼저 강점에 초점을 맞추고 이를 발판으로 발전시키면 사람들이 자신의 수업에서, 그리고 학교 전체를 위한 목적 의식을 느끼는 환경을 만들 수 있습니다. 이것은 2부 '관계, 관계, 관계' 장에서 논의한 대로 학급 교사에서 학교 교사로의 변화를 촉진할 수 있는 방법입니다.

학교나 학군, 교육청을 변화시키고 개선하기를 기대한다면, 우리에게 필요한 모든 것은 이미 우리 조직 내에 있다는 것을 깨달아야 합니다. 당신이 할 일은 직원들이 스스로의 재능을 발휘하게 만드는 것이지요. 우선 당신이 원하는 행동들, 즉 협력, 모험, 존중, 당신의 팀이나 학급 구성원들에게서 기꺼이 배우려는 태도 등에서 먼저 모범을 보이십시오.

앞서 언급했던 것처럼 관계는 학교의 가장 중요한 구성요소입니다. 당신이 "여기가 우리가 개선해야 할 부분입니다"라고 끊임없이 대화를 반복하거나 사람들에게 일이 어떻게 수행되어야 하는지 일일이 지시한다면, 어느덧 순응 문화가 만들어지고 사람들은 자신이 어디에 기여해야 하는지 모르게 됩니다. 당신이 어떤 조직에 새로

들어간다면 혹은 이미 그곳에 속해 있었더라도, 제가 해줄 수 있는 최고의 조언은 가만히 물러나 잠시 기다리면서 사람들이 어떤 분야에서 뛰어난지 확인하라는 것입니다. 그리고 앞으로 나아가는 데 그 강점들을 활용하라는 것입니다.

자신이 싫어하는 분야에서 혁신적일 수 있는 사람은 아무도 없습니다.

[토론용 질문]

01 여러분 조직의 현재 강점은 무엇이고 그 강점을 어떻게 계속 발전시킬 수 있는가?

02 여러분이 도와주고자 하는 사람들의 강점은 무엇이고, 어떻게 하면 그 사람들이 이런 강점을 꽃피울 환경을 조성할 수 있는가?

03 교사들이 자신이 지원받고 있다고 느끼고 모험을 두려워하지 않게 하려면 '멘토링'과 '세세히 관리하기' 사이에서 어떻게 균형을 맞출 것인가?

효과적인 학습이 먼저, 기술은 그 다음이다

관점이 통찰력과 이해를 대신하면 위험한 사치품이 될 수 있다.

—마셜 매클루언 Marshal McLuhan[1]

여행을 떠나기 직전에 저는 형이 조카 비를 담은 사랑스러운 영상을 트위터에 올린 걸 발견했습니다. 너무나 사랑하는 조카들이 뭘 하는지 볼 수 있는 기회를 절대 놓치지 않는 저는 즉시 영상을 확인했고, 비가 하는 행동에 반했습니다. 비는 화장하는 법을 알려 주는 영상을 보고 자기도 그런 영상을 찍기로 결심했습니다. 비는 신중하게 여러 다른 색상을 선택한 뒤 아이섀도, 립 라이너, 마스카라, 블러셔 들을 바르는 법을 보여 주었습니다(이 물건들이 무엇인지 배우기 위해 저도 교습이 필요했습니다!). 당시 비는 네 살이었습니다.

너무도 사랑스럽다는 점 말고도(제 눈에 콩깍지가 씌긴 했지만, 정말로 유튜브에서 '비의 메이크업 교습Bea's Makeup Tutorial'[2]을 확인해 보세요) 이 영상에서 정말로 제게 충격을 준 사실은 학교에 들어가기 전인 이런 어린아이도 다른 사람에게서 무언가를 배우고, 가르칠 기회가 있다는 점이었습니다.

기술은 우리를 참여하는 사람에서 자율적인 권한을 가진 사람으로 바꾸어 줍니다. 또 우리에게 소비할 능력, 그리고 좀 더 중요하게는 무엇인가를 새롭게 만들어 낼 능력을 줌으로써 학습에 더 깊이 파고들 기회를 제공합니다. 프랑스의 철학자이며 작가인 조제프 주베르Jeseph Joubert의 주장은 매우 설득력 있습니다. "가르치는 것은 두 번 배우는 것이다."³ 오늘날 우리는 소셜 미디어 독자와 인터넷 채널 시청자와의 연결과 공유를 통해 역사상 그 어느 때보다 '두 번 배울' 기회가 많아졌습니다.

21세기의 학교 혹은 21세기의 학습?

학교가 모든 면에서 현대적이고 최신 기술을 갖추었다면 21세기형 학교라고 불릴 만하지만, 그렇다고 21세기의 학습을 제공하는 것은 아닙니다. 우리가 예전에 교과서에 나오던 것과 동일한 지식만 접하고 기술을 이용해 과제를 제출하는 정도에 머문다면, 컴퓨터는 1,000달러짜리 연필에 지나지 않습니다. 이런 상황은 미국의 영화배우이자 영화감독인 멜 브룩스Mel Brooks의 옛 영화 〈브레이징 새들스Brazing Saddles〉를 생각나게 합니다. 이 영화에서 마을 사람들은 악당들의 관심을 다른 데로 돌리려고 가짜 마을을 짓습니다. 그런데 돌

풍이 한 번 휘몰아치자 모든 것이 무너지고 마을은 다시 위기에 처합니다. 변화는 겉치레에 불과합니다. 마찬가지로 가르침과 학습에 대한 사고방식을 바꾸지 않고 다수의 최첨단 도구들을 교실에 던져 넣는 것도 겉치레에 불과합니다. 깊이도 실질적인 변화도 없기 때문입니다.

온타리오 교육연구소Ontario Institute for Studies in Education의 연구원이자 전 연구소장이며, 캐나다 출신의 작가이자 학교 개혁 전문가인 마이클 풀란Michael Fullan은 "학습은 운전사이고 액셀러레이터다"라고 말했습니다. 저는 이 말에 동의하지만, 우리 앞에 놓인 학습 기회들을 기술 때문에 알아차리지 못한다면 학습자와 관련이 없을 수도 있는 학습 결과의 속도만 높이는 위험을 무릅쓰는 것이라고 생각합니다. 학습에 초점을 맞춘 결정을 내려야 하지만, 오늘날의 세계에서 어떤 학습 기회들을 이용할 수 있는지도 이해해야 합니다.

저는 또한 풀란의 말을 "학습자는 운전사이고 기술은 액셀러레이터이다"로 바꾸어 볼 것을 제안합니다. 학습자에게 책임을 부여하고 자신의 학습을 주도할 자율적 권한을 주자는 이야기입니다. 기술은 우리에게 학습 속도를 높이고, 증폭시키며 심지어 재창조할 권한을 주고 있습니다. 교육자이자 리더인 우리는 학습자의 역할을 받아들임으로써 이 새로운 기회를 최대로 이용할 수 있습니다. 우리 자신이 학습에 몰두하면, 기술이 우리 학생들에게 주는 기회를 훨씬 더 잘 이해할 것입니다. 학습뿐만 아니라 학습자에게 초점을 맞추면, 우리 학교와 교실의 학생들을 효과적으로 교육하고 자율적 권한을 줄 기회를 받아들이는 더 중요한 도덕적 의무로 주안점이 옮겨 갑니다.

기술은 '단지' 도구일 뿐인가?

"기술은 단지 도구입니다."

저는 지금까지 일하면서 이 말을 너무 자주 한 죄를 지었습니다. 돌이켜보면, 문구에 '단지'라는 말을 넣으면 기술이 기껏해야 선택적인 것으로 들릴 거라고 생각했습니다. 그러나 기술은 실제로 변화를 불러일으킬 수 있고, 예전에는 존재하지 않던 기회도 제공합니다.

여러분은 보청기를 사용해 태어나서 처음으로 소리를 들은 사람들의 영상을 온라인에서 본 적이 있을 것입니다. 제가 가장 좋아하는 영상 중 하나는 '라클런의 첫 보청기Lachlan's First Hearing Aid'[4]입니다. 생후 7주 정도의 아기가 처음으로 보청기를 끼고 소리를 듣습니다. 이 아기가 가족들의 말소리를 듣고 말 그대로 눈이 경이에 차서 빛나는 것을 보았습니다. 방 안의 어른들은 기술과 누군가의 발명품이 이 아기에게 가져다 준 것에 큰 감동을 받지요.

저는 보청기가 필요 없지만 라클런에게는 필요합니다. 이 기술은 라클런에게 큰 변화를 가져왔고, 가장 중요한 것이었습니다. 이 영상을 보면서 저는 "기술은 단지 도구일 뿐이다"라는 말을 다시 생각하게 되었습니다. 또 우리가 기술이 각 개인에게 제공할 수 있는 기회들을 이해하려고 노력해야 하는 때에, 너무 자주 교수법의 틀을 잡는 데 기술을 이용하려고 시도한다는 것도 깨달았습니다.

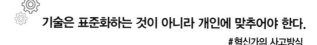

기술은 표준화하는 것이 아니라 개인에 맞추어야 한다.
#혁신가의 사고방식

기술은 표준화하는 것이 아니라 개인에게 맞추어야 합니다. 기술이 라클런의 눈에 가져온 경의의 빛은 많은 학생이 주로 학교의 정형화된 절차 때문에 잃어 버린 그 무엇일 것입니다. 현재 우리에게는 학생의 눈을 그렇게 빛나게 만들 기회가 그 어느 때보다 많습니다. 예를 들어 교실에서 자신의 생각을 거리낌 없이 말하는 데 자신이 없는 학생들도 이제 영상이나 블로그, 혹은 팟캐스트 같은 다른 매체를 통해 의견을 자유롭게 공유할 수 있습니다. 손으로 직접 무언가를 만드는 것이 수월하지 않은 학생들은 이제 마인크래프트^Minecraft와 같은 다양한 블록을 놓고 부수면서 여러 구조물과 작품을 만들 수 있는 게임이나 앱을 통해 새로운 세계를 개발하거나 웹 디자인이나 코딩을 통해 자신의 예술적인 면을 보여 줄 수도 있습니다. 가능성은 무한합니다.

학습자 중심의 결정

학생들에게 학습 방법을 가르치고 싶은 의도와 바람이 아무리 좋더라도 우리는 때때로 알려지거나 편하고 수월한 방식에 기댑니다. 바로 우리 자신을 위해서이지요. 수년 전 우리 학군에서는 모든 관리자에게 블랙베리 모바일 기기를 지급한 적이 있었습니다. 목적은 접근성이었습니다. 지도부는 위급 상황에서 사람들과 쉽게 연락이 되길 원했습니다. 당시 관리자 대부분이 모바일 기기가 없거나 갖길 원하지 않았습니다. 심지어 한 교장은 가는 곳마다 전화기를 들고 다녀야 한다면, 머지않아 저세상 사람이 될 거라고 단호하게 말하기도 했습니다(물론 그 사람은 아직 살아 있으며 아이폰 소유자입니다). 몇 년 뒤로 훌쩍 건너뛰어 봐도 블랙베리는 여전히 선택받았던 기기입니다. 관리자들이 아니라 교육공학IT 부서에게서 말이죠.

캐나다인으로서 이런 말을 하는 게 마음 아프지만 블랙베리는 뛰어난 학습 도구는 아니었습니다. 특히 당시 나와 있던 안드로이드나 iOS 운영체제와 비교하면 더 그랬습니다. 블랙베리는 기업의 요구 충족에 초점을 맞추기 때문입니다. 그 당시 관리자들뿐 아니라 IT 부서 사람들은 블랙베리의 기능에 점차 익숙해졌고, 그들 중 많은 이들이 다른 모바일 기술들을 탐색하길 꺼렸습니다. 처음에는 학생들에게 모바일 기기를 제공하는 데 대한 관심도 크지 않았습니다. 어쨌든 대체 왜 당신은 학생들이 수업 중에 전화를 받거나 이메일에 답장을 보내길 원하는가로 생각이 흘러갔습니다. 그러나 이런 태도는 우리가 아이패드나 아이폰 같은 다른 모바일 기술들을 실험하기 시작하면서 바뀌기 시작했습니다. 우리가 경험한 학습 기회들은 학생들에게 주어진 가능성을 아주 다른 방식으로 보는 데 도움이 되었지요.

이 사례에서 중요한 것은 최상의 모바일 기기 선택이 아닙니다. 이 사례에 주목할 것은 기술이 우리 학생들에게 제공하는 학습 기회와 관련하여 필요한 사고의 전환입니다. 일단 교육자들이 이 기기들을 실험하기 시작하자 어떻게 학습 경험이 상당히 바뀌는지, 어떻게 기기들이 학생들에게 지금까지와 다른 새롭고 더 나은 기회들을 만들 수 있는지 이해하게 되었습니다.

유감스럽게도 학교에서 제공한 스마트폰들은 '업무용 전화'가 되기 쉽습니다. 그러면 교육자들은 기술이 우리와 학생들에게 제공하는 무한한 가능성을 놓칠 수 있습니다. 설상가상으로 학교와 학군에서 구매한 모바일 기기들이 교사들이나 관리자들에게서 받은 반응은 "이젠 어떻게 하죠?"였습니다. 교육청 본청의 한 관리자가 1대당 50달러를 할인받을 수 있어 150대의 아이패드를 구매한 어떤 학교의 사례를 들려주었습니다. 나중에 그녀는 그 학교 교장으로부터 "새 아이패드들을 막 받았습니다. 이제 이것들로 뭘 할 수 있죠?"라는 전화를 받았다고 합니다. 종종 자원이 부족한 교육계에서는 어떤 기기의 잠재력을 제대로 이해하지 못할 경우 더 비싼 비용을 들여 전통적인 방식으로 학습을 계속하게 됩니다. 맹목적으로 기술을 구매한 뒤 "이제 어떻게 하지?"라고 묻는 대신, 학습자 중심의 관점에서 무엇이 가능한지 이해하는 시간을 마련합시다.

지도, 학습, 공유

학군 차원에서 우리는 기술이 효과적으로 사용되길 원하면, 교사들이 학습을 새로운 방식으로 바라보고 경험하도록 도와야 한다는 것을 알게 되었습니다. 이 점을 염두에 두고 우리는 '배우는 리더 프로젝트'를 시작했습니다. 이 프로젝트는 다른 조직에서 교육자들에게 12개 수업에 참석할 기회를 제공하여, 기술에 관해 가르치는 데 성공한 프로그램을 응용한 것입니다. 각 참여자는 12개 수업에 모두 참석한 뒤 개인용 노트북을 받았지요. 우리는 참여자가 기술이 제공하는 기회를 탐구할 수 있을 뿐 아니라, 자신이 배운 것을 공유하고 그 과정에서 리더십을 발달시킬 수 있도록 프로그램 구조를 재편성했습니다. 각 참석자는 적어도 두 개의 수업에서 배운 것을 자신의 학교에 돌아가 공유해야 했습니다. 우리는 또 수업을 12개에서 6개로 줄이고 노트북을 아이패드로 바꾸었습니다.

> 학생들에게 학습 방법을 가르치고 싶은 의도와 소망이 아무리 좋더라도 우리는 때때로 수월하거나 알려져 있거나 편한 방식에 기댄다. 바로 우리 자신을 위해.
> #혁신가의 사고방식

우리는 학군 내의 모든 학교에 적어도 한 사람을 6개의 수업에 보내 달라고 요청했습니다(예산에서 비용을 할당할 의사가 있으면 더 많은 사람을 보낼 수 있었고 실제 많은 학교에서 그렇게 했습니다). 참석자의 기준은 꼭 기술이 뛰어날 필요는 없지만, a) 기술이 제공할 수 있는 기회들을 배우는 데 관심이 있고, b) 자신의 학교에서 지도자격에 있는 교사여야 했습니다. 각 참석자는 연수가 시작되기 2개월 전에 아이패드를 지급받아 학습 경험에 앞서 이 기기와 친해질 기회를 가졌습니다. 참석자는 이 아이패드를 마음대로 사용할 수 있었습니다. 직접 탐구해 보든, 게임을 하든, 집에서 아이들에게 사용하게 하든 상관없었습니다.

보상이 아이패드는 아니었습니다. 이 프로그램의 의도는 학습과 리더십 발달 기회를 만드는 것이었습니다. 아이패드는 학습과 리더십을 위한 정보와 새로운 기회에 접근하게 했습니다. 또한 이 기기는 휴대가 간편하고 광범위한 앱을 이용할 수 있을 뿐 아니라 창작할 수 있는 기능도 뛰어나, 다른 사람과 학습을 공유하는 것을 재미있고 쉽게 만들었습니다.

우리는 수업에서 앱에 초점을 맞추지 않기로 했습니다. 유치원 교사부터 2학년 교사까지 참석자들의 범위가 다양했기 때문에 앱에 초점을 맞추는 것은 부적절했습니다. 자신과 특별히 관련이 없는 수업을 끝까지 앉아서 듣길 원하는 사람은 아무도 없을 것입니다. 대신 우리는 기술이 제공하는 새로운 학습 기회들을 탐구했습니다. 우리는 참가자가 학습에 대한 주도권을 가지고 스스로 방법을 찾기 원했기에, 기술의 적절한 잠재력과 힘을 탐구하면서 교육 이념들을 토론하는 데 많은 시간을 썼습니다. 그 이유는 교육자들이 "왜?"라고 묻지 않으면 '어떻게?'와 '무엇을?'에까지 나아가지 못하기 때문입니다.

우리는 또한 참가자가 단지 수업을 준비한 사람뿐 아니라, 다양한 사람에게서 배우는 환경을 만들고 싶었습니다. 유튜브 영상을 보든, 교육 전문가와 스카이프 영상통화를 하든, 혹은 얼굴을 마주 보며 이야기를 나누든 우리가 서로에게서 어떻게 배울 수 있는지에 초점을 맞추었습니다. 경험은 모든 사람의 학습을 심화시킵니다. 그리고 전 세계적으로 유명한 발달학습 이론의 권위자인 세이무어 페퍼트Seymour Papert가 아래 설명한 것처럼 교사들은 단지 가르치기 위해서가 아니라, 자기 자신을 위해 배우는 이런 기회가 절실하게 필요합니다.

> 내가 더 나은 목수가 되길 원한다면 나는 훌륭한 목수를 찾아 볼 것이고 이 목수와 함께 일하며 목공 일을 하거나 무언가를 만들 것이다. 이것이 내가 더 나은 목수가 되는 방법이다. 따라서 내가 더 나은 학습자가 되고 싶다면 좋은 학습자인 누군가를 찾아서 이 사람과 함께 학습할 것이다. 하지만 우리 학교들은 이와 반대로 하고 있다. 우리는 교사에게 무언가를 배우게 하지 않는다. 또 아이들에게 교사와 더불어 배울 수 있게 하지 않는다. 이런 방식은 이미 알려진 내용을 가르치는 현재의 교과 과정의 개념과 맞지 않기 때문이다.[5]

그리하여 이 프로젝트에는 '배우는 리더'라는 제목이 붙여졌습니다. 참석자는 다른 사람들을 이끌도록 돕는 동시에, 오늘날의 세상에서 학습이 어떤 모습이어야 하는지에 관한 사고방식을 변화시킬 기회를 가졌습니다.

배우는 리더들 자체가 다양한 교사로 구성되었습니다. 각 개인이 편안함을 느끼는 기술의 수준과 전문지식이 달랐기에 프로그램을 마칠 때 기대한 것은 모든 사람이 동일한 지점에 도달하는 것이 아니라, 모든 사람이 발전하는 것이었습니다. 그리고 참가자들은 배운 것을 체화하여 각자의 학교에서 공유했기 때문에, 많은 학교에서 기술에 대한 생각과 태도가 상당히 바뀌었습니다.

방향 바꾸기

미국의 우수한 교육을 위한 연맹Alliance for Excellent Education에서 주 및 지역 학군의 디지털 학습 책임자로 일하는 톰 머레이는 그의 기사 '기술 책임자들이 도태되지 않기 위해 취할 수 있는 10단계'에서 교육계 IT 부서들의 역할 변화에 대해 이렇게 주장했습니다.

지역 학군 기술 책임자의 전형적인 역할은 구식이 되었다. 미국 내 많은 지역들의 일반적인 교사와 이야기를 나눠 보면 기술 부서가 직원과 학생들의 교육적 필요조건을 충족시키기보다 방해가 된다는 인식이 더 크다. 시대에 뒤떨어진 책임자가 이끄는 많은 기술 부서는 본의 아니게 학습을 방해하고 있다. "잠그고 차단하라"라는 주문은 21세기의 디지털 학습 환경에서 더 이상 효과적이지 않다.[6]

머레이는 스스로 교실 안과 밖에서 교육자와 시간을 보내고, 전문성 개발을 주도하고, 학생들에게 도움이 되기 위해 고안한 아이디어를 통해 혁신을 이끄는 등, IT의 역할 개선과 관련된 의견을 제시했습니다. 우리는 물건을 고치는 시간을 줄이고 심도 깊은 학습에 더 많은 시간을 쓸 수 있도록, 안전한 환경을 만들고 장애물을 제거해 가야 합니다.

다행히 우리 교육청의 IT 부서는 많은 학교에서 혁신이 꽃피는 것을 지원하기 위해 아이들과 교육자들을 어떻게 도와야 하는지에 초점을 맞추고 있습니다. 우리가 학생들을 위해 개발하길 원하는 학습에 근거한 결정을 내리기 위해서는, IT 부서 직원들과 협력하면서 그들에게 우리가 원하는 학습 환경을 조성할 자율적 권한을 주어야 합니다.

이런 개념에 근거해 IT 와 협업하며 학생을 고려한 결정을 위한 대화에 도움이 될 수 있는 네 가지 질문을 소개합니다.

1. 아이들을 위해 가장 좋은 것은 무엇인가?

이는 단지 IT 부서에만 해당하는 것이 아니라 우리 모든 업무의 지침이 되어야 하는 질문입니다. 예를 들어 많은 소셜 미디어 사이트를 차단하겠다는 사고방식에는 그 방법이 아이들을 안전하게 보호한다는 판단이 깔려 있습니다. 하지만 장기적으로 아이들을 위해 가장 좋은 방법은 급변하는, 정말로 복잡한 이 세상을 혼자서 스스로 이해하도록 놔두는 것이 아니라, 어떻게 방향을 찾을지 교육시키는 것입니다. 이런 사이트를 허용하도록 결정했다면, 학생들이 디지털 시민성과 자신의 디지털 발자국에 관해 반드시 이해하도록 교실에서 어떤 조치가 이뤄지는지 질문하십시오. "이 사이트를 허용하세요"라고 말하는 건 쉽습니다. 하지만 그렇게 한다면 아이들과 협력하여 그들의 온라인 안전을 확보해야 합니다. 이 질문은 교육 리더, 교사, IT 담당자가 서로를 어떻게 도울 수 있는지 이해하는 데 도움이 됩니다.

2. 이 방법은 학습을 어떻게 향상시킬까?

과거에 저는 기업용 응용 프로그램들을 학교에 억지로 도입하는 것을 봐왔습니다. 어쩌면 강매하려는 소프트웨어 영업사원 때문일 수도 있고, 아니면 소프트웨어를 다용도로 사용하는 것이 경제적으로 책임감 있어 보이기 때문일 수도 있지요. 그러나 교육자들도, IT 부서도 이 새로운 프로그램이나 소프트웨어가 학생들의 학습을 어떻게 향상시킬지 설명하지 못한다면, 우리는 잠시 멈추고 왜 그 프로그램을 모든 컴퓨터에 깔고 있는지 물어야 합니다.

이 질문은 교육자나 IT 부서원들이 던질 때 더 효과적입니다. 예를 들어 어떤 교사가 학술회의에 참가했다가 모든 컴퓨터에 설치해야 한다고 생각되는 멋진 소프트웨어를 알게 되었다면, 왜 그 소프트웨어가 학습에 꼭 필요한지 IT 부서에게 설명할 수 있어야 하고, 반드시 설명해야 합니다. 그 프로그램이 정말로 가치 있거나 적절한지 알아보기 위해 한두 학급에서 실험하는 것도 좋겠지만, 어떤 소프트웨어 기술을 모든 학생을 위해 도입해야 하는 무언가로 권하려면 학습에 어떻게 도움이 되는지 설명할 수 있어야 하겠지요. 어느 쪽도 이 질문에 답하지 못한다면 우리는 시간과 자원을 낭비하고 있는 것입니다.

학습자는 운전사이고 기술은 액셀러레이터이다.
#혁신가의 사고방식

3. 우리가 (   )을 한다면 위험 대비 보상은 무엇일까?

많은 IT 부서에서는 위험 평가를 살펴보고 위험이 낮거나, 가급적이면 아예 위험이 없기를 원합니다. 그렇다면 무언가를 할 때 보상에 대해서는 얼마나 자주 살펴볼까요? 예를 들어 많은 학교가 트위터를 완전히 차단합니다. 소셜 미디어 사이트 접속을 학생에게 허용할 때 위험이 발생하는 것은 인정합니다. 그러나 이런 사이트에 접속하는 것을 허용하면서 "우리는 널 믿어"라고 말하면 엄청난 반대 급부를 불러올 수 있습니다. 당신이 보인 신뢰로 관계가 돈독해질 뿐 아니라, 학생들과 교육자들이 인적 네트워크를 형성하고 학습 기회를 확장할 수도 있습니다. 유튜브를 허용할 경우의 위험을 평가할 때, 구글에 이어 세계에서 두 번째로 많이 사용되는 검색 엔진에서 이용 가능한 학습 기회라는 반대 급부도 고려해야 합니다. 저는 사이트 접속을 허용할 때 잃는 것보다는 얻는 것이 더 많다고 생각합니다. 그 사이트가 학생들에게 도움이 되게 사용하는 법을 지도할 의사가 있다면 말이지요. 아무튼 교육자는 그저 "왜 유튜브 접속을 허용하지 않나요?"라고 묻는 대신, 접속을 허용할 때의 반대 급부를 설명할 수 있어야 합니다.

4. 이것은 소수에게만 도움이 되는가? 아니면 다수에게 유익한가?

이는 어떤 정책을 수립할 때나 꼭 필요한 질문입니다. 하지만 어떤 까닭에서인지 우리는 기술에 관한 문제에는 지나치게 흥분하는 것 같습니다. 어떤 학생이 연필로 다른 학생을 찔렀더라도 그날 수업이 끝날 즈음이면 다시 연필을 사용할 수 있습니다. 하지만 한 학생이 사이버 왕따를 당하면, 일부 학교는 소셜 미디어를 완전히 차단하는 방법으로 이 문제에 대응합니다. 이런 조치는 지나친 과잉반응처럼 보입니다. 새로운 정책이나 절차를 학교 전체에 제시할 때, 항상 우리는 소수의 실수 때문에 모두를 벌하지 않도록 해야 합니다. 혁신적인 환경은 불신이 아니라 신뢰를 바탕으로 조성되어야 하기 때문이지요.

이런 질문들을 던지면 IT 부서 리더와의 대화가 훨씬 더 유익해질 것입니다. 그리고 이러한 솔직한 논의가 낳은 결과는 학생들에게 무한한 기회를 제공합니다.

앞으로 나아가기

앞으로 나아가면서 우리는 "이 학습자를 위해 무엇이 가장 좋은가?"라는 질문을 반드시 던져야 합니다. 학습자는 운전사이고 기술은 액셀러레이터라는 것을 잊지 마십시오. 지금은 교육에서 우리 모두가 학습자라는 개념을 받아들이는 것이 그 어느 때보다 중요합니다. 우리 자신의 사고를 끊임없이 확장하고 평가할 때만이 우리 학생들에게 마땅히 주어져야 하는 환경을 조성할 수 있습니다.

[토론용 질문]

01 여러분은 스스로의 업무에서 어떻게 새로운 학습 기회들을 탐구하고 모범을 보이는가?

02 여러분은 여러분이 속한 조직에서 새로운 기술을 이용한 비공식적인 학습과 탐구, '놀이'가 이뤄지도록 어떤 기회들을 제공하는가?

03 여러분은 어떤 방식을 통해 학생과 직원을 위해 '표준화된' 교육 기회에서 '개인에게 맞춤화된' 교육 기회를 만들어 가고 있는가?

적을수록 더 좋다

모든 것을 가능한 한 단순하게 만들어야 한다.
하지만 지나치게 단순하게 만들어서는 안 된다.

-알베르트 아인슈타인

단순화할 수 있다는 것은 필요한 것이 드러날 수 있도록
불필요한 것을 제거한다는 뜻이다.

-한스 호프만 Hans Hofmann

참조자가 최소 10명인 엄청나게 긴 업무 메일을 받은 적이 있습니까? 당신의 업무와 관련된 부분이 있는지 찾으려고 그 긴 메일을 꼼꼼하게 살피는 건 전혀 즐겁지 않습니다. 사실 대충 훑어보거나 아예 읽지도 않고 삭제 버튼을 누를 가능성이 더 높습니다. 정보 과부하에 시달리는 세계에서는 분명 적을수록 더 좋습니다.

애플 출신의 인기 작가 가이 가와사키Guy Kawasaki는 경영대학원이 학생들에게 무엇을 가르쳐야 하는지에 대한 질문에 소통에 관한 것은 적을수록 좋다고 설명했습니다.

경영대학원은 5문장으로 된 이메일과 10장으로 된 파워포인트 프레젠테이션으로 소통하는 법을 가르쳐야 한다. 모든 학생에게 그것만 가르

쳐도 미국의 비즈니스는 훨씬 더 나아질 것이다.

《전쟁과 평화》를 이메일로 읽고 싶은 사람은 없다. 누가 그럴 시간이 있겠는가? 한 시간의 회의를 위해 60장의 파워포인트 슬라이드를 보는 것도 마찬가지다.

당신이 학교에서 배우는 것은 현실 세계에서 일어나는 것과 반대다. 학교에서 당신은 항상 최소치를 걱정한다. 20페이지를 작성해야 하거나, 슬라이드 혹은 그와 비슷한 무엇이든 많이 준비해야 한다. 그러다가 당신은 현실 세계에 나가가서도 "최소한 20페이지와 50장의 슬라이드가 있어야 돼"라고 생각한다.[1]

지금은 교육기관들이 그 어느 때보다 폭보다 깊이에 더 초점을 맞춰야 할 때입니다. 항상 양보다 질을 우선해야 합니다. 하지만 교사가 새로운 계획과 조직의 무수한 목표 사이에서 허우적댄다고 느끼는 학교에서는 이렇게 하기 어렵습니다. 교육자나 조직이 충족시켜야 하는 많은 요구사항에 짓눌린다고 느끼는 곳에서는 수업시간에 학습 위주의 심도 깊은 탐구보다는 교과 과정을 쳐내는 데 집중합니다.

'적을수록 더 좋다'는 리더들이 따르면 좋은 규칙입니다. 우리가 신중하지 않으면 혁신과 심도 깊은 학습을 북돋우는 대신, 혼란과 극도의 피로를 촉진할 수 있습니다. 새로운 계획을 추가하기 전에 스스로에게 질문해 보십시오. 이 일이 이미 업무가 산더미인 교육자들의 일거리를 늘릴 것인지 줄일 것인지를요. 이 새로운 프로그램이나 계획이 우리의 비전을 달성하는 데 도움이 될 것인지, 그리고 구체적으로 학습에 어떤 영향을 미치는 것을 목표로 할지 스스로 물어 봐야 합니다.

앞으로 나아가면서 저지르는 실수

교장으로 부임한 첫해에 저는 기술이 직원들에게 제공하는 모든 기회에 몹시 흥분했습니다. 시중에 나온 멋진 웹사이트와 각종 개발 도구를 죄다 살펴보았고, 우리가 그 모든 공짜 기술들을 충분히 이용하지 않는다는 건 말도 안 된다고 생각했습니다. 그래서 수중에 들어오는 건 닥치는 대로 모두 직원들에게 전달했습니다. 트위터는 교육 개선 방법에 대한 기사를 다룬 무수한 링크뿐 아니라, 교실에서 지금 당장 시행할 수 있는 요령과 기법들을 제공했습니다. 저는 이런 요령과 트위터 메시지들을 직원들과 공유해야 한다고 느꼈습니다. 우리가 그 모든 자료와 아이디어들을 이용할 수 있도록, 팀원들을 부추기고 싶었습니다.

그러나 이는 잘못된 행동이었습니다.

제가 더 많은 것을 공유할수록 직원들은 더 많이 억눌린다는 사실을 알아차렸습니다. 더 많은 선택권을 제공할수록, 직원들이 각각의 선택권을 사용하는 일은 줄어들었습니다. 선택권이 너무 많았던 탓이지요. 또한 공유한 모든 것을 받아들인 직원들조차 이 도구와 아이디어가 학생들의 학습 경험에 어떠한 영향을 미칠 수 있는지에 대해서는 수박 겉핥기식으로 대응하고 있음을 눈치챘습니다. 우리 학교가 '흔해 빠진' 학교로 보이기 시작했습니다. 우리는 모든 분야에 대해 알지만, 한 분야에도 통달하지 못한 것이지요. 이것은 누구의 잘못도 아닌 순전히 제 잘못이었습니다. 한마디로 저는 제 팀에게 명확한 주제 없이, 너무 많은 선택권을 던진 것이었습니다.

선택의 역설

제가 가장 좋아하는 테드 강연 중 하나는 배리 슈워츠의 '선택의 역설'입니다. 슈워츠는 너무 많은 선택권이 주어진 세계에서 사는 것이 우리를 얼마나 불행하게 만드는지 설명합니다. 같은 제목의 책에서도 슈워츠는 선택이 불러오는 위험에 관해 기술하고 있지요.

사람들에게 선택권이 전혀 없으면, 삶은 거의 견디기 어렵게 된다. 소비자 문화에서와 같이 가능한 선택지의 수가 늘어나면 이런 다양성은 강력하고 긍정적인 자율성, 통제권, 자유를 불러온다. 하지만 선택지의 수가 계속 늘어나면 다수의 대안이 가진 부정적인 측면들이 나타나기 시작한다. 선택지 수가 더 늘어나면 부정적인 측면들이 더 커져서 결국 우리는 과부하에 걸린다. 이 시점이 되면 선택권은 더 이상 자유를 주는 것이 아니라 우리를 약하게 만든다. 압제를 가한다고 말할 수 있을 정도다.[2]

이렇게 당황스러웠던 첫해를 보낸 뒤 저는 직원들에게 "당신이 실제로 일에 사용할 수 있는 몇 가지 기술만 선택하는 편이 더 나을까요?"라고 묻기 시작했습니다. 그러자 강한 동의가 이어졌습니다. "당연하죠! 제발요!" 많은 교육자가 기술의 중요성을 이미 알고 있습니다. 어디에서 시작해야 할지 모를 뿐이지요. 교육의 많은 다른 측면에서도 마찬가지입니다. 생각해 봅시다. 학교의 팀들 중에서 지난 3년간 자신들이 한 일 10가지를 쉽게 열거할 수 있는 팀이 얼마나 될까요? 계획이 너무 많으면 겉핥기에만 그치고, 최신 접근 방식의 목적을 거의 기억하지 못하게 됩니다. 유행한 기술이 3년 전에 '필수'였던 이유는 더더욱 기억하지 못할 것입니다. 두루두루 피상적인 접근이 아니라 깊이 파고들기 위해서는, 심지어 좋은 아이디어라고 해도 모든 새로운 아이디어를 즉각 시행해야 한다는 사고방식을 바꾸어야 합니다. 모든 것을 시도하는 대신, 학습자들이 알고 행하길 원하는 부분에 초점을 맞추고, 공동체가 함께 정한 비전과 일치하는 학습 경험을 만들 수 있는 자원들을 선택하여 숙달해야 합니다.

**많은 교육자가 기술의 중요성을 알고 있다.
어디에서 시작해야 할지 모를 뿐이다.**
#혁신가의 사고방식

**새롭고 더 나은 아이디어가 도출되도록 탐구와 협력을 위한
시간을 충분히 마련하자.**
#혁신가의 사고방식

예를 들어, 교육자 버나진 포터Bernajean Porter는 교육 기술에 대해

사용 가능 단계에서 응용하는 단계, 그리고 더 나아가 변화를 일으키는 단계까지 이르는 과정에 대해 이야기했습니다. 아이패드를 예로 들어 이 세 영역이 어떻게 나뉘는지 살펴보겠습니다.

- 사용 가능 단계라면 기기를 조작할 수 있다. 기기를 켜고, 작동시키고, 앱을 실행시키는 법을 안다.
- 응용하면서 기기를 사용하는 단계는 예전에 낮은 수준의 기술로 하던 일을 새로운 기술을 이용해서 하고 있다는 뜻이다. 예를 들어 아이패드로 메모를 하거나 교과서를 읽는다.
- 변화를 일으키며 기기를 사용하는 단계는 예전에는 할 수 없었던 무언가를 이 기기로 하고 있다는 뜻이다. 예를 들어 영상을 만들거나 블로그를 통해 전 세계 사람들과 연결되거나 언제, 어디서라도 교실의 다른 학생들과 어떤 항목을 공유할 수 있다.

'50개의 무료 도구'를 다루는 한 시간짜리 워크숍에 참여한다면, 각 도구에 대해 사용 가능 단계에 도달하는 행운을 얻을 것입니다. 그러나 이런 개괄적인 수업들은 대부분 교육자들에게 각 도구가 학습에 영향을 미치는 잠재력의 한계를 허물 수 있는 힘을 주기보다는, 도구로 무엇이 가능한지 겉핥기 식으로 다루는 데 그칩니다. 직원들에게 선택권을 더 적게 제시하라는 말이 납득이 잘 안 될 수도 있습니다. 하지만 그렇게 하면, 그리고 새롭고 더 나은 아이디어들이가 도출되도록 탐구와 협력할 시간을 충분히 주면, 기술이 변화를 일으키는 단계까지 나아가는 데 도움을 얻을 것입니다.

창작에 맞춘 초점

고립된 소비자가 아니라 상호작용을 하는 생산자가 되어야 한다.
–존 실리 브라운 John Seely Brown

창의성은 우리가 다르게 생각하기 시작하는 지점이고, 혁신은 창의성이 활기를 띠는 지점입니다. 저의 첫 번째 목표는 학생들이 자신을 창작자로 인식하게 하는 것이었습니다. 실제로 학습은 학생들이 창작을 할 때 이뤄지기 때문입니다. 그저 칠판에 필기만 하거나 문제집만 풀게 하는 교사로부터 영감을 받는 학생이 얼마나 될까요? 정보를 받아 적고 그대로 되뇌길 기대할 때 흥미를 갖기란 힘든 일입니다. 학습이란 우리가 아는 것을 이용해 무언가를 만들어 낼 때 이뤄지기 때문이지요.

창작은 학생들의 학습에서 뿐만 아니라 교육자로서의 우리 업무에서도 얻으려고 노력하는 것입니다. 교육의 모든 측면에서, 우리가 배우는 것보다 그 배운 것을 이용해 창작하는 것이 더 중요합니다. 일을 줄이는 데 초점을 맞추면, 겉핥기만 하는 학습을 넘어 실제로 탐구할 수 있는 시간이 허용되기 때문에 우리 교육자의 발전과 혁신을 가져오는 지식을 쌓을 수 있습니다.

창의성은 우리가 다르게 생각하기 시작하는 지점이고,
혁신은 창의성이 활기를 띠는 지점이다.
#혁신가의 사고방식

유튜브에 올라온 '창의성에는 시간이 필요하다Creativity Requires Time'라는 영상에서는 초등학교 학생들에게 단 10초 만에 시계를 그려보라고 요청합니다. 그 결과 나온 그림들은 대부분 비슷했고(분을 나타내는 숫자가 표시된 원 안에 바늘 두 개), 그림을 그리는 과정에서 창의성은 전혀 발휘되지 않았습니다. 학생들은 짧은 시간 안에 무언가를 창작해야 한다는 조급함에 쫓겼기 때문입니다. 그런 다음 학생들에게 10분이라는 시간을 주고 같은 과제를 완성하게 했습니다. 그러자 이번에는 훨씬 더 창의적인 그림들이 나왔습니다. 고양이와 연, 심지어 사람으로 시계를 표현한 그림까지 다양한 결과가 나타났지요. 이 영상은 '시간적 압박은 창의성을 불러일으키지 않으며', '탐구하고 창작할 시간이 무언가 새로운 것을 만드는 데 있어 매우 중요하다는 것'을 보여 줍니다.[3]

충분한 시간을 허용하라는 이 개념은 교육자로서 우리가 하는 일에 적용될 수 있고, 적용되어야 합니다. 반복 활동이 아닌 창작과 의미 있는 활동으로 나아가려면 충분한 시간을 할애할 필요가 있습니다. 무수하게 많은 '계획'으로 학습이 분산된다면 우리는 덜 혁신적이 될 수밖에 없습니다.

공통의 목표

학습은 한 학년이 끝나면, 두 달간 멈췄다가 다음 학년이 시작할 때 새로 시작하는 것이 아닙니다. 학습은 띄엄띄엄 이뤄지는 것이 아니라 지속적이고 동시다발적이며 연속적으로 이뤄집니다. 지금까지 항상 그랬습니다. 하지만 기술을 깊이 있게 사용하면, 이제 학생들의 학습을 예전에는 불가능했던 방식으로 가시화할 수 있습니다. 우리가 접근할 수 있는 도구들을 사용하면, 학생들이 세상과 학습 목표를 연결시켜 지식을 응용하고 새로운 아이디어를 떠올리도록 돕는 것이 수월해집니다.

교장으로 첫해를 보낸 뒤 우리는 초점을 좁혀 우리가 협력할 수 있고 지역적, 세계적으로 아이디어를 공유할 수 있게 해줄 세 가지 도구를 선택했습니다. 혁신 문화를 조성하겠다는 목표에 따라 선택한 다음 도구들은 학습, 혁신, 그리고 학생에게 필요한 것의 충족을 도울 수 있습니다.

1. 교육용 구글 앱들

지역적, 세계적 소통을 촉진합니다.

2. 디지털 포트폴리오로 사용되는 블로그

평가 방법을 개선하고 다시 생각하게 합니다.

3. 트위터

전문적 학습을 지원하고 개인적 학습 네트워크 개발을 돕습니다.

우리 팀에서 이 세 가지 도구는 표준 업무의 일부가 되었습니다. 우리는 모든 과목의 교사가 이 도구들의 기능을 어떻게 활용할지에 초점을 맞추어, 가르치고 배우는 방식을 변화시키는 데 활용할 수 있었습니다. 예를 들어 우리는 블로그를 이용해 포트폴리오를 작성하는 데 중점을 두었습니다. 블로그는 모든 학급의 교사가 운영할 수 있기 때문입니다. 우리의 블로그는 학습을 가시화하고, 쉽게 공유하는 데 도움이 되었습니다. 영어 교사는 게시물들을 작성해 학습 내용을 공유하고, 체육 강사는 기량 향상을 보여 주는 영상을 올릴 수 있습니다. 미술 교사는 미술 작품 사진을 올리고, 언어 교사는 제2의 언어를 배우는 요령에 관한 팟캐스트 서비스를 할 수 있지요. 이 모든 형태가 우리의 디지털 포트폴리오에 쉽게 적용됩니다. 더 중요한 것은, 교육자가 이 도구들을 사용하는 게 편해지면서 도구들이 학생들의 학습에 미칠 수 있는 영향을 이해하기가 훨씬 쉬워졌다는 점입니다.

리더로서 저는 사람들이 잠재력을 발휘하도록 돕고 싶습니다. 이는 그들을 위해서도 좋고 우리 학생들에게도 도움이 되기 때문이지요.
#혁신가의 사고방식

여러분은 위에서 제시한 각각의 예에서 모든 교사가 더 큰 목표와 연결되는 목적을 공유했다는 것을 알아차렸을 것입니다. 각 교사가 이 공간에 무언가를 더하는 방식은 자율적이었습니다. 저술가이자 동기부여 전문가인 다니엘 핑크는 각 개인의 발달에 있어 목적과 자율성이 왜 결정적이고 중요한 요소인지 설명했습니다. "인간은 자율적이며, 스스로 결정하고, 타인과 서로 연결되고 싶다는 타고난 내면의 욕구가 있다. 이 욕구가 해방되면 더 많은 것을 성취하고 더 풍요로운 삶을 산다."⁴ 리더로서 저는 사람들이 잠재력을 발휘하도록 돕고 싶습니다. 그들을 위해서도 좋고 우리 학생들에게도 도움이 되기 때문이지요.

참고로 앞에서 저는 우리 학생들에게도 블로그 포트폴리오를 작성하는 비슷한 기회가 주어졌다고 언급했습니다. 유치원부터 고등학교 3학년까지의 포트폴리오를 종이로 만들어 관리하기는 불가능합니다. 기술은 이 일을 간단하게 만들어 주지요. 우리는 그저 우리 모두가 한 아동의 발달 과정에서 일부를 차지하고 있고, 블로그 포트폴리오에서 가시화되는 하나의 연결 부분이라는 것을 알기만 하면 됩니다. 마찬가지로 이 일이 한 달이나 일 년 만에 완성될 프로젝트가 아니라는 것도 명심해야 합니다. 이 장기적인 계획은 모든 변화와 마찬가지로 인내와 끈기, 초점이 필요하기 때문입니다.

탐구할 시간을 허용하기

너무 많은 선택권을 제시하면 압도당하는 느낌을 불러일으킬 수 있지만, 그렇다고 지정된 도구나 자원들만 탐구하도록 해서 리더들이 직원들에게 제약을 가하지 않도록 조심해야 합니다. 도구를 일관되게 사용하면 혁신적인 사용법을 개발할 수 있지만, 당신이 끊임없이 탐구를 격려하고 모범을 보이지 않으면 교육 활동이 정체될 수도 있습니다. 저는 의식적으로 직원들에게 너무 많은 아이디어를 퍼붓지 않으려고 하는 한편, 새로운 아이디어들을 찾고 시도하라고 격려합니다. 탐구와 시행착오는 혼란을 불러일으키긴 하지만, 어쨌거나 이는 종종 효과적인 학습으로 이어집니다. 사람들이 자신이 하고 있는 일을 스스로가 넘어설 수 있다고 믿는다면, 저는 그들이 그것을 시도하길 원합니다. 제가 요구하는 한 가지는 자신의 전문지식과 새로 배운 것을 다른 사람들과 공유하여 우리가 함께 비전을 향해 나아가도록 돕자는 것이지요. 궁극적으로 우리 리더들은 직원의 '그릇'에 중요한 것을 더하고 불필요한 것을 제거할 때, 사람마다 업무를 소화할 수 있는 그릇의 크기가 다르다는 점을 인정해야 합니다.

각 학교와 교실에 적용되는 고유한 혁신

앞서 논의한 대로 혁신이 기술통합에 한정되어서는 안 됩니다. 오히려 혁신은 당신의 학교 공동체가 중요하다고 생각하는 분야에 초점을 맞춰야 합니다. 기술은 건강이든, 로봇 공학이든, 시각 예술이든, 행위 예술이든 어떤 프로그램에서도 혁신을 가속화할 수 있습니다. 여러분은 저마다의 비전과 독특한 상황을 바탕으로 여러분의 문화 일부가 될 아이디어들을 떠올리고 시행하길 원할 것입니다.

캐나다 웨스트밴쿠버 학군West Vancouver School District의 교육감 크리스 케네디는 인터뷰에서 이 지역의 학교들은 계획에 초점을 맞추지 않고, 대신 '교사 혁신팀'을 만든다고 말했습니다. 각 팀은 학군의 발전을 돕는 아이디어를 연구하고 발전시키는 데 초점을 맞춥니다. 케네디는 '계획안'이라는 용어는 기반시설 개선과 기술 도입 같은 일들을 가리키는 데 사용하고, 학습에서는 구조와 방향에 더 초점을 맞추었습니다. 3부 '강점 기반 리더십' 장에서 논의한 것처럼, 이 소수의 분야에서 앞서 나가도록 팀을 발전시키려면, 참여하는 사람들이 관심 없는 일을 이끌도록 강요받지 않고 해당 분야에 열정을 가지고 있을 때 성공을 거둘 가능성이 큽니다. 케네디가 조직을 위해 전력을 기울인 세 가지 주요 분야는 탐구, 자기관리, 디지털적 접근이었습니다. 또한 그는 학교마다 각 분야의 상황이 다르고, 그렇기 때문에 마법이 일어난다고 강조했습니다. 모든 학교와 교실에 일률적인 똑같은 아이디어를 내는 '혁신팀'을 만든다면, 혁신의 가장 중요한 구성요소인 '개인에 대한 공감'을 간과하는 것이지요. 교육에서는 우리가 일하는 공동체에 대한 이해가 각각의 독특한 공동체에서 혁신을 꽃피우는 데 필수 요소가 됩니다.

하지만 기초적인 것들은?

단순함은 뻔한 것을 제거하고, 의미 있는 것을 더하는 것이다.
-존 마에다John Maeda[5]

조직 내의 '혁신'과 '21세기의 학습'에 관한 이 모든 논의에서 어떤 사람들은 읽고 쓰고 계산하는 기초적인 학습이 간과될까 우려합니다. 그러나 실제로는 많은 조직에서 정반대 현상이 일어나고 있습니다. 혁신은 학생이 기본을 배우도록 요구합니다. 하지만 우리가 학생을 가르치기 시작하는 방법은 지난 세월의 그것과 다르게 보일 수 있습니다. 기본은 중요하지만, 우리가 학생들에게 가르치는 유일한 것이 될 수는 없습니다. 2012년 국제교육기술협회ISTE, International Society for Technology in Education 회의에서 미국의 유명한 교육가이자 작가인 용 자오Yong Zhao가 이 점을 훌륭하게 요약했습니다. 그는 "읽기와 쓰기는 바닥이어야지 천장이 되어서는 안 된다"라고 말했습니다.[6] 우리가 세계에서 이미 일어나는 변화를 인정하고 받아들이지 않는다면, 아이들에게 미래를 준비시키는 것을 잊을 수 있습니다. 심지어 현재도 따라가지 못할 것입니다.

> 기술은 건강이든, 로봇 공학이든, 시각 예술이든, 행위 예술이든
> 어떤 프로그램에서도 혁신을 가속화할 수 있다.
> #혁신가의 사고방식

2010년에 캐나다 앨버타 주정부 교육Albert Education은 전인교육에 초점을 맞추기 시작했습니다. 이 접근 방식에서는 기초적인 것들이 학습의 핵심을 이루었지만, 이것들은 시작일 뿐이었지요. 학생을 모든 것의 중심에 두기 시작했고, 그 다음으로 읽고 쓰는 능력과 산술 능력에 초점을 맞췄습니다. 그리고 여기에서부터 출발해 협력과 리더십, 비판적 사고와 문제 해결, 창의성과 혁신, 사회적 책임, 소통,

디지털 기술에 대한 이해와 활용 능력, 평생학습 같은 기량으로 교육 범위를 확장했습니다.

그렇다면 이런 접근 방식이 교실에서는 어떤 모습으로 나타날까요? 가령 한 초등학교 학급의 학생들이 읽고 쓰는 능력을 향상시키기 위해 '일기'를 쓴다고 해봅시다. 전통적 방식에서는 학생들이 한 번 글을 쓰고, 학급의 규모에 따라 교사가 모든 학생에게 답을 해주느라 15~30번씩이나 꼬릿말을 달아왔습니다. '전인적 아동' 접근 방식에서는 학생들에게 블로그를 학습 포트폴리오로 사용하게 하여, 이와 동일한 읽고 쓰기 목표를 달성할 수 있습니다. 학생들은 자신의 글을 올린 뒤, 다른 급우 다섯 명의 블로그 글에 꼬릿말을 다는 과제를 받습니다. 그러면 글을 한 번만 쓰는 것이 아니라 최소한 6번 쓰게 되고, 자기 블로그에 달린 꼬릿말에 답을 달 경우는 글을 쓰는 횟수가 더 늘어나지요. 학생들은 여전히 글을 읽고 쓰고 있고(우리가 학생일 때 주어졌던 기회보다 더 많이), 그와 동시에 협력과 소통, 디지털 시민성, 비판적 사고에 대해 더 깊이 이해하고 있습니다.

교육에서 시간은 가장 귀하고 부족한 자원입니다. 그렇기 때문에 우리는 학생들이 주어진 시간 내에 한 가지 목표 이상을 배울 기회를 반드시 마련해야 합니다. 우리가 하는 일의 수준을 계획적으로 향상시키면서 일을 줄이는 것이 중요합니다. 제가 위에서 제시한 예는 글을 정확하게 이해하고 자신의 생각을 표현하는 읽고 쓰는 능력은, 단순한 읽고 쓰기보다 훨씬 많은 걸 뜻한다는 것을 보여 주는 수많은 근거 중 하나입니다. 블로그에 글을 올리고, 팟캐스트를 공유하고, 영상을 만드는 것은 기술을 통해 교육자가 학습 경험을 최대한 활용할 수 있는 몇 가지 방식일 뿐이지요. 이러한 각각의 활동은 학생들이 기초 학습뿐 아니라 타인들에게서 배우고 소통하는 준비를 갖추기 위해 필요한 실질적인 대인관계 기술을 익히는 데도 도움이 됩니다.

앞으로 나아가기

누군가가 "당신이 속한 학교나 조직이 탐구하는 세 가지 중요한 일이 무엇인가요?"라고 물어본다면 당신의 교직원들과 학생들은 뭐라고 대답할까요? 전부 동일한 세 가지를 말할까요? 아니면 두 자릿수가 넘는 많은 목표를 공유하고 있을까요? 대부분의 교육자는 지난 2년간 제외된 계획보다 추가된 계획을 나열하기가 더 쉬울 것입니다. 계획을 끊임없이 추가하다 보면 많은 교육자가 녹초가 되거나 일을 완전히 그만두기도 하지요.

학교나 운영 시스템에서 계획안이나 도구들, 기법들을 제한해 보면 깊이 있는 학습이 실제로 어떤 모습일지 발견할 시간이 생깁니다. 몇 가지 핵심적인 일에 초점을 맞추면, 가르치고 배우는 분야에서의 혁신이 촉진됩니다. 그리고 이렇게 분명하게 초점을 맞추었을 때 혼란과 좌절, 스트레스는 줄어들고 실제로 더 많은 일을 할 수 있습니다. 동시에 그러한 아이디어와 학습 경험을 학교 안에서와 전세계의 다른 교사들과 공유함으로써 깊이 이해하고, 변화를 일으키는 학습을 가능하게 하며, 혁신을 위한 아이디어를 전파하도록 도울 수 있습니다.

캐나다교육협회Canadian Education Association의 회장이자 CEO인 론 카누엘은 "교육에서 진정한 혁신은 새로운 구조, 즉 비판적 사상가를 육성하고 위험을 두려워하지 않는 모험가를 지지하며 변화를 장려하는 구조와 교실에서 창의적이고 통찰력 있는 학습법과 교수법에 높은 가치를 두는 구조가 만들어질 때만 가능하다"[7]라고 말했습니다.

우리가 카누엘이 밝힌 기량을 육성하는 체계를 구축한다면, 교육자는 더 이상 스스로를 '모든 걸 다 할 줄 알지만 뛰어난 한 가지가 없는 사람'으로 여기지 않을 것입니다. 몇 가지 일에 주도면밀하게 초점을 맞추면, 그 일에 더 깊이 파고들어 우리의 생각을 추진할 수 있는 한편, 앞으로 나아가기 위한 새로운 아이디어들도 낼 수 있습니다.

더 적은 것이 분명 더 많은 것을 이끌어 내는 것이지요.

[토론용 질문]

01 여러분과 여러분이 속한 공동체가 비전의 실현을 앞당기기 위해 초점을 맞출 수 있는 핵심 분야들은 무엇인가?

02 여러분은 팀이 특정 분야에서 앞서 나갈 기회와 시간을 어떻게 마련하는가? 또 '성공'의 척도는 무엇인가?

03 앞으로 나아가는 과정에서 직원과 조직의 '일거리'를 어떻게 줄일 수 있을까? 계속해야 할 일과 그만두어야 할 일은 무엇인가?

개방적 문화 받아들이기

좋은 아이디어를 얻는 가장 좋은 방법은 많은 아이디어를 떠올리는 것이다.

–라이너스 폴링 Linus Pauling

교실로 걸어 들어가자마자 저는 즉시 알 수 있었습니다.

이 교실의 교사 제프 운루를 만난 적도, 그에 관해 아는 것도 거의 없었지만 교실에 감도는 분위기가 그의 몰입과 열정을 잘 말해 주었습니다. 저는 함께 간 동료에게 "제프가 트위터를 할까요?"라고 물었습니다. 저는 그녀의 경험에서 우러난 추측을 원했고, 그녀의 생각은 나와 일치했습니다. 분명히 한다고요!

우리가 그 사실을 어떻게 알아차렸을까요? 그의 학급에서는 눈이 가는 곳마다 연결과 협력, 그리고 혁신의 흔적을 볼 수 있었기 때문입니다.

학급의 독특한 자리 배치와 학생들에게 모험을 하고 색다르게 생각하라고 격려하는 환경이 이 교사의 가치관에 대한 단서를 주었습니다. '천재의 시간(119쪽 참고)'과 학교가 최근에 추진한 창의력을 기르기 위해 스스로 무언가를 만들어 서로의 결과물을 공유하는 '메이커 페어Maker Fair'에 대한 공지가 크게 붙어 있었습니다. 또 그의 학급은 학생들 중 한 명의 할아버지인 일류 선수에게서 체스 두는 법을 배우고 있었습니다.

제가 이 반에서 사용하는 기술에 관해 아무 말도 하지 않았다는 데 주목해야 합니다. 학생들이 컴퓨터에 접속하긴 했지만, 이 반의 다른 점은 학습 환경이었습니다. 이 반은 각 학생에게 최적화된, 강점과 열정을 활용한 여러 가지 놀라운 학습 기회를 제공했습니다.

제프에게 트위터를 하는지 물어보니 한다고 대답했습니다. 하지만 온라인에서는 그리 많은 것을 공유하지는 않는다고 했습니다. 그가 가장 감사하는 부분은 트위터로 접할 수 있는 정보와 사람이었지요. 저는 그가 정보들을 어떻게 통합하여 교실을 매력적이고 호감 가는 곳으로 보이게 만들었는지 알 수 있었습니다. 제가 트위터 사용이 교실에 미친 영향을 알아차린 적이 있는지 물어보자 제프는 잠시 생각하다가 '개구리 끓이기' 일화(개구리가 갑자기 뜨거운 물에 들어가면 깜짝 놀라 뛰쳐나오지만 찬물부터 천천히 끓이면 온도에 적응하여 자기 몸이 익어 가는 줄 모르고 있다가 죽어 버린다는 이야기 – 옮긴이)를 여기에 비유했습니다. 점진적인 투입과 변화가 현재에 이르도록 도왔다는 것이지요. 제프는 트위터에서 그저 '눈팅족' 노릇을 하면서 눈에 띄는 차이를 불러온 작은 단계들에 영감을 얻었습니다.

지금 저는 여러분이 트위터를 하지 않으면 무능한 교사라는 말을 하는 것이 아닙니다. 트위터를 하지 않는다고 무능한 것이 아닌 것처럼 트위터를 한다고 훌륭한 교사가 되는 것도 아닙니다. 온라인에 접속하지 않아도 굉장한 일들을 하는 훌륭한 교사가 많습니다. 그렇기는 해도 트위터와 그 외의 소셜 미디어를 통해 매일 24시간 좋은 아이디어와 진보적인 교사들과 접속되어 있으면, 다른 사람과의 상호작용이 증가하고 새로운 아이디어를 접할 수 있습니다. 네트워크는 사람들이 더 나아지도록 돕습니다.

제프의 교실을 보면서 제가 처음 교사 생활을 시작했을 때의 교실과 전혀 다르다는 것을 깨달았습니다. 솔직히 말해 제게는 지금의 교사들이 접하는 정보가 없었습니다. 당시의 학교에도 제가 낸 아이디어에 대한 반응을 살펴볼 교사들이 있었지만, 오늘날 날마다 이뤄지는 전 세계적인 대화에 비하면 저는 상당히 고립되어 있었지요. 지금 시대에는 고립이 교육자 스스로가 내리는 선택이 되었습니다. 최근 우리의 연계성과 학습 기회가 변화했고, 다행히 많은 교사가 자신과 더 중요하게는 학생들을 위해 그런 변화를 이용하고 있습니다. 우리는 정보, 그리고 그에 못지않게 가치 있는 서로에게 접근해야 하며, 이러한 상황을 활용해야 합니다.

콜 미 메이비

지금부터 제가 하려는 일에 대해 양해를 구하는 바입니다. 그런데 2012년에 나온 노래 '콜 미 메이비Call Me Maybe'를 기억하십니까? 캐나다 가수 칼리 레이 젭슨Carly Rae Jeptsen의 중독성 있는 이 히트곡은 당시에 어딜 가나 나왔습니다. 라디오를 틀면 흘러나오고, 소셜 미디어에 접속해도 흘러나왔습니다. 이 곡을 싫어한다 해도 가사는 많은 사람(저 자신을 포함해서)이 아는 노래가 되었습니다. 예전에도 외우기 쉬운 노래는 있었지만, 이 곡은 전염병처럼 빠른 속도로 퍼졌지요.

기억하기 쉽다는 점 외에도 이 노래가 성공을 거둔 이유 중 하나는 청자들이 단순히 듣는 데 그치지 않고 노래를 재창조하고 리믹스했기 때문입니다. 원곡을 좋아하지 않더라도 하버드 대학교 야구팀이 밴 안에서 춤을 추는 버전이나, 미국의 유명한 토크쇼 사회자 지미 펄론Jimmy Fallon이 초등학교 교실에서 볼 수 있는 악기들로 연주한 버전, 쿠키 몬스터가 출연한 미국의 장수 어린이 프로그램 〈세서미 스트리트〉 버전, 심지어 미국의 전임 대통령인 버락 오바마 연설 중 단어 하나하나를 이어 붙여 만든 리믹스 버전도 있습니다. 저는 지미 펄론의 버전을 듣기 전까지는 이 노래를 싫어했지만, 이 버전은 교사로서의 제 마음을 끌었고, 이 버전을 들은 뒤 원곡을 구매하기까지 했습니다. 이 노래의 독특한 버전들은 어떻게든 시청자들을 원곡 가수의 곡으로 도로 밀어 놓았습니다.

오늘날 흔히 볼 수 있는 패러디와 변형은 전통적인 저작권 개념에서 보면 상당한 변화가 이뤄진 것입니다. 예술가들의 옛 사고방식은 "당신이 내 곡을 베끼거나 고치면 내가 먹고살 기회를 뺏어가는 것이다"였습니다. 그러나 리믹스와 공유 능력은 모든 사람이 승자가 될 수 있는 문화를 만들었지요. 미국 하버드대의 로런스 레싱Lawrence Lessing 교수는 테드 강의 '창의성을 질식시키는 법'에서 제 세대(그리고 저보다 더 노련한 세대)와 젊은 세대와의 차이를 이렇게 이야기했습니다. "우리는 좋아하는 노래를 테이프에 녹음했다. 그들은 음악을 리믹스한다. 우리는 텔레비전을 보았다. 그들은 텔레비전을 만든다." 그렇기 때문에 전문가들은 대중적인 공유에서 이익을 얻고, 아마추어들은 자유롭게 창작하는 능력을 즐기고 배웁니다. '아마추어'와 '전문가' 사이의 경계가 흐려졌습니다. 일부 전문 아티스트들이 이렇게 경계가 모호해지는 현상을 위협으로 생각할 수 있다는 건 인정합니다. 반면 풍요의 심리(스티븐 코비가 주장한 개념으로, 모든 사람이 공유할 수 있을 만큼 충분한 자원이 있다는 마음가짐을 말한다. - 옮긴이)를 가진 사람들은 이 새로운 시대가 다양한 사람의 독특한 강점을 이용해 더 강력한 제품이나 브랜드를 만들 수 있다는 것을 알고 있었지요.

교육 리더로서 우리는 서로 연결된 개방적인 학습을 촉진하고 이용해야 한다.
#혁신가의 사고방식

그렇다면 이런 현상은 교육과 무슨 관계가 있을까요? 모든 것이 관계 있습니다. 1부 '혁신가가 가진 사고방식의 특성' 장에서 언급했듯이, 테드 강연을 재탄생시킨 기업가 크리스 앤더슨은 2010년 테드 강연에서 "대중이 혁신을 가속화했다"는 생각에 대해 이야기했습니다. 앤더슨은 춤을 예로 들면서 영상으로 춤을 볼 수 있게 되면서, 사람들의 춤 실력뿐 아니라 춤이라는 예술 형태의 인기도 높아졌다고 지적했지요. 유튜브로 사람들이 독학을 할 수 있게 되었고, 동시에 유튜브의 가시성은 탁월함에 대한 기대치를 높였습니다. 앤더슨은 테드 강연가들이 다른 사람들의 훌륭한 강연을 보면서 자신도 더 설득력 있는 강연을 해야겠다는 자극을 받는다는 것까지도 인정했습니다. 그리고 '대중이 혁신을 가속화하는' 세 가지 요소를 강조했습니다.

1. 공통된 관심사를 공유하는 사람들

"집단이 커질수록 잠재적인 혁신가도 더 많아진다. …… 이들은 혁신이 창발하는 생태계를 만들어 낸다."

2. 다른 사람들이 무엇을 하고 있는지 볼 수 있는 가시성

"당신은 그 집단의 가장 뛰어난 사람들이 무엇을 할 수 있는지 뚜렷하고 투명하게 볼 수 있어야 한다. 그래야 배울 수 있고 당신도 참여할 힘을 얻기 때문이다."

3. 변화, 성장, 개선하려는 욕구

"혁신은 힘든 작업이다. 혁신은 수백 시간의 연구와 실천이 바탕이 된다. 욕구가 없으면 '혁신'은 일어나지 않을 것이다."[2]

이 장의 시작 부분에서 언급했던 교사 제프 운루는 이 세 요소 모두의 수혜자였기 때문에 단기간에 자신의 일을 상당히 변화시킬 수 있었습니다.

1. 제프는 자신이 속한 학교와 학군뿐 아니라 소셜 미디어를 통해 다른 교육자들과도 연결되었다(집단).
2. 이들의 아이디어가 공개적으로 공유되었고(가시성), 그는 자신이 일하는 공동체에게 가장 효과적으로 작용할 아이디어를 전파할 수 있었다.
3. 궁극적으로, 더 나아지겠다는 그의 의도(욕구)가 교실을 학생들에게 필요한 혁신적 환경으로 만들게 했다.

미국의 사상가 겸 시인인 랄프 왈도 에머슨 Ralph Waldo Emerson 은 "열정 없이는 어떤 위대한 것도 성취된 적이 없다"[3]라고 말했습니다. 제프는 이 말을 모범적으로 훌륭하게 보여 주었습니다.

리즈 와이즈먼과 그렉 맥커운은 저서 《멀티플라이어》에서 "당신이 그 일에 대해 얼마나 많이 알고 있는지는 문제가 아니다. 중요한 것은 다른 사람이 알고 있는 것에 얼마나 많이 접근하는가다. 당신의 팀원들이 얼마나 똑똑한지는 문제가 아니다. 중요한 것은 당신이 그 지성을 얼마나 끌어 내어 활용하는가다"[4]라고 설명하고 있습니다.

따라서 더 뛰어난 댄서를 키우든, 음악을 창작하거나 리믹스하든, 교실에서의 더 나은 경험을 설계하든 우리가 더 개방적이면 놀라운 무언가가 도출될 가능성이 더 큽니다. 미국의 과학저술가이자 혁신 전문가 스티븐 존슨 Steven Johnson 은 "만약 우리가 상상력을 실현 가능하게 만들어 주는 많은 환경을 열린 마음으로 받아들인다면 우리는 좀 더 창의적으로 사고할 수 있다"라고 말했습니다.[5] 교육 리더로서 우리는 서로 연결된 개방적인 학습을 촉진하고 이용해야 합니다.

뛰어난 학습 입소문 내는 법

제가 처음 관리직으로 옮겨 일하는 방식을 고민했을 때, 교사 시절 교감이었던 캐럴린 카메론과 나누었던 대화가 결정적인 방향이 되어 주었습니다. 캐럴린은 자신이 관리직에서 맡았던 역할이 더 나은 교육자가 되는 데 도움이 되었다고 말했습니다. 뛰어난 교사가 가르치는 모습을 항상 볼 수 있는 기회를 가졌기 때문이지요. 또 효과적이지 않은 방식을 보면서도 배웠다고 했습니다. 캐럴린의 말이 옳았습니다. 저는 더 나은 교육자가 되는 가장 좋은 방법은 다른 교사를 가까이 접하는 것임을 금방 깨달았습니다. 그래서 날마다 교실을 찾아가 뛰어난 교육자가 하는 일을 관찰하고 흡수했습니다. 캐럴린과 마찬가지로 제가 맡았던 업무에는 어느 정도의 자율성이 있었기 때문에 다른 교사를 관찰하기 쉬웠습니다. 하지만 예산과 시간적 제약 때문에 학생을 직접 가르치는 평교사는 이 같은 경험을 할 여유가 없었습니다. 제 머릿속에 계속 떠오른 질문은 '뛰어난 학습을 어떻게 입소문 탈 수 있게 만들 수 있을까?'였습니다.

그러다가 미국의 도발적 성향의 교육 사상가이자 작가, 팟캐스터인 윌 리처드슨(Will Richardson, 당시에는 그에 대해 잘 알지 못했습니다)과 역시 교육자인 저의 형 알렉 쿠로스와 대화를 나눈 직후 무엇을 바꾸어야 하는지 깨달았습니다. 두 사람에게 제가 각 학급에서 발견한 기술들에 관해 이야기하자, 윌은 그런 효과적인 교수법과 학습 사례를 제 교원들과 어떻게 공유하는지 물었습니다. 제가 공유하지 않고 있다고 대답하자 윌은 "그러니까, 공유에 관심이 없는 거군요?"라고 대꾸했습니다. 단정하는 듯한 그의 질문은 제가 뛰어난 많은 교육자에게서 배운 것을 축적하는 데만 그치지 않도록 도전 정신을 일깨워 주었습니다.

그래서 이 정보를 혼자 간직하는 대신, 교실에서 본 것들을 트위터와 제 블로그에 주기적으로 공유하기 시작했습니다. 개방형 플랫폼이란 이 글들이 우리 학교에만 한정되지 않는다는 것을 뜻했습니다. 앞에서 언급했듯이, 전 세계 사람들이 '정체성의 날' 아이디어에 관한 제 글을 읽었습니다. 제가 이날 지켜보았던 놀라운 일들에 관해 우리 학교와 지역에 트위터 메시지를 보내자, 다른 지역과 해외의 사람들도 관심 갖고 질문하기 시작했습니다. 소셜 미디어는 이메일의 또 다른 형태가 아니라, 제 형의 말처럼 당신의 컵을 정보의 강에 담그는 쪽에 더 가깝습니다. 모든 걸 따라잡을 필요는 없습니다. 그 공간에 있기만 해도 최상의 아이디어가 당신을 찾아올 것입니다.

'정체성의 날'은 학생들의 학습과 관계에 엄청난 영향을 미쳤습니다. 저는 제 경험을 혼자서만 간직할 이유가 없다고 판단했습니다. 그리고 사람들은 제가 앞에 언급했던 '콜 미 메이비' 정신에 따라 제가 공유한 아이디어와 사례들을 선택하여, 자신이 속한 공동체의 필요(학생들을 더 잘 이해해야 하거나, 학생들 간의 관계가 개선되어야 하는 경우)에 맞도록 수정했습니다. 사람들이 이 아이디어를 공유하고 수정하면서 전 세계의 학생들이 혜택을 보았습니다. 그리고 우리 리더들은 다른 사람들이 저마다 '정체성의 날'을 만들어 내는 것을 보면서, 원래의 개념을 개편하고 변경하는 방법들도 알게 되었습니다. 얼마 뒤 사람들은 그 아이디어가 처음에 어디에서 나왔는지 확신하지 못하게 되었지만, 그건 중요한 문제가 아니었지요. 중요한 건 그 아이디어가 아이들을 위해 긍정적인 차이를 만들도록 도왔다는 점입니다.

2부 '관계, 관계, 관계' 장에서 저는 교실 교사와 학교 교사의 차이점에 관해 언급했습니다. 인터넷은 당신이 '글로벌' 교사를 향해 더 힘있는 발걸음을 내딛도록 돕습니다. 당신이 공유한 아이디어는 당신의 학생들뿐 아니라, 전 세계 아이들에게 영향을 줄 잠재력이 있습니다. 그렇다면 왜 더 많은 교사가 자신이 배우고 가르치는 것을 공유하지 않을까요? "나는 공유할 게 없어요"라고 말하는 교육자를 종종 봅니다. 그러면 저는 항상 이렇게 대답합니다. "음, 그렇다면 당신은 학생들에게 필요한 것들을 어떻게 충족시키고 있나요?" 이 질문은 교사들의 기분을 상하게 하려는 게 아닙니다. 사실은 정확히 그 반대입니다. 저는 교사들이 자신이 하고 있는 일이 스스로에겐 평범해 보이더라도, 다른 누군가에게는 굉장히 도움이 되거나 통찰력이 있는 것임을 이해하도록 돕고 싶습니다. 온라인 최대 독립음악 스토어인 씨디 베이비^{CD Baby}의 창업자이자 유명한 강연가인 미국의 데릭 시버스^{Derek Sivers}는 '당신에게는 빤하지만 다른 사람들에게는 놀라운 것일 수 있다'⁶라는 짧고 멋진 영상에서 이 점을 분명히 보여주고 있습니다. 유튜브에서 확인해 보십시오.

교사가 된 뒤 첫 몇 해와 현재를 비교해 보면, 당신이 가르치고 배우는 스타일이 얼마나 근본적으로 바뀌었는지 처음에는 알아차리지 못할 수도 있습니다. 제프 운루처럼 우리의 일은 시간이 지나면서 서서히 변화합니다. 하지만 잠시 멈춰 서서 당신이 배운 것들을 검토해 보면 예전에 했던 일들 중 일부를 떠올리고 고개를 절레절

레 저을 수도 있지만, 당신의 발전과 성장에 감사하고 심지어 감동을 받을지도 모릅니다. 저 역시 마찬가지입니다. 또한 지금으로부터 10년 후에 당신이 아는 것과 생각하는 것은 현재와 완전히 다를 것입니다. 단순히 당신의 개인적, 직업적 성장 때문이 아니라, 이 세계가 계속해서 제공할 새로운 기회 때문입니다. 다른 사람들이 당신의 경험에서 도움을 얻을 수 있도록 그 길의 한 걸음, 한 걸음에서 배운 것을 적극적으로 공유하길 권합니다.

공유를 통한 학습과 리더십의 가속화

배운 것을 공유하면 다른 사람들에게 도움이 되지만 자신에게도 유익합니다. 저는 블로그 게시글을 쓸 때마다 제가 공유하는 내용을 깊이 생각합니다. 다른 사람들이 읽을 것을 알기 때문입니다. 저는 훌륭한 내용을 공유하길 원합니다. 1부 '혁신가가 가진 사고방식의 특성' 장에서 저는 클라이브 톰슨이 독자를 가질 때의 가치에 대해 이야기한 '왜 최악의 블로거들조차 우리를 더 똑똑하게 만드는가?'라는 〈와이어드〉 기사를 언급했습니다. 같은 글에서 톰슨은 소셜 미디어와 이메일을 통해 매일 인터넷에 게시되는 글들(그가 기사를 쓸 무렵에는 하루에 360만 권의 책에 상당하는 분량이었다) 대부분이 셰익스피어 급은 아니지만, 우리가 더 많은 것을 쓰고 있다는 사실 자체가 우리가 사고하는 방식을 바꾸고 "새로운 아이디어의 창출과 전 세계적 지식의 발전을 가속화하고 있다"[7]라고 주장했습니다. 우리의 사고를 실제로 독려하는 것은 정보의 소비가 아닙니다, 다른 사람들이 읽을 것을 염두에 두고 자신의 아이디어들을 깊이 생각하고 창조하고 공유하는 것입니다. 우리가 서로에게 더 많이 연결될수록 더 많은 기회가 나타납니다. 스티브 존슨이 2010년의 테드 강연에서 말한 것처럼, 기회는 연결된 자들에게 찾아옵니다.[8]

리더로서 우리가 단지 다른 사람들의 성장을 격려하는 데 그치지 않고 자신의 성장도 촉진하고 싶다면 아이디어를 공유하는 데 적극적으로 참여해 보십시오. 제가 2011년에 당시 미국 벌링턴 고등학교Burlington High School의 교장이자 현재 같은 지역 교육청의 부교육감인 패트릭 라킨과 함께 '커넥티드프린서펄스 닷 컴connectedprincipals.com'이라는 사이트를 만든 것은 바로 이 때문입니다. 리더가 다른 학교 관리자들과 공유하고 협력하는 공간인 이 사이트는 우리 자신의 학습과 리더십을 가속화하고, 개인으로서 끊임없이 성장하려는 의지의 본보기가 된다는 두 가지 목적을 달성했습니다. 우리는 소셜 미디어에서 공유된 아이디어들의 가시성을 높이고 도움이 필요한 관리자들에게 배트 시그널(bat signal, 배트맨을 부르는 조난신호 장치 – 옮긴이) 역할을 하도록 #cpchat Connected Principles Chat이라는 해시태그를 사용했습니다. 다른 관리자들의 도움을 매일 24시간 접할 수 있다는 점은 제가 매우 감사하게 활용했던 부분입니다. 그리고 이런 유형의 연결은 학교 관리자들에게만 도움이 되는 것이 아닙니다. 여러분이 무엇을 가르치든 아마 적절한 해시태그가 있을 것입니다. 과학#scichat을 가르치든, 유치원#kinderchat 과정이나 프랑스어 몰입식 교육 과정을 가르치든 당신은 전 세계 사람들로부터 배우고 자신이 아는 것을 공유할 수 있습니다.

경쟁적 협력

개방적 문화를 조성하면 협력과 경쟁이 모두 촉진됩니다. 이 두 개념은 단독으로는 나쁜 영향을 미칠 수 있습니다. 지나친 협력은 항상 최상을 끌어 내는 것이 아니며, 지나친 경쟁은 우리를 고립시킬 수 있기 때문이지요. 하지만 개방적인 환경에서의 경쟁적 협력은 혁신을 가속화할 수 있습니다.

 개방적인 환경에서의 경쟁적 협력은 혁신을 가속화할 수 있다.
#혁신가의 사고방식

경쟁이 나쁜 영향을 미친 사례를 들어보겠습니다.

'A' 학교와 'B' 학교가 학생들을 유치하려고 경쟁을 벌이고 있습니다. 그 때문에 두 학교 모두 자신들이 하고 있는 일(교육 비법)을 경쟁 학교와 공유하려 하지 않지요.

저는 이 사고방식에서 두 가지 문제점을 발견했습니다. 첫째, 여러분이 경쟁 우위를 얻기 위해 최고의 아이디어를 공유하지 않는다면, 여러분 자신에게 피해를 줄 수 있습니다. 여러분이 훌륭한 어떤 일을 하고 있다는 걸 아무도 모른다면, 왜 학생들이 여러분의 학교로 와야 할까요? 이 비밀 유지 사고방식에서 더 골치 아픈 두 번째 문제는 아이들이 아니라 우리 자신을 돕는 데만 초점이 맞춰진다는 것입니다.

하지만 경쟁적 협력은 가속장치가 될 수도 있습니다. 한 가지 예를 들어봅시다. 같은 학군의 두 고등학교가 자신들의 활동을 보여주고 공유하기 위해 동일한 해시태그를 사용했습니다. 학교 간의 협력은 교사들, 더 중요하게는 학생들에게 도움이 되었습니다. 그러다가 한 학교가 다른 학교가 하지 않는 어떤 활동을 하고, 두 학교 학생들 모두 그 활동이 대단하다고 생각하면서 경쟁이 시작되었습니다. 상대 학생에게 지고 싶지 않던 다른 학교의 학생들은 아이디어를 내고 얼마간의 수정을 거쳐 개선한 뒤 이 활동을 게시했습니다. 두 학교 모두 기꺼이 서로를 도우려 했고, 또한 지길 원하지 않았습니다. 이 경쟁의 최종 승자가 누구일까요? 바로 아이들입니다. 교육에서의 '경쟁'이란 우리 학생들이 결과적으로 패배할 때만 나쁜 단어가 됩니다.

우리가 더 나아지도록 지원하고 독려하는 것이 공유라고 여긴다면, 우리 학생들은 항상 크게 이기는 승자가 될 것입니다. 리더들, 교육자들, 학습자들이 개방적 환경에서 서로를 돕는 데 전념한다면, 심도 깊고 효과적인 학습을 위한 모두의 기회가 엄청나게 증가할 수 있습니다.

세계로 나아가고, 지역에 영향을 미쳐라

전 세계적으로 공유할 수 있는 기회는 학교 안에서의 벽을 허무는 힘도 있습니다. 바쁘게 돌아가는 학교의 하루하루에서 전문적인 학습에 따로 시간을 쓰기란 어렵습니다. 해시태그 사용은 같은 학교 내의 교사들을 연결시키는 간단한 방법입니다. 미국 뉴욕주 제리코Jericho에 위치한 캔티악 초등학교Cantiague Elementary School의 토니 시내니스 교장은 공유가 주는 기회를 자신의 학교와 연결시켰고, 개인 트위터 계정@TonySinanis과 학교 해시태그#Cantiague를 통해 이 활동을 공개적으로 선보였습니다. 학교의 직원들을 포함해 누구라도 이 해시태그를 확인하여, 이 학교의 교육자들이 교실에서 하고 있는 일들, 읽고 있는 책과 블로그, 학생들이 학교 신문을 위해 쓰고 있는 글과 만들고 있는 브이로그(VLOG, 비디오와 블로그의 합성어로 자신의 일상을 동영상으로 촬영한 영상 콘텐츠 ─ 옮긴이) 등을 볼 수 있게 되었습니다. 해시태그에서 중요한 것은 의사소통이라기보다 공동체입니다. 토니는 '상의하달식'이 아닌 방식으로 소통함으로써 이 공동체 정신을 구현했습니다. 토니 자신도 이 공간의 일원으로서 적극적으로 활동을 공유했기 때문이지요. 토니의 예는 우리가 지위를 막론하고 누구에게서라도 배울 수 있음을 잘 보여 줍니다.

모든 교사가 자신의 교실에서 한 일을 하루에 한 번 트위터에 올리고 다른 사람들의 멘션을 읽는 데 5분을 쓴다면 어떻게 될까?
#혁신가의 사고방식

학교에서 일어나는 사건을 그 안에서 단순하게 공유하는 것보다 학교와 학군 명이 포함된 단순한 해시태그가 훨씬 더 큰 의미를 지닐 수 있습니다. 모든 교사가 자신이 교실에서 한 일을 학교 해시태그를 사용하여 하루에 한 번 트위터에 올리고, 다른 사람들의 멘션을 읽는 데 5분을 쓴다면 어떤 일이 생길까요? 그 단순한 행동이 학습과 학교 문화에 불러올 긍정적인 영향을 상상해 볼까요? 저는 이렇게 했을 때 얻는 이득을 직접 경험했습니다. 제가 속한 학군은 #PSD70이라는 해시태그를 사용합니다. 거리상으로는 거의 100마일이 떨어져 있지만 사람들은 자신이 속한 학교 공동체의 다른 사람들의 이야기를 공유하고 읽음으로써 서로를 더 깊이 알게 됩니다.

2015년 국제기술교육협회에서 학군 기술 개혁을 위한 실비아 차 프상을 받은 캐나다의 서리 학군Surrey School District은 브리티시컬럼비아 주에서 가장 큰 학군으로 학생수가 7만 1,000명이 넘습니다. 이 학군은 대규모 조직에서는 변화 속도가 느려야 한다는 통념을 불식시켰습니다. 이들은 블로그, 인스타그램, 트위터 같은 소셜 미디어 플랫폼을 활용하고 #sd36learn라는 해시태그로 서로 연결함으로써 기술, 평가, 협력적 학습 환경 분야에서 학군 내의 관행에 상당한 변화를 불러왔습니다. 이러한 연결은 학습 활동을 하는 동안 마치 작은 마을처럼 서로 가깝게 느끼는 부수적인 이익도 가져왔습니다.

문화는 대개 측정할 수 있는 무엇이 아니라, 오히려 당신이 느낄 수 있는 무엇입니다. 지난 몇 년 동안 저는 서리 학군의 리더들 및 교사들과 협의를 하는 즐거움을 누렸고, 이 지역의 리더들과 직원들이 학습뿐만 아니라 서로에게 보인 열정과 흥분, 애정을 확인했습니다. 이들에게 어려움이 없었다는 뜻은 아닙니다. 상당한 성장과 변화가 완전히 편할 수는 없기 때문입니다. 하지만 서리 학군의 리더들은 공유의 가치에 강력하게 초점을 둠으로써, 자신과 다른 사람들을 위한 기회들을 가속화하는 데 성공했습니다.

앞으로 나아가기

오늘날 우리는 참여의 세계에 살고 있습니다. 공유는 교육에서 예외가 아니라 원칙이 되어야 합니다. '콜 미 메이비'를 리믹스하든, 춤추는 법을 배우든, 교수법을 변화시키든, 오늘날의 기술은 당신에게 창작하고 공유하고 연결할 힘을 부여합니다. 우리 공동체의 리더 입장에서 학교는 더 이상 이런 문화적 변화를 무시할 수 없게 되었습니다. 우리는 이러한 변화를 가속화해야 합니다. 공유는 개인과 교육업계 일원으로서의 우리 성장에 필수적입니다. 그리고 장담하건대, 여러분에게는 공유할 가치가 있는 무언가가 반드시 있습니다.

기술의 사용이 직접 얼굴을 보는 만남의 가치나 영향을 감소시키지 않는다는 점도 말하고 싶습니다. 실제로 우리가 기술을 사용해 무언가를 지속적으로 공유한다면, 얼굴을 보는 만남도 더 발전할 것입니다. 같은 학군 내 다른 학교의 교사들은 만난다면 몇 달에 한 번씩만 만날 수 있겠지만, 온라인으로 계속 서로를 접하면 연결이 유지됩니다. 공통 해시태그를 사용하여 우리 학교에서 일어나는 일을 볼 수 있다면, 교무실에서의 대화도 풍요로워질 수 있지요. "어제 뭘

하셨는지 트위터에서 봤어요. …… 그 일에 대해 더 말해 주실 수 있나요?"라는 말이 학습과 직원들 간의 관계에 어떤 도움을 줄지 생각해 봐야 합니다.

개방된 문화에서는 학습과 관계의 기회가 무한합니다. 이런 공유의 혁신에서 가장 큰 승자는 우리 학생들이지요. 우리는 그저 당장 이용할 수 있는 것들을 받아들이기만 하면 됩니다.

[토론용 질문]

01 여러분의 학습을 학교와 세계적 커뮤니티에 어떻게 적극적으로 공유하고 있는가?

02 여러분의 학교에서 이뤄진 훌륭한 학습 경험을 어떻게 '입소문' 내고 있는가? 또 '작은 집단'에서 '혁신 문화'로 어떻게 옮겨 가고 있는가?

03 개인으로서 또한 전체로서 여러분이 속한 학교나 조직의 성장을 가속화하기 위해 '경쟁적 협력' 개념을 어떻게 이용하는가?

교육자들을 위한 의미 있는
학습 경험 만들기

지식의 유일한 원천은 경험이다.

―알베르트 아인슈타인

저는 교사일 때 직원 회의를 두려워했습니다. 규칙과 정책을 논의하고 토론하는 데 너무 많은 시간을 쓰는 것 같았습니다. 아이들이 학교에서 모자를 써야 하는지, 쓰지 말아야 하는지를 놓고 옥신각신하느라 얼마나 많은 시간을 낭비했는지 생각하면 괴로웠습니다.

제가 어떤 슬라이드에서 본 다음 인용구를 리더 그룹을 위한 강연에서 여러 번 들려주었는데, 그때마다 많은 사람이 공감했습니다. "만약 죽는다면 직원회의 중에 죽었으면 좋겠다. 그러면 내가 저 세상 사람이 되는 걸 잘 느끼지 못할 테니까."

2부 '배우고, 이끌고, 혁신하라' 장에서 이야기했듯이, 혁신적으로 되고 싶다면 일상을 깨뜨려야 합니다. 21세기의 학습을 실제로 경험하지 않고 '21세기의 학습'에 관한 발표 자료 문서인 파워포인트 프레젠테이션을 보는 것은 역효과를 낳을 수 있습니다. 물론 강의도 학습에서 차지하는 자리가 있습니다. 그렇지 않다면 테드 강연의 인기가 그토록 높지 않을 것입니다. 하지만 어떤 일을 개선하기 위해 시도하는 유일한 방법이 강연과 전통적인 직원 회의라면 우리는 앞으로 나아가기보다 현상을 유지할 가능성이 더 많습니다. 호주 출신의 교육사상 분야 리더인 브루스 딕슨^{Bruce Dixon}이 제게 했던 말은 교육자들의 학습 경험에 관한 제 생각과 계획을 다시 생각하게 만들었습니다. 그는 "세상의 다른 어떤 직업도 16년 동안 누군가가 그 일을 하는 것을 지켜보고 나서 스스로 할 수 있게 되는 경우는 없다"라고 설명합니다. 하지만 교직에서는 정확하게 그런 일들이 일어납니다. 교사들은 자신의 선생님들을 지켜봄으로써 어떻게 가르치는지 배우곤 하지요. 그래서 우리 교사들은 종종 자신이 겪었던 것과 동일한 경험을 제공합니다. 우리가 속한 학교에서 일어나는 일들을 변화시키려면, 우리가 전문적 학습 활동에서 구현하는 경험부터 먼저 바꾸어야 합니다.

전문적 학습 활동은 대개 학습자로서 우리 발전에 지속적인 부분이라기보다 일회성 행사로 여겨집니다. 전문성 개발에 대한 이런 전통적 접근은 대부분의 교육자가 자신의 관행을 바꾸는 데 충분한 도움이 되지도 않을 뿐더러, 학생을 위한 학습 방법도 변화시키지 못합니다. 대부분의 경우, 교육계의 절차와 정책에는 교사가 학습을 발전시키는 지속적인 활동에 참여하는 것을 업무의 일부로 보지 않습니다. 그 대신 무턱대고 '교사가 알아서 배우고 일하길' 바라는 기대가 있지요. 새로 배운 것을 정말로 현장에 통합하려면 교육자가 자신이 배운 것을 적용할 수 있도록 탐구와 협력, 숙고할 시간을 마련하는 것이 중요합니다. 새로 배운 것을 실제로 적용해 봐야 각 상황에 효과적이고 학교와 교실의 학습자들에게 영향을 줄 수 있는 혁신적인 아이디어가 나오고 실현될 수 있습니다.

> 우리 교사들은 종종 자신이 겪었던 것과 동일한 경험을 제공한다.
> 따라서 우리가 속한 학교에서 일어나는 일들을 변화시키려면,
> 우리가 전문적 학습 활동에서 구현하는 경험부터
> 먼저 바꾸어야 한다.
> #혁신가의 사고방식

우리 자신의 학습 기회 만들기

교육계 기술 리더십 고등연구를 위한 대학교육행정협회 센터 UCEA Center for the Advanced Study of Technology Leadership in Education 의 창립 이사이며 교육 리더십을 다룬 책의 저자인 스콧 맥로드 Scott McLeod 는 교육자들이 교수법을 논의하는 데 지나치게 초점을 맞추고 있다고 말합니다. 그로 인해 효과적인 학습법에 몰두하여 다른 사람들을 위해 모범을 보여 주는 데는 충분한 시간을 쓰지 않는다고 주장합니다.

우리는 학교에서 공부하기로 되어 있다. 그렇지 않은가? 얼마나 많은 학교에 '어쩌고저쩌고 평생 학습 어쩌고저쩌고'라는 사명이나 비전 혹은 강

령이 있을까? 97퍼센트? 98퍼센트? 100퍼센트? 그럼에도 불구하고 우리는 교육자로서(그리고 부모로서) 이런 모범을 제대로 보이지 않고 있다. 우리들 중 아이들에게 학습 과정에 대해 의도적이고 명쾌하게 모범을 보이는 사람이 얼마나 될까? 아이들 앞에서 "나는 지금 이걸 배우고 있어. 지금은 그리 잘하지 못하지만, 이런 과정을 밟고 있고 성공을 거두기 위해 이런 계획이 있어. 몇 주 뒤에, 그리고 또 몇 주 뒤에, 이런 식으로 주기를 정하고 어떻게 되어 가는지 알려 줄게"라고 말하는 사람은 또 얼마나 될까? 공부와 씨름하고 장애물을 극복하여 이전보다 더 전문적이고 박식한 사람으로 변모하는 것이 어떤 의미인지 학생들에게 의도적이고 명백하게 보여 주는 사람은 얼마나 될까? 당신은 이미 답을 알고 있다. 그런 사람은 0명에 가깝다.

우리가 어른으로서 학습 과정의 모범이 되지 못하는 데는 여러 가지 이유가 있지만, 가장 중요한 원인 중 하나는 바로 '자아'다. 우리는 공동 학습자 대신 '전문가'가 되어야 한다고 느낀다. 관리자는 교사 앞에서 약점을 보일 수 없다. 교사와 부모는 아이들 앞에서 약점을 보일 수 없다.

교육자와 부모가 우리 역시 학습자라는 것을 더 효과적으로 보여 준다면, 아이들은 우리에게서 무엇을 얻을까? 학교 안의 어른들이 학습자가 되어 학습 과정을 의도적이고 명백하게 보여 준다면 학교는 어떤 모습이 될까? 우리 어른들이 의도적으로 아이들과 공동 학습자가 될 기회를 만든다면 교육이 어떤 모습이 될까?[1]

맥로드의 주장은 사람들이 배우고 싶어 하는 건 무엇이든지 손쉽게 배울 수 있는 오늘날의 세계에 특히 적절합니다. 그렇습니다. 학교는 여전히 모든 사람의 수준을 향상시킬 책임이 있지만, 모든 학습자(아이와 어른 모두)에게 자신의 학습을 추진할 기회가 있어야 합니다. 지금 우리 세계에서는 언제 어디서든, 어떤 속도로든 배울 수 있습니다. 이는 제 자신의 전문적 학습 실천을 보는 시각을 바꾸었습니다. 교육계 리더들을 위한 각종 정보와 자료를 제공하는 모던 러너 미디어Modern Learner Media의 공동 창립자이자, 유명한 교육 도서 작가인 미국의 월 리처드슨Will Richardson은 우리의 학생들이 매일 누리는 배움의 기회 속으로 교육자들이 뛰어 들어갈 것을 권하고 있습니다. "솔직히 말하자면, 교사들은 자신의 전문성 개발에 책임을 져야 한다. 아이들은 블로그 이용법을 가르치는 워크숍을 기다리지는 않을 것이다. 어른들도 그래야 한다."[2]

학생들이 교실에서 교육용 구글 앱을 사용하길 원한다면 학교 직원들과 함께 그 앱을 실제로 써보십시오. 또한 학생이 맞춤화된 학습을 하길 원한다면 여러분 자신을 비롯해 학교 직원 모두가 맞춤화된 학습을 하도록 시도해 봅시다. 이런 경험은 여러분과 학교 직원들이 변화를 받아들이고, 학생들이 교실에서 느끼는 것을 겪어 보는 데 도움을 줄 것입니다. 마찬가지로, 교육자들이 우리 학생들이 매일 경험하는 것과 같은 공간과 환경에서 배울 기회를 만들면, 학생의 입장에 서서 오늘날의 학습 가능성을 바라볼 수 있는 시각을 발달시키는 데 도움이 됩니다. 학생들이 배우는 공간과 어른들이 배우는 공간을 분리시키는 것은 비생산적입니다. 우리 자신에 대한 기본적 이해 없이는 어떤 일에서도 혁신을 이루기는 힘듭니다. 능숙해지려면 일단 읽고 쓸 줄 알아야 합니다.

오늘날 전문적 학습의 여덟 가지 요건

우리가 학생들을 위해 만들고 싶은 학습 기회에 대한 이해는 우리 자신이 비슷한 학습 경험에 빠져 보는 것으로 시작합니다. '오늘날 전문적 학습의 여덟 가지 요건' 모형을 되돌아보고 이를 전문적 학습에 어떻게 적용할 수 있을지 검토하겠습니다. 참고로 실비아 더크워스의 그림을 다시 소개합니다.[3]

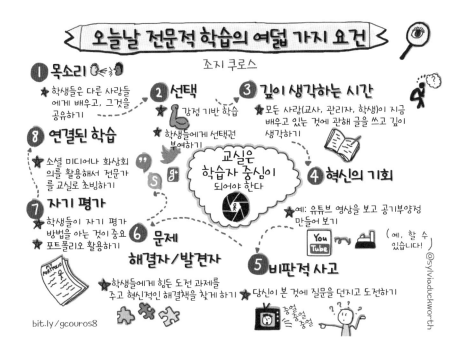

학교와 학군에 전문적 학습 문화를 만들 수 있는 방법에 대한 다음 제안들을 검토해 보십시오. 저는 8개 요소 각각에 대한 아이디어를 공유했지만, 분명 각 아이디어에는 다수의 구성요소나 기회가 숨

어 있을 수도 있습니다. 이 제안들을 출발점으로 삼아 당신과 당신의 학교 직원들에 맞춤화된 해결책을 찾기를 바랍니다.

목소리

이유: 교육자들이 아이디어를 다른 사람들과 터놓고 공유하는 기회를 만들면 앞 장에서 논의했던 '집단이 혁신을 가속화하는' 상황이 실현될 수 있습니다. 소수에게만 자율권을 줄 경우 소수에게서만 아이디어가 나옵니다. 그러면 오늘날의 세계에서 조직원이 모두 함께 기여할 수 있는 수평적 조직을 만들 수 있는 우리 능력들을 전혀 활용하지 못합니다. 또 자신의 의견을 공개적으로 공유하면, 교육자가 자신의 디지털 발자국을 더 인지하는 데도 많은 도움이 됩니다.

아이디어: 제가 지난해에 실험한 방법들 중 하나는 영상을 활용한 깊이 생각해 보기였습니다. 저는 트위터가 2014년에 내놓은 30초짜리 영상 게시 기능에서 착안해 '#EDUin30'라는 해시태그를 사용하기 시작했습니다. 제가 30초짜리 영상을 통해 질문을 던지면, 전 세계 사람들이 여기에 관해 깊이 생각해서 답하는 방식이었습니다. 영상으로 답하는 사람들도 있었지만, 이런 형태에 익숙하지 않은 사람들은 사진이나 블로그 게시물, 혹은 그 외의 형태로 손쉽게 답글을 올리고 #EDUin30 해시태그를 붙였습니다. 이런 실험은 제가 '여러 사람이 협력해서 얻은 지혜'를 활용하는 데 도움이 되었습니다. 또 모든 사람이 교사이자 학습자로 존중받는 문화와 공동체에 중요한 영향을 미쳤습니다.

학교 관리자 출신의 켈리 크리스토퍼슨은 매달 직원 모임 때 교사들이 테드 스타일의 강연을 하자고 제안했습니다. 짧은 강연은 교사가 지금 배우고 있거나 교실에서 학생들과 함께 시도하는 것을 공유하는 데 이용될 수 있습니다.[4] 이런 기회는 교육자가 현재 자신의 조직에서 다른 사람들과 함께하는 일을 공유할 수 있게 해 주어 혁신을 촉진할 수 있습니다.

포함할 수 있는 다른 요소들: 깊이 생각할 시간, 연결된 학습, 자기 평가, 비판적 사고

선택

이유: 자기가 하는 학습을 주도하게 되면, 진짜 학습이 이뤄지는 데 도움이 됩니다. 여전히 많은 교사 연수가 개인을 위한 프로그램이 미리 결정되어 상명하달식으로 이뤄지고 있습니다. 하지만 참여하는 사람들 스스로가 열정을 느끼는 분야를 탐구하게 한다면, 더 깊이 파고들고 배운 것을 자기 것으로 만들 가능성이 훨씬 높아집니다. 또 알게 된 지식을 공유하고 혁신적으로 적용하고 싶어지지요. 사이먼 시넥은 "우리가 좋아하지 않는 뭔가를 위해 힘들게 일하는 것은 스트레스라고 불린다. 우리가 좋아하는 무언가를 위해 힘들게 일하는 것은 열정이라고 불린다"[5]라고 말했습니다. 사람들이 열정을 느끼는 무언가에 관해 배울 때는 도전을 위해 노력할 만한 충분한 가치가 있습니다.

아이디어: 전 세계를 휩쓸고 있는 에드캠프(EdCamp, 교사들의 전문성 개발을 위한 참석자 주도의 학회 – 옮긴이)는 교육자들이 학습을 주도할 수 있는 좋은 방법입니다. 이 행사는 참석한 교육자들이 수업

을 개발하고 만들고 이끕니다. 교실 안의 사람들은 그 주제에 관심이 높기 때문에 풍요로운 대화를 나누고 깊이 있는 학습을 나눕니다. 에드캠프 형식은 전문적 학습 기간 동안 실행할 수 있고 실행해야 합니다. 그러나 리더들과 교육자들이 이런 행사를 준비하고 조율할 시간이 없다는 반발도 나옵니다. 그럼에도 불구하고 '학습'이 학교의 우선순위라면, 심도 깊은 학습을 위한 시간과 기회를 마련하는 일은 예외가 아니라 표준이 되어야만 합니다.

> 우리가 좋아하지 않는 뭔가를 위해 힘들게 일하는 것은 스트레스라고 불린다. 우리가 좋아하는 무언가를 위해 힘들게 일하는 것은 열정이라고 불린다.
> #혁신가의 사고방식

포함할 수 있는 다른 요소들: 목소리, 깊이 생각하는 시간, 비판적 사고, 혁신의 기회, 문제 해결자/발견자

깊이 생각하는 시간

이유: 깊이 생각하는 것은 학습과 개인적 성장에 큰 도움이 됩니다. 또한 모든 전문적 학습에 포함되어야 하는 요소입니다. 협력이 조직의 성장에 매우 중요하지만, 사람들이 자신의 아이디어와 생각을 정리할 시간도 필수적입니다. 학습은 굉장히 개인적이기 때문에 깊이 생각할 시간과 자신의 아이디어, 그리고 개인적으로 학습한 내용을 현재 공유하는 것들과 연결시킬 기회가 없다면 아이디어를 깊

이 파고들거나 유지하여 공유하기란 더 힘들기 때문입니다.

나는 깊이 생각한다, 고로 나는 배운다.

깊이 생각하기는 오늘날 교육의 모든 단계에서 필요합니다.

아이디어: 제가 워크숍에서 사용하는 방법 중 하나는 아이디어와 제가 깊이 생각했던 문제 중 일부를 공유한 뒤, 참가자들에게 깊이 생각할 시간이 포함된 긴 휴식 시간을 주는 것입니다. 구글 설문지 같은 간단한 도구는 사람들이 생각을 정리하는 동시에 생각의 힘을 공개적으로 이용하게 도울 수 있습니다. 워크숍에서 자신의 생각이 다른 사람들에게 알려질 것을 알면, 사람들은 자신이 공유할 아이디어에 대해 더 깊이 생각할 것입니다. 이는 세계적으로 이뤄지는 블로그나 소셜 미디어 공유에서도 마찬가지입니다.

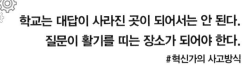

**학교는 대답이 사라진 곳이 되어서는 안 된다.
질문이 활기를 띠는 장소가 되어야 한다.**
#혁신가의 사고방식

워크숍에서 저는 깊이 생각하도록 격려하기 위해 종종 다음과 같은 간단한 질문들을 이용합니다.

1. 오늘 배운 것들 중 더 탐구하고 싶은 무엇인가? 왜 그 주제를 탐구하고 싶은가?
2. 당신이 던진 중요한 질문이 무언가를 진전시켰는가?
3. 공유하고 싶은 다른 생각이 있는가?

이러한 숙고에서 중요한 요소는 사람들에게 생각을 공유할 뿐 아니라 질문을 던지라고 요청하는 것입니다. 질문은 우리를 앞으로 나아가게 만들기 때문에 학습과 숙고에 필수적인 요소입니다. 학교는 대답이 사라진 곳이 되어서는 안 됩니다. 질문이 활기를 띠는 장소가 되어야 합니다.

포함할 수 있는 다른 요소들: 목소리, 자기 평가, 비판적 사상가, 연결된 학습

혁신의 기회

이유: 혁신적인 학생을 원한다면 우리 자신이 먼저 혁신적인 교육자가 되어야 합니다. 전문적 학습을 위해 공유되는 모든 요소와 마찬가지로 우리 자신과 직원들이 학습하고 업무를 발전시킬 수 있는 지속적인 기회들을 제공해야 합니다. '혁신'은 하나의 과정이며, 새로운 아이디어를 시도하고 싶어 하는 사람들은 아이디어를 실험하고 개선할 시간이 필요합니다.

아이디어: 저의 친한 친구이자 그레이스톤 센터니얼 중학교의 교감인 제시 맥클은 학생들을 위해 '혁신 주간'이라는 아이디어를 활성화시켰습니다. 이는 미국 일리노이주의 교사 조쉬 스텀펜호스트가 시작한 '혁신의 날'을 본뜬 아이디어였지요. 혁신 주간 동안 학생들은 자신이 만들거나 해결하고 싶은 무언가를 적은 제안서를 제출한 뒤, 수업 중에 그 과정을 추진할 시간을 얻었습니다. 조쉬는 이 계획이 성공하려면 교육자들도 비슷한 과정에 참여해야 한다는 것을 알고 있었습니다. 그래서 '교육자 혁신의 날Education Innovation Day'이라는

아이디어도 제시했습니다. 이 날은 교사들에게 교육계 안팎의 혁신적인 아이디어들을 가져와 발전시킬 시간이 주어지는 날입니다.[6]

캐나다 출신의 교육자이자 강연가 크리스 웨저Chris Wejr는 다니엘 핑크에게서 착상을 얻은 아이디어인 '페덱스 자율학습'을 이용해 혁신을 위한 시간을 마련했습니다. 크리스는 교사들에게 아이디어를 떠올리고 연구할 시간을 주어 다음날 다른 사람들과 그 내용을 공유할 수 있도록, 해당 교사의 학급을 대신 맡아 주었습니다.[7] 또 다른 아이디어는 구글의 유명한 '20퍼센트의 시간(근무하는 5일 중 하루를 직원 개인이 좋아하는 일을 할 수 있는 자유 시간으로 주는 제도 – 옮긴이)' 제도를 응용해 학생들과 직원들에게 도움이 될 만한 자기주도활동 시간을 할당하는 것이었습니다.

이 아이디어 중 그 무엇도 있는 그대로 받아들여서는 안 되고, 각자의 공동체에 맞게 응용해야 합니다. 교육자가 혁신가로 성공하기 위해 중요한 또 하나는 혁신에 우선순위를 두고 그 과정에 필요한 시간을 들이는 것입니다. 혁신가와 모험가의 육성은 우리 학교들이 앞으로 나아가는 데 꼭 필요합니다. '혁신'을 사치품이 아니라 필수품으로 촉진해야 합니다. 미국 오리건 대학교University of Oregon의 글로벌 온라인 교육연구소Institute for Global and Online Education의 연구소장 겸 이사인 용 자오는 "무언가가 빠져 있다면 우리가 만들어 내야 하지 않는가. 성공을 위해 기꺼이 위험을 감수하는 기업가가 없다면 우리가 길러 내야 한다. 모험 정신을 가진 기업가를 길러 낸다는 것은 교육을 통해 외부에서 성공을 위해 기꺼이 위험을 감수하는 기업가 사고법을 배워 와서 아이들에게 불어넣는다는 것을 뜻한다"라고 말했습니다.[8] 그러한 교육은 그 기업가의 사고법을 갖춘 혁신적인 교사와 리더들로부터 시작합니다.

포함할 수 있는 다른 요소들: 비판적 사고, 선택, 연결된 학습, 문제 해결자/발견자

비판적 사고

이유: 정보가 풍부한 세계에서는 학생들이 정보를 비판적으로 평가하고 자신의 생각과 편견을 이해하는 것이 중요합니다. 또 일반 통념에 이의를 제기하는 질문들을 던지도록 준비시키고 격려해야 합니다.

우리가 학생들에게서 비판적 사고 능력을 기대하는 것처럼 우리 자신의 전문적 학습에서도 비판적 사고를 의미 있는 방식으로 증진해야 합니다. 개인적으로, 그리고 전체적으로 앞으로 나아가기 위해서는 비판적 토론을 통해 아이디어를 평가하고 추진하고 검토할 수 있는 공간과 환경을 만들 필요가 있는 것이지요. 학교가 정말로 혁신적인 곳으로 되기 위해서 지도부는 사람들이 현재의 관행에 의문을 품고 이의를 제기에도 마음을 열어야 합니다. 수평적 조직에서는 이런 유형의 사고가 꽃필 수 있습니다.

아이디어: 이 장에서 공유된 많은 아이디어는 전문적 학습과 관련된 통념에 도전할 기회를 제공합니다. 앞에서 언급했듯이 이 아이디어들을 그대로 따르라는 것은 아닙니다. 여기에서 제시한 것들은 전문적 학습을 개선할 수 있는 방법에 관한 저의 생각들입니다. 여러분의 학교 직원과 대화를 나누어 성공적인 전문적 학습이 어떤 모

습일지 기준을 정한 뒤, 실현 방법에 대한 새로운 아이디어를 개발하길 권합니다. 또한 저는 개인 차원에서도 이와 비슷한 과정이 진행되어 직원들이 성공적인 개인 학습이라고 생각하는 모습을 공유한 뒤, 이를 어떻게 실현할지 계획을 세우는 모습을 보고 싶습니다.

목표는 '늘 이렇게 했잖아'라는 생각에 이의를 제기하는 것입니다. 질문이 중심이 된 전문적 학습 과정을 이용하면, "왜 우리는 …… 을 하지?"라고 상기시키며 이의 제기를 시작할 수 있습니다. 예를 들어, "왜 우리는 학생들에게 상을 주지?" 혹은 "왜 우리는 성적표를 주된 평가 도구로 사용하지?"와 같은 질문들을 탐구할 수 있습니다. 모든 질문이 "왜?"로 시작될 필요는 없습니다. "학교의 절차가 심도 깊은 학습을 방해하는가?"와 같은 질문을 던질 수도 있습니다. 중요한 건 학교의 절차에 관해 우리가 받아들이는 상정에 이의를 제기하는 것입니다.

이렇게 질문을 던지는 과정의 가치는 아이디어를 새로운 시각으로 보기 시작한다는 데 있습니다. 직원들에게 질문을 던지고 새로운 아이디어와 해결책을 적극적으로 연구하라고 권하는 것은 학교 혁신을 향한 중요한 단계입니다. 사람들이 과정에 적극적으로 기여할 때, 조직 내에 긍정적 변화가 일어날 가능성이 훨씬 더 높지요.

포함할 수 있는 다른 요소들: 혁신의 기회, 목소리, 선택, 문제 해결자/발견자

문제 해결자/발견자

이유: 1부 '혁신가가 가진 사고방식의 특성' 장에서 언급한 것처

럼, 학생들을 문제 해결자와 문제 발견자로 기르는 것은 이들의 성공에 매우 중요합니다. 그런데 우리가 학생들에게 교실 내의 문제를 발견하고 해결하라고 요구하려면, 가르치는 우리도 자신의 일에서 똑같이 해야 합니다. 학생들에게 더 나은 기회를 만들어 주기 위해 노력하는 과정에서 우리의 문제를 확인하고 해결하라는 요구를 받는 상황이 얼마나 될까요? 사실 그런 상황은 매우 부족합니다.

교육에 관한 여러 가지 주제를 포스터로 만든 후 자신의 블로그에 공유해 유명세를 얻은 미국의 교사 크리시 베노스데일이 만든 '나는 배운다'의 메시지가 학생에게만 해당한다고 생각해서는 안 됩니다. 이 메시지는 교육과 관련된 모든 사람에게 적용될 수 있습니다. 우리 모두가 학습자가 되어야 하기 때문이지요.⁹ 생각하고, 묻고, 설계하고, 창작하고, 노력하고, 협력하고, 시도하고, 문제를 해결하고, 새로운 것을 고안하고, 깊이 생각하고, 배우는 것은 전부 문제 발견자나 해결자의 중요한 특징들이며, 우리가 개인과 조직의 모든 수준에서 활용해야 하는 활동입니다.

아이디어: 질문 중심의 학습 과정은 문제 해결뿐 아니라, 일단 문제를 발견하기 위해 질문을 생각해 내는 것도 강조합니다. 캐나다 앨버타 교육청이 학생들을 위해 실시하는 질문 중심의 학습 과정을 아래에 소개하겠습니다. 이 내용을 읽은 뒤 교육자들에게 어떻게 적용될 수 있을지 살펴봅시다.

효과적인 질문은 그냥 무언가를 물어보는 게 아니다. 질문 중심의 학습은 학생들이 질문을 생각해 내고, 답을 찾기 위해 조사를 하고, 새로운

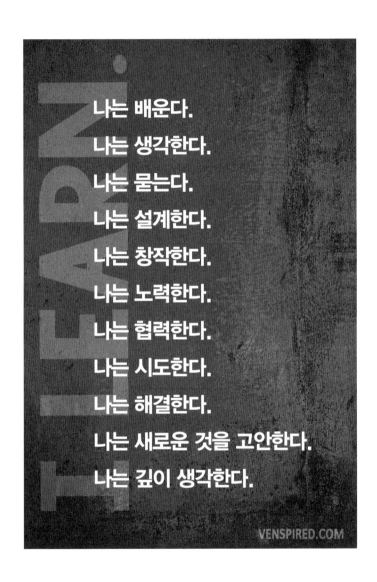

이해와 의미, 지식을 쌓은 뒤 자신이 배운 것을 다른 사람들에게 전달하는 복잡한 과정이다. 교사가 질문 중심 학습을 강조하는 학급에서는 학생들이 교과 과정 그리고(혹은) 공동체의 맥락 안에서 현실의 문제들을 해결하는 데 적극 참여한다. 이런 효과적인 학습 경험은 학생들을 깊이 참여시킨다.[10]

위의 글을 약간 수정하면 우리가 학생들에게 제공하는 기회들을 개선할 수 있는 전문적 학습을 생각하자는 효과적인 선언문으로 만들 수 있습니다.

효과적인 질문은 그냥 무언가를 물어보는 게 아니다. 질문 중심의 학습은 학습자가 질문을 생각해 내고, 답을 찾기 위해 조사를 하고, 새로운 이해와 의미, 지식을 쌓은 뒤 자신이 배운 것을 다른 사람들에게 전하여 학습과 교실 및 학교의 환경을 개선하기 위한 실질적 해결책을 찾는 복잡한 과정이다. 관리자가 질문 중심 학습을 강조하는 학교에서는 직원들이 교과 과정 그리고(혹은) 공동체의 맥락 안에서 실제 문제들을 해결하는 데 적극적으로 참여한다. 이런 효과적인 학습 경험은 학생들과 직원들을 깊이 참여시키고, 자율적 권한을 준다.

개인 전자기기 활용 제도(BYOD, Bring Your Own Device: 개인 소유의 노트북, 태블릿 PC, 스마트폰 등의 단말기를 업무에 활용하는 것 – 옮긴이)를 도입하든, 메이커 스페이스(Makerspaces, 3D 모델 파일과 다양한 재료들로 소비자가 원하는 사물을 즉석에서 만들 수 있는 작업 공간 – 옮긴이)를 구축하든, 새로운 유형의 프로그램을 사용하기 시작하든, 중요한 것은 직원과 학생들을 변화 과정에 참여시켜야 한다는 것입니다. 학교가 기능하는 방식에 이의를 제기하고 해결책을 고안하고 실행할 권한을 공동체에게 주면, 조직들은 우리가 교실에서 이뤄지길 원하는 학습 형태의 본보기가 되면서 발전할 수 있습니다. 교사, 학생, 공동체를 변화 과정에 얼마나 적극적으로 참여시키고 자율적 권한을 부여하고 있습니까? 사람들에게 문제를 발견하고 해결하는 과정에 참여할 자율적 권한을 주길 바랍니다.

포함할 수 있는 다른 요소들: 비판적 사고, 목소리, 선택, 혁신의 기회

자기 평가

이유: 학교에서는 우리가 어떻게 하고 있는지에 대한 판단을 다른 누군가에게 맡기게 합니다. 학생 성적표뿐 아니라 교육자 평가 과정도 마찬가지지요. 우리의 발전을 확인하거나 지적하는 일을 다른 사람에게 맡기는 체계가 가진 많은 문제점 중 하나는 학생들이 나쁜 교사를 만나고, 교사들이 나쁜 교장을 만나고, 교장들이 무능한 교육감을 만날 수 있다는 것입니다. 평가자나 리더가 유능하지 않으면, 이 체계는 비효과적일 뿐 아니라 심지어 유해하기까지 합니다. 반면 자기 스스로 자신의 강점과 약점을 파악하고 이해하면, 교육뿐 아니라 개인적, 직업적 모든 삶의 분야에 큰 도움이 됩니다.

아이디어: 블로그를 디지털 포트폴리오로 사용하면, 자신이 학습한 것들을 보여줄 기회뿐 아니라 깊이 생각할 시간도 얻을 수 있습니다. 제가 지난 5년 동안 꾸준히 관리한 디지털 포트폴리오는 어떤

다른 학습 기회보다 제 성장에 큰 도움이 되었습니다. 저는 이 디지털 포트폴리오를 통해 다른 학교의 리더들, 교육자들과 연결되었고 소통 기술을 연마했을 뿐만 아니라, 제가 무엇을, 어떻게 배웠는지 되돌아볼 수 있었습니다. 또 시간에 따른 학습 과정을 기록하고 평가하여 제 성장 과정을 쉽게 볼 수 있다는 보너스도 추가로 얻었습니다.

 디지털 포트폴리오를 (자기)평가의 일부로 포함하면 대화를 평가자의 관점에서 교육자의 관점으로 바꿀 수 있다.
#혁신가의 사고방식

교육자들에게 자신만의 포트폴리오를 만들게 하면, 우리는 대화의 초점을 '평가자'에서 '학습자'로 옮길 수 있습니다. 예를 들어, 전통적 평가에서는 관찰 결과가 관리자의 관점에서 교사에게로 공유되었습니다. 이런 유형의 평가에서는 대화가 시작될 수는 있지만, 제 경험에 따르면 이 경우 평가의 중심이 교사가 아닌 평가자에게 놓여 있고, 대화도 평가자 위주로 돌아가는 경우가 훨씬 흔했습니다. 디지털 포트폴리오를 자기 평가의 일부로 포함하면, 대화를 평가자의 관점에서 교육자의 관점으로 바꿀 수 있습니다. 단순히 "당신은 어떤 분야에 강하고, 어떤 분야에서 성장할 필요가 있나요?"와 같은 질문을 던지면서 대화를 시작해도 됩니다. 포트폴리오가 앞에 있으면 직원들은 자신의 발전 과정, 강점, 약점을 당신과 함께 돌아보고 평가할 수 있을 것입니다.

캐나다의 교육가이며 교육 분야의 저자, 강연자이기도 한 딘 샤레스키Dean Shareski는 블로그 활동이 어떻게 더 나은 교육자를 육성하는지에 관한 몇 가지 통찰력 있는 의견을 제시했습니다.

블로그를 하는 수천 명의 다른 교육자가 비슷한 말을 할 수도 있다. 실제로 나는 블로그를 계속해온 누구에게서도 블로그 활동이 자신의 성장과 개선에 꼭 필요하지 않았다는 말을 들어 본 적이 없다. …… 우리가 학교들이 성취하기 위해 수천 달러, 아마도 수백만 달러를 투자해 온 전문적 학습 공동체인 PLCProfessional Learning Communities의 비전을 살펴보자. 블로그는 이 비전들을 대부분 성취할 수 있다. PLC의 기본 개념은 교사들이 업무나 자료를 공유하고, 팀을 이루어 활동하여 개선을 이루는 것이다. 좋은 블로그는 이런 일을 그 이상을 한다. 자료는 해당 학교에만 국한하지 않을 수 있으므로, 뛰어난 블로거들은 관련되면서도 보편적인 자료와 경험을 공유하는 방법을 알기 때문에 어떤 독자라도 의견을 제시하고 토론을 시작할 수 있다.[11]

자기평가를 강조하면 개인 학습자에게 도움이 되고, 블로그에 공개적으로 공유할 경우 다른 교육자들에게도 도움이 됩니다. 교육자로서 우리의 학습과 조직 내부와 외부에서 업무의 투명성이 높아질수록 긍정적 변화를 추진하는 데 서로를 더 많이 활용할 수 있습니다.

연결된 학습

이유: 오늘날 우리가 살아가는 세계에는 학습 기회가 엄청나게 많습니다. 이 무궁무진한 정보를 공짜로 즉시 이용할 수 있을 뿐 아니라, 서로가 서로에게 접근할 수 있습니다. 연결성은 학생들의 학습 환경에 중요한 혜택을 제공합니다. 또 우리가 리더이자 지속적인 학습자로서 자신과 학생, 직원들을 위해 효과적인 학습 기회를 만드는 것을 가속화하고 증폭할 수 있게 합니다.

앞서 언급한 제 형 알렉 쿠로스 박사는 연결된 학습과 교수법에 포함된 요소들을 보여 주는 '네트워크로 연결된 교사'라는 도표를 작성했습니다.[12]

이 도표에서 밝힌 기술들과 그 사용법은 바뀔 수 있지만, 제가 생각하기에 이 도표의 가장 중요한 부분은 양방향으로 연결된 화살표들입니다. 네트워크로 연결된 교사들은 정보의 소비자이자 동시에 창작자입니다. 이러한 연결은 혁신을 가속화하고, 교사들이 학생들을 위해 더 좋은 기회를 만들 수 있게 합니다.

아이디어: 연결된 학습이 학생들을 위한 학습에 영향을 미치는 무언가로 가치가 있다면, 교사들이 근무 시간에 지역 및 전 세계의 동료들과 연결되는 시간을 마련하는 데 우선순위를 두어야 합니다. 여기에는 교육자들이 자신의 특정한 관심사와 질문을 해결하기 위해 개인 학습 네트워크PLN, Personal Learning Network에 연결할 기회도 포함됩니다. '교육자들이 자신의 기량을 높이는 과제들을 매주 진행하고, 멘토들의 지원을 받는' 에듀블로그 교사 챌린지Edublogs Teachers Challenges[13]와 같은 정보를 알려 주는 것도 교사들이 온라인 연결을 시

네트워크로 연결된 교사

교육 과정 자료

동료

대중매체

마이크로 블로깅*

인쇄물 및 디지털 자료

디지털 사진 공유

가족 및 지역 공동체

사회적 북 마킹

블로그

디지털 포럼 및 온라인 공동체

온라인 백과사전
(위키피디아, 나무위키 등)

소셜 네트워킹 서비스

채팅 및 인터넷 대화방

화상회의

* 휴대전화나 인스턴트 메시지 소프트웨어를 사용하여 자신의 생각이나 상황을 간단하게 블로 그에 올리는 것 – 옮긴이

작하도록 돕는 좋은 방법입니다.

일단 연결하는 습관을 기르는 것이 첫 단계입니다. 학습 도구나 전략을 찾기 위해 구글을 검색하기보다, 검색에 더하여 트위터에 질문을 올려 보십시오. 이때 사람들이 그 질문을 쉽게 찾을 수 있도록 해시태그를 붙이는 걸 잊지 마십시오. 그러면 더 좋은 결과를 얻을 수 있고, 읽고 쓸 수 있는 기본적 이해 수준에서 기술을 활용하는 법을 터득한 능숙한 수준으로 옮겨 갈 것입니다.

해시태그에 대해 이야기하자면, 저는 교육자들을 위한 기조강연이나 워크숍을 할 때마다 실시간으로 연결되어 서로에게서 배울 수 있는 해시태그를 항상 사용하여 공유합니다. 참석자들이 제게 배우는 동안, 서로에게서도 배우는 놀라운 기회를 갖게 해주기 때문입니다. 제가 속한 학교나 학군에서도 마찬가지입니다. 3부 '개방적 문화 받아들이기' 장에서 언급했듯이, 해시태그 사용은 학습을 가속화하고 공동체 의식을 촉진합니다. 전문적 학습 행사뿐만 아니라 1년 내내 해시태그를 사용하면 당신과 직원들이 동시에 하고 있는 학습과 그렇지 않은 학습 모두를 활용할 수 있습니다(1년 동안 성장한 증거를 수집하는 또 하나의 방법이기도 하지요).

포함할 수 있는 다른 요소들: 깊이 생각할 시간, 목소리, 선택, 혁신의 기회

앞으로 나아가기

제가 이번 장에서 전하고 싶은 것은 전문적 학습에 대한 정답이 아니라 아이디어를 떠올리도록 돕는 제안들입니다. 독자들은 여기에서 읽은 무언가를 그대로 쓸 수도 있고, 접근 방식을 살짝 비틀거나 완전히 수정하고 싶을 수도 있습니다. 조직의 리더는 자신의 공동체가 알고 있는 것들과 성장해야 하는 부분을 기반으로 접근해야 합니다. 어떤 전문적 학습에서든 성공에 반드시 필요한 것은 사람들이 A 지점에서 B 지점으로 나아가야 한다는 것을 인식하는 것입니다. 단순히 정보를 배포한다고 학습이 이뤄지는 것이 아니기 때문입니다. 세계적 베스트셀러《연금술사》의 저자 파울로 코엘료의 "사람들은 무언가를 들음으로써 배우지 않는다. 스스로 발견해야 한다"[14]라는 말처럼 말이지요. 직원들이 각자에게 맞춤화되고 자율적 권한이 부여된 학습을 해야 한다는 뜻입니다. 리더로서 직원이 체계적으로 학습하지 못한다고 느끼면 실망할 수도 있지만, 사람들이 저마다 다른 속도로 배운다는 점에 익숙해지면 직원들이 최고의 잠재력을 발휘하도록 지속적으로 도울 수 있을 것입니다.

[토론용 질문]

01 학교 및 조직을 위해 공동 개발한 비전을 진척시키는 한편, 개인에게 맞춘 학습 기회를 어떻게 마련하는가?

02 교육자로서 여러분이 하는 학습을 학교 학생들을 위해 만들어진 기회들과 어떻게 연결시키는가? 여러분은 자신이 겪었던 것과 동일한 경험을 만들어 내는가?

03 '오늘날 전문적 학습의 여덟 가지 요건' 중에서 여러분의 전문적 학습 기회에서 이미 본 것들에는 무엇이 있는가? 부족한 요소는 무엇인가?

PART4

생각을 마무리하며

THE
INNOVATOR'S
MINDSET

혁신가로 가는 길

조직의 지혜는, 조직이 학습 활동으로 일을 제대로 하는 것을
뛰어넘어 올바른 일을 하도록 해 준다.

–마틴 헤이스 Martin Hays[1]

지금까지의 논의를 정리해 봅시다.

1부에서는 혁신을 정의하고 왜 교육에서 혁신이 중요한지 이야기했습니다. 또한 혁신가가 가진 사고방식의 특징들을 확인했습니다.

2부에서는 관계를 발달시키고, 우리가 추구하는 것을 모형화하며, 사람들에게 자율적 권한을 부여하고, 공동체를 위해서가 아닌 공동체가 함께하는 학습 비전을 세움으로써 교육 혁신의 토대를 쌓는 데 초점을 맞추었습니다.

3부에서는 우리 학교 공동체에서 어떻게 재능을 발휘시키고, 혁신이 꽃피는 환경을 만들 수 있는지 살펴보았습니다. 혁신 문화를 촉진하는 환경은 다음과 같은 방법으로 조성됩니다.

- 강점에 바탕을 둔 리더십에 초점 맞추기
- 학습자에게 필요한 것을 기준으로 결정하기
- 초점을 좁히고 심도 깊은 학습에 몰입하기
- 개방적 문화를 받아들이기
- 우리가 교실에서 보고 싶은 학습 경험들을 교육자들에게 만들어 주기

위에 나열한 전략들에는 우선 순위가 있는 것이 아니며, 이 모두가 우리가 만들고 싶은 혁신적인 환경을 조성하는 데 도움을 줍니다. 다음 페이지에 나오는 질문들을 검토해 보면, 각 전략이 더 쉽게 이해될 것입니다. 조직, 학교, 학급에서 여러분 각자의 재능을 어떻게 발휘시키고 있는지(혹은 어떻게 발휘시킬지)에 관한 이 질문들을 검토하고 답하는 시간을 가지길 바랍니다.

학교와 학군의 미션과 비전 선언문에서 혁신이란 단어가 점점 더 널리 사용되고 있습니다. 리더로서 우리가 할 일은 혁신이 단지 말로 그치지 않고, 의도적이고 꾸준히 우리의 일상 습관을 형성하는 사고방식이 되도록 하는 것입니다. 우리가 하는 활동들이 앞서 언급한 미션과 비전 선언에 부합해야 합니다. 아직도 표준화된 시험을 잘 보는 데에만 초점을 맞춘다면, 우리는 학생들이 현재, 그리고 미래를 위한 성공적인 삶을 준비하는 데 도움을 줄 수 없습니다. 시험이 부적절하다는 것이 아니라 시험 문화가 부적절하기 때문입니다. 우리 학생들이 디자이너나 사상가, 창작자, 리더가 되는 모습을 보고 싶은가요? 그렇다면 아무리 컴퓨터를 사용한다 해도 정보를 그

대로 받아쓰게 하는 방법은 순응만 불러올 뿐이라는 사실을 깨달아야 합니다. 우리가 이전에 학교에서 하던 모든 일이 부적절하다는 말이 결코 아닙니다. 우리에게는 더 나은 무언가를 만들어 낼 수 있는 정보와 자원, 그리고 네트워크가 있다는 말을 하고 싶은 겁니다.

재능을 발휘시키기	추진 질문	당신의 답
강점 기반 리더십	나는 사람들의 강점을 알고 있고, 이를 바탕으로 발전시켜 나가는가?	
효과적인 학습이 먼저고 기술은 그 다음이다	우리는 새로운 (그리고 더 나은) 학습 기회를 받아들이고, 이 새로운 사실들에 기반해 결정을 내리는가?	
적을수록 더 좋다	우리가 초점을 맞추고 있는 의도적인 분야들은 무엇인가? 이 분야들의 지속적 학습과 발전을 지원하기 위해 우리의 자원들을 어떻게 배치할 것인가?	
개방적 문화 받아들이기	우리 자신의 학습과 발전을 촉진하기 위한 공개적이고 주기적인 공유 방법은 무엇일까?	
교육자를 위한 의미 있는 학습 경험 만들기	우리의 전문적 학습 기회가 우리가 학생들을 위해 만들어 내고 싶은 학습을 반영하는가?	

이 표의 질문들에 대한 여러분의 답을 살펴봅시다. 이 각각의 분야에 즉각적인 조치를 취한다면 여러분의 학교가 얼마나 다르게 보이고 느껴질까요? 분명 여러분은 작은 변화가 상황을 더 나은, 새로운 방향으로 바꾸기에 충분하다는 것을 알게 될 것입니다.

다른 형태의 평가

모든 교사가 자신이 부족해서가 아니라 더 나아질 수 있기 때문에
개선이 필요하다고 생각하는 문화를 만든다면
우리가 이룰 수 있는 일에는 한계가 없다.

-딜런 윌리엄 Dylan Wiliam

학교에서 이뤄지는 학습은 인증 자료가 중요합니다. 많은 학교에서는 시험이 이러한 인증 자료의 척도입니다. 따라서 대안을 제시하지 않은 채 막연히 시험 문화가 나쁘다고 주장하는 건 아무 소용이 없습니다. 저는 앞서 어떤 새로운 접근이 제가 속한 학교의 각 부서가 앞으로 나아가게끔 도왔는지, 표준화된 평가 방법의 무게를 덜어 주었는지 언급했습니다. 이 접근은 바로 디지털 포트폴리오입니다. 또한 다른 교육자들에게 디지털 포트폴리오를 작성하라고 권하는 몇 가지 이유도 설명했습니다. 나아가 저는 교육 개선 조치들을 어떻게 취할지 살펴보고, 학교가 평가 과정에 디지털 포트폴리오를 어떻게 포함시킬 수 있으며, 또 왜 포함시켜야 하는지에 관한 생각을 좀 더 나누고 싶습니다.

학생들과 직원들의 디지털 포트폴리오가 유용한 두 가지 주된 목적이 있습니다. 첫째는 시간에 따른 개인의 성장을 보여 주는 '학습 포트폴리오'이며, 두 번째는 개인의 우수한 작업들을 부각시킨 '쇼케이스 포트폴리오'입니다. 쉽게 설명하자면, 만약 한 학생이 9월, 10월, 11월, 12월에 책을 읽는 모습을 각각 영상으로 기록했다면, 시간에 따른 그 학생의 성장을 평가할 수 있습니다. 이것이 '학습 포

트폴리오'의 이점입니다. '쇼케이스 포트폴리오'는 (이력서와 비슷하게) 학생의 가장 우수한 성취만 보여 줍니다. 예를 들어 이 경우에는 12월의 영상을 이 학생의 '가장 우수한 성취'라고 고려해, 해당 달의 영상만을 포함할 것입니다. 과정이 제대로 되었다면, 교사가 학생의 최고 성취를 결정하는 것이 아니라 학생이 직접 사람들에게 보일 자신의 포트폴리오를 선정하고 선택 기준을 설명해야 합니다.

전통적인 시스템에서는 성적이 주관적으로 매겨집니다. 읽기에서 'A' 점수가 무엇을 뜻할까요? 이 점수는 학년, 교사나 평가자, 때로는 심지어 평가 장소에 따라서도 영향을 받습니다. 반면 포트폴리오는 실제 학습과 시간에 따른 진전을 보여 줍니다. 부모들은 자녀가 무엇을 배우고 있는지 실시간으로 볼 수 있기 때문에, 가정에서의 소통 및 부모와 교사 간의 소통이 향상됩니다. 가정에서 부모들이 예전에는 "오늘 뭘 배웠니?"라고 물었을 때 으레 "별거 없어요"라는 대답을 들었다면 이제 부모들은 "오늘 네가 과학에서 '○○'를 하는 걸 봤어. …… 그 활동에 대해 더 자세히 얘기해 주렴"하고 대화를 이끌 수 있습니다. 그러면 학습에 관해 학생과 훨씬 심도 깊게 대화할 수 있습니다.

온라인 포트폴리오가 학습 과정을 기록하고 평가하는 보다 나은 방법을 제공하는 네 가지 예를 더 들어 보겠습니다.

1. '전통적'인 읽고 쓰는 기술에 더 효과적으로 초점을 맞출 기회

많은 사람이 활동 사례를 볼 수 있는 링크가 걸린 포트폴리오를 선호하는데, 이는 '쇼케이스' 측면에서 중요합니다. 제가 블로그 활동에서 좋아하는 점은 글을 쓸 수 있는 기회를 제공한다는 것입니다. 이 기회는 학생들이 학교에서 하는 활동에서도 매우 중요한 부분입니다. 뛰어난 아이디어를 떠올리는 것과 이를 다른 사람들에게 전달하는 능력은 별개이기 때문입니다. 우리 분야에서는 이 두 가지를 모두 할 수 있어야 합니다. 3부 '적을수록 더 좋다' 장에서 논의했듯이, 블로그는 여러 번 쓰고 수정할 기회를 제공하기 때문에 학생의 기본적인 문해 능력에 초점을 맞출 수 있는데, 아마 일반적 방식의 과제를 내줄 때보다 효과는 더 좋을 것입니다. 동시에 학생들은 사람들과의 소통 기술을 연마할 수 있습니다. 더 많이 쓰고 서로의 글을 더 많이 읽을수록, 글을 더 잘 쓰게 되기 때문입니다.

2. 다양한 '읽고 쓰기 기술'을 활용하는 기능

읽고 쓰기도 중요하지만 학생들과 교육자 모두가 발언권을 가질 기회를 만드는 것도 중요합니다. 블로그가 항상 유익한 이유는 우리가 어떤 '매체'를 사용하더라도 자신의 아이디어와 새로 배운 것들을 게시물에 포함시킬 방법이 있기 때문입니다. 글을 쓰고 싶으면 글을 쓰는 기능을 이용하면 됩니다. 하지만 만약에 제가 영상을 제작하고 싶거나, 입체적 프레젠테이션 자료인 프레지Prezi 혹은 슬라이드쉐어SlideShare를 만들고 싶거나, 사진을 공유하고 싶거나, 팟캐스트 서비스를 하고 싶다면 저는 블로그를 통해 이 모든 것들을 공유할 수 있습니다. 우리는 종종 어떤 주제에 대한 이해보다 그 주제에 관해 쓸 수 있는 능력에 따라 학생을 평가하기도 합니다. 블로그는 학습자들이 자신의 강점들을 활용해 학습 내용과 학습 목표를 숙달

했음을 타인에게 전하는 다양한 옵션을 제공합니다.

3. 독자를 만드는 기능

앞서 언급했듯이 독자를 가진다는 것은 학습 과정에 굉장히 유익합니다. 사이트에 링크를 무더기로 걸어 두는 '디지털 쓰레기장'과 같은 형태는 아이디어 소통의 장이 아니라, 단방향 매체로 사용하는 것입니다. 블로그는 우리가 새로운 내용을 공유할 때마다, 사람들이 이메일 구독이나 특정 인터넷 사이트 구독을 신청하면 해당 사이트를 방문하지 않아도 자동으로 정보를 제공받은 서비스인 RSS를 통해 소식을 받아볼 수 있도록 합니다. 학생들과 교사들의 블로그 독자가 수만 명은 아니겠지만, 단 열 명의 독자만 있어도 숙고하는 과정이 더 알차질 수 있습니다. 시간을 내서 포트폴리오를 만들 계획이라면, 그 내용을 공유하겠다는 전제로 제작하는 것이 중요합니다. 독자는 잠재적으로 연결되어 있어 중요할 뿐 아니라, 협력의 측면에서도 매우 중요합니다. 이 '독자'들은 코멘트 달기와 다른 사람들과 아이디어를 공유하는 기능을 통해, 진정한 소통을 가능하게 하고 비슷한 주제에 관심 있는 사람들과 연결될 기회에 중요한 역할을 합니다.

4. 의견을 자세히 설명하는 기능

사람들이 사진, 기계, 요리, 춤, 마인크래프트, 피트니스, 스카이다이빙 혹은 그 외 수많은 다른 주제 가운데 자신이 관심 있는 분야에 관한 의견을 공유할 가능성이 더 커지고 있습니다. 저는 학교(유치원부터 대학교까지)에 다녔던 기간보다 지난 5년 동안 더 많은 글을 썼습니다. 제가 원하는 주제에 관해 쓸 자유가 있었기 때문이었죠. 글쓰기는 제가 의견을 자세히 설명하고 생각을 공유하도록 도와주었습니다. 또 제가 배우고 싶은 것들을 더 깊이 파고들 수 있게 해주었습니다. 블로그를 학생들의 포트폴리오로 사용할 계획이라면, '학습 활동'에 더해 학생들의 관심사를 공유할 기회를 주는 것이 중요합니다. 학생들이 스스로의 의견을 표현하도록 도우면서 학생들에 대해 더 많이 알게 되는 또 다른 이점도 있으니까요. 열정을 탐구할 자유와 기회가 우리에게 도움이 된다면, 학생들에게도 도움이 되지 않을 이유가 없습니다.

디지털 포트폴리오가 수치로 표현하는 정량적 자료를 대신할 수 있다고 얘기하는 것은 아닙니다. 오히려 디지털 포트폴리오는 다른 형태의 평가들과 연계되는 효과적인 학습 내력을 제공할 수 있습니다. 숫자는 그 내력의 일부일 뿐입니다. 학생들의 관점에서 글이나 시각 자료로 제시한 학습 사례들은 우리의 현재 위치가 어디이고 어디로 가야 하는지에 대한 이해를 높여 줍니다. 뿐만 아니라 디지털 포트폴리오는 조직 내의 교육자들이 학생이 교실에서 무엇을 하는지 볼 수 있는 기회를 제공합니다. 이를 통해 교육자들은 아이디어를 촉발시키고 경쟁적 협력을 격려할 수 있게 됩니다. 어떤 교육자가 효율적인지 보려면, 그 교사가 하고 있는 일이 아니라, 그가 가르치는 학습자들을 보아야 합니다. 그렇게 되면 학교는 어떤 숫자가 만들어 내는 것보다도 더 많은 학습에 관한 이야기들로 풍성해질 것입니다.

어떤 교육자가 효율적인지 보려면
그 교사가 하고 있는 일이 아니라,
그가 가르치는 학습자들을 보아야 한다.
#혁신가의 사고방식

사고의 전환을 이루기 위한 학습의 전환

전 세계의 교육 시스템에서 디지털 포트폴리오 사용이 증가함에 따라, 기술 업체들은 이 요구를 충족시킬 완벽한 앱을 개발하고자 노력하고 있습니다. 하지만 최고의 도구가 있더라도 포트폴리오가 교육자인 우리의 학습에 어떤 영향을 미치는지 이해하지 못한다면, 학생들을 위해 이 기술을 의미 있게 사용하지 못할 것입니다. 그러면 학습을 가속화하는 도구라기보다는 그저 디지털 형태로 된 종이 포트폴리오나 다름없게 됩니다. 3부 '교육자들을 위한 의미 있는 학습 경험 만들기' 장에서 논의한 것처럼 포트폴리오를 교육자들이 작성해야 하는 업무의 일부로 만드는 것은 독자들로부터 배우고 소통하는 가운데 문서의 기록 및 반영의 힘을 전적으로 인식하는 데 도움이 됩니다.

우리 파크랜드 교육청에서는 디지털 포트폴리오를 위해 에듀블로그를 사용했습니다(대부분의 다른 블로그 플랫폼들도 비슷합니다). 또 학교 블로그, 학급 블로그, 학군의 소통, 그리고 '학습 코치' 계획psdblogs.ca/learningcoaches처럼 학습을 공유하는 그룹 공간 등 우리가 지속적으로 수행하는 몇몇 다른 측면의 업무에도 이 플랫폼을 사용했습니다. 하나의 플랫폼을 이용하자, 사용되는 도구의 수를 제한하는 데도 도움이 되었습니다. 또 학생들과 동일한 기술을 사용하니, 우리의 초점은 도구를 어떻게 사용하는가에서 도구로 어떻게 학습을 개선하고 향상할 것인가로 옮겨 갔습니다.

우리가 블로그를 활용해 온 방법 중 하나는 학생들이 학기 중 학교에 나온 모든 날의 학습을 보여 주는 184일 학습psdblogs.ca/184입니다. 이 계획의 개념은 미국 애틀랜타의 한 교육자 그룹에서 채택되었는데 이 교육자들은 매일 학생들에게 "오늘은 뭘 배웠나요?"라고 묻습니다. 우리는 학생들부터 교육감에 이르기까지, 학군에서 어떤 역할을 맡은 사람에게든 같은 질문을 던지기로 결정하고 여기에 대답할 기회를 만들었습니다. 블로그는 우리가 네트워크로 연결된 학습의 영향을 이해하고, 우리 공동체의 내부와 외부 모두에 효과적인 학습 아이디어들을 촉발하는 데 도움이 되었습니다. 2011년에 시작되어 지금까지 계속 운영되는 블로그에서 우리 학생들, 직원들, 공동체가 해온 학습의 증거를 확인할 수 있습니다. 블로그는 이렇듯 우리 모두가 학습자라는 개념을 훌륭하게 보여 줍니다.

184일의 학습 블로그를 사용하면서 일어난 일들 중에서 제가 굉장히 좋아하는 사례는 캐나다 출신의 일러스트레이터이며 동화작가인 피터 H. 레이놀즈Peter H. Reynolds의 《점The Dot》이라는 책을 읽고 글을 쓴 매디신이라는 학생의 사례입니다. 매디신은 이 이야기가 전하는 아름다운 메시지에 관한 감상을 블로그에 썼습니다.

나는 모든 사람에게《점》을 읽을 기회가 생겼으면 좋겠다. 이 책을 읽고 나면 모든 것이 그 전과 조금 다르게 보일 것이기 때문이다. 나는 어떤 사람이든, 어디에서 왔든 온 세상의 모든 사람이 자신이 중요한 사람이라는 것을 알았으면 좋겠다. 이 사실을 아는 것이 중요하다. 자신이 중요한 사람이라고 생각하지 않더라도 …… 당신은 중요한 사람이다![2]

이 감동적인 메시지를 전 세계의 다른 사람들과 공유한 메디신은 자신의 의견이 소중하다는 것을 배웠습니다. 블로그 게시물을 올린 지 24시간도 되지 않아 책의 저자가 이 글에 직접 코멘트를 썼기 때문입니다(당시 매디신은 초등학교 4학년이었습니다).

매디신, 학생의 멋진 그림을 볼 수 있게 해줘서 고마워요!《점》그리고 그림과 글 사이의 관계에 대한 매디신의 생각을 재미있게 읽었고, 매디신의 의견에 중요성을 더할 수 있어 즐거워요! 창의성이 계속 흘러넘치길!
– 피터 H. 레이놀즈[3]

이 코멘트를 읽고, 저와 매디신, 그리고 그녀의 담임, 다른 학생들 모두 어안이 벙벙했습니다. 그날 매디신과 우리 학생들은 각자의 목소리가 정말로 중요하다는 것을 알게 되었습니다. 또 이제 세상이 서로 연결되어 있고, 우리가 공유하는 내용이 다른 사람들을 돕고 영감을 줄 수 있다는 것도 깨달았습니다. 그 후 우리 학교의 학생들은 더 적극적으로 변했습니다. 책을 읽으면 "작가가 누구예요? 작가의 트위터 계정이 뭐예요?"라고 묻기도 합니다. 당신은 표준화된 시험(혹은 학생들에게 시험을 준비시키는 데 사용한 수많은 수업)을 통해 이 정도로 강렬한 경험을 몇 번이나 해 보았습니까? 제가 추측하건대, 아마 한 번도 없었겠지요.

성공을 어떻게 측정할 것인가?

우리는 학교의 성공을 측정하는 데 종종 기업의 지표를 사용하려고 시도합니다. 기업이 하듯이 돈으로 셈을 한다기보다는, 시험 점수를 성공의 측정에 사용하지요. 고객 만족도처럼 기업이 미래의 성공을 판단하는 데 도움이 되는 다른 지표들도 분명 있지만, 거의 모든 기업에서의 결론은 돈이라고 할 수 있습니다. 다시 말해, 수익이 결정적인 측정 기준인 것입니다. 학교가 재계에서 배울 수도 있지만, 우리의 성공은 정량화할 수 있는 것이 아닙니다. 저는 샌디에이고 대학교 모바일 기술 학습센터의 전문 학습 책임자인 케이티 마틴과 대화하면서 학교들이 성공을 거두었는지 아닌지 판단할 때 부딪치는 어려움에 대해 이야기했습니다. "우리는 지금 많은 체계적 갈등을 겪고 있어요. 말로는 아이들이 비판적 사상가, 생산적인 시민, 책임감 있는 의사 결정자 들이 되길 바란다고 하면서 오직 시험을 얼마나 잘 봤는지로 '성공'을 측정하고, 아이들이 다른 바람직한 기량이나 사고방식을 얼마나 발달시키고 성장했는지는 칭찬하지 않기 때문이죠." 저는 케이티의 말에 전적으로 공감합니다. 우리는 지난 수년간 세계에서 가장 인간적인 직업에 종사하면서도 이 일을 단순히 문자와 성적으로 축소하려 했고, 이 방식은 효과가 없었기 때문입니다.

우리 학교가 성공적인지 판단하려면, 우리가 미친 영향이 아이들이 학교를 떠나고 상당한 시간이 흐른 후에 측정된다는 것을 인식해야 합니다. 그리고 성공이 무엇을 의미하는지부터 정의해야 합니다. 성인에게 학교에서 자신에게 긍정적인 영향을 미쳤던 경험이 무엇인지 물어보면, 대부분 효과적인 프로젝트, 멋진 과제, 혹은 학생 시절 자신의 '챔피언'이라고 느꼈던 교사와의 긍정적인 관계라는 대답이 나올 것입니다. 시험이라고 대답하는 사람들은 거의 없을 것입니다.

그렇다면 성공적이라는 것은 무엇을 의미할까요? 많은 학교가 고등 교육기관에 진학하는 학생들의 수에 관한 통계를 지표로 내세울 것입니다. 하지만 학생이 대학 학위는 땄지만, 인생이나 직업에서 행복하지 못하다면 성공으로 간주할 수 있을까요? 학업적 성취와 별개로 학교에서의 성공은 학생들이 학교에서 무엇을 했는지 뿐만 아니라, 학교 환경을 떠난 뒤 이들이 세상에 미친 영향으로도 측정되어야 합니다. 누군가가 더 높은 학위를 받고 많은 돈을 벌고 행복하다 하더라도, 사회에 기여하는 일원이 아니라면 성공이라고 할 수 있을까요? 아니라면 그 사람과 학교 교육 중, 어느 쪽의 책임일까요?

> 수년간 우리는 세계에서 가장 인간적인 직업에 종사하면서도
> 이 일을 단순히 문자와 성적으로 축소하려 했고,
> 이 방식은 효과가 없었다.
> #혁신가의 사고방식

성공은 정량화하기 매우 어렵고, 교육의 대부분의 측면과 마찬가지로 우리는 학생들의 시각에서 성공을 검토해야 합니다. 학교를 떠난 학생들을 조사해 보는 것도 흥미로운 방법 중 하나입니다. 우리는 그들의 학교가 어땠는지 판단하는 데 도움이 되는 세 가지 질문을 던질 수 있습니다.

1. 당신은 자신이 성공적이고 사회에 기여하는 일원이라고 생각하는가?
2. 왜 그렇게 생각하는가?
3. 학교가 당신의 대답에 어떤 영향을 미쳤다고 생각하는가?

여기에서 나온 대답들은 우리 학교들의 유효성에 대해 많은 것을 말해 줄 것입니다. 이 세 가지 질문은 우리 학교 공동체가 어떻게 일하고 있는지에 대한 어느 정도의 척도가 될 뿐 아니라, 조사 내용이 간결하기 때문에 답변을 받을 가능성도 높습니다. 또한 정량적 자료도 수집할 수 있습니다.

앞으로 나아가기

그렇다면 여러분의 학교나 학급이 아직 목표에 도달하지 않았다는 것을 어떻게 알 수 있을까요? 답은 간단합니다. 아직 목표에 도달하지 않았기 때문입니다. 우리는 결코 '도달하지' 못할 것입니다. 여러분의 학교가 세계 최고가 아니라는 뜻은 아닙니다. 사실, 여러분의 학교는 굉장히 훌륭한 곳일 것입니다. 하지만 학교는 혁신을 촉진하는 학습 조직이 되어야 하므로, 우리는 관행을 개선하는 데 꾸준히 초점을 맞춰야 하고, 이는 혁신과 성장, 학습이 절대 완료될 수 없다는 의미입니다. 오늘의 혁신이 내일의 표준이 될 수 있고, 이는 지속적인 개선이 반복되는 것을 촉진하게 합니다. 미국의 스탠퍼드 대학교Stanford University 공과대 경영학과 교수이자 경영 리더십 관련 베스트셀러 저자인 로버트 서튼Robert Sutton과 같은 대학 경영대학원의 조직행동학 교수인 허기 라오Huggy Rao는 이렇게 지속적 발전에 초점을 맞추는 것이 전 세계 최고 조직들의 표준이라고 말합니다.

미국의 시나리오 작가이자 영화감독으로 아카데미상을 받은 픽사Pixar의 브래드 버드Brad Bird가 한 말처럼 탁월함을 전파하고 유지하는 조직들에는 '끈질긴 조바심'이 스며들어 있다. 일들이 결코 만족스럽지 못하다는 느낌이 계속 따라다니며 종종 끝없는 혁신을 촉구하는 것이다.[4]

이러한 '끈질긴 조바심'은 학생들에게 도움이 되고, 우리 교육자들에게도 학습자로서의 자율적 권한을 부여할 것입니다. 우리가 학습을 그만둔다면 가르치는 것도 그만두는 편이 낫습니다. 이 책이 의도한 것은 여러분에게 해답을 주는 것이 아니라, 더 많은 질문을 유발하는 것입니다. 또 대화를 끝내는 게 아니라, 촉진하고자 합니다. 저는 이 책을 출간 시점의 제 학습에 대한 총괄적 평가라고 생각하지만, 이 책 역시 이 주제에 대한 제 학습의 끝이 아니라 시작일 뿐입니다. 여러분이 목표에 도달했다고 생각한다면 여러분은 아마이미 뒤처지고 있을 것입니다.

우리는 학교 생활이라는 맥락에서, 그리고 우리가 매일의 일상 속에서 어디서든 접근 가능한 기술을 활용한 '더 나은' 모습이 무엇인지에 대해 다시 이해해야 합니다. 딘 샤레스키는 리더들에게 오늘날우리의 세계에서 성공이 어떤 모습인지 재고하라고 촉구합니다.

지난 10년간 대부분의 사람은 언제, 어디서든, 누구에게서든 배운다는것이 어떤 것인지 경험했다. 일상생활에서 이것은 더 이상 구경거리가아니라 우리가 학습하는 방식이 되었다. 정책 입안자나 리더들이 이를이해하지 못하고 이에 따라 살지 않는다면 다른 직업을 찾아봐야 할 것이다. 나는 이런 아이디어들과 변화에 지금까지 노출되지 않은 사람이있다고는 상상도 하지 못하겠다. …… 이것은 성공의 새로운 척도를 의미한다. 학생들이 다양한 매체를 이용해 효과적으로 소통하고 이야기를들려주는 것이든, 미술작품을 만드는 것이든, 실제의 문제들을 발견하고이를 해결하는 것이든, 전 세계 사람들과 효과적으로 협력하는 것이든,혹은 코딩을 하는 것이든, 무엇을 하든 간에 표 계산 프로그램인 스프레드시트의 셀로는 절대 가능하지 않은, 훨씬 더 뛰어난 무수한 학습의 예가 있다.[5]

교육 리더이자 지속적인 학습자로서 우리는 자신을 위해, 그리고우리들이 일하는 학교와 학생들을 위해 부단히 앞으로 나아가야 합니다. 학생들과 우리 자신을 위해 끊임없이 질문을 던지거나, 가능한 것의 한계를 무너뜨리십시오. 여기서부터 진정한 학습이 이뤄질 것입니다.

[토론용 질문]

01 여러분이 속한 학교 공동체가 공동으로 정한 비전을 향해 성공적으로 나아가고 있는지 어떻게 판단하는가?

02 학습한 내용을 서로에게, 그리고 공동체에게 보여 주기 위해 모든 수준에서 학습의 증거를 어떻게 수집하고 있는가?

03 학생들이 학교에서 하는 학습과 경험에 관해 더 많은 것을 알게 하기 위해 학생들에게 어떤 질문을 던지는가?

교육에서의 혁신을 방해하는
가장 큰 장애물과 '게임 체인저'

당신의 행동이 타인들에게 더 큰 꿈을 꾸고 더 많이 배우고 더 많은 일을 하고
더 나은 사람이 되도록 영감을 준다면, 당신은 리더다.

-존 퀸시 애덤스 John Quincy Adams

　거리에 이젤을 세워 놓은 한 화가에게 지나가는 한 사람이 초상화를 그리는 데 얼마인지 물었습니다. 화가는 "50달러"라고 대답했습니다. 고객이 선뜻 가격에 동의했고 화가는 그림을 그리기 시작했습니다. 10분 뒤 화가는 아름답고 창의적인 작품을 완성했습니다. 고객은 작품의 창의성과 높은 수준에 매우 흡족했지만, 아까 합의한 가격에 이의를 제기했습니다. 고객은 "이렇게 짧은 시간이 걸렸는데, 그렇게 높은 가격을 매기면 안 되죠"라고 주장했습니다.

　그러자 화가는 "10분 만에 이런 그림을 그릴 수 있게 되기까지 10년이 걸렸어요. 이 그림을 그렇게 빨리 그릴 수 있기 위해 내가 기울였던 엄청난 노력은 보지 못하는군요"라고 반박했습니다.

　얼마 전에 들은 이 이야기의 출처는 기억나지 않지만 그 메시지

는 제게 깊은 울림을 주었습니다. 특히 교육에서 '기본' 대 '혁신' 간의 대립에 관한 기사들을 잇달아 읽었을 때라서 더욱 그랬습니다. 둘 중 어느 한쪽만을 선택하는 사람들도 많겠지만, 제 입장은 중간 어디쯤에 있습니다. 어떤 분야에서든 혁신에는 기초적 개념들에 대한 근본적인 이해가 필요하기 때문입니다. 위대한 음악가가 되기 위해서는 음악의 기초 개념들을 배워야 합니다. 또한 세계 최고의 작가들도 어느 시점에서 글을 읽고 쓰는 법을 배웠을 겁니다. 기본적인 것들을 배우는 속도는 사람마다 다르지만, 장인들도 모두 처음에는 기초적인 지식과 능력을 습득해야 합니다.

기본은 현대 세계에서 매우 중요합니다. 우리 모두는 이 점을 알고 있습니다. 저는 교육 혁신에 열정적인 사람이지만, 철자 실수를 보면 아직도 움찔합니다. 저는 철자 틀리는 걸 싫어합니다. 아이들이 구구단을 외웠으면 좋겠고, 간단한 산수를 하는 데 계산기에 의지하지 않길 바랍니다. 반복해 말하지만 기본은 중요합니다. 하지만 우리가 무언가를 하고 창조하려면 그냥 아는 수준을 넘어서야 합니다. 읽고 쓰는 법을 안다고 작가가 되는 건 아니니까요. 반면에 당신이 작가라면 읽고 쓰는 법을 아는 건 당연한 일입니다.

우리가 배우는 방식, 그리고 우리가 학생들에게 가장 기본적인 기능을 가르치는 방식은 오늘날 우리가 접근하는 기술과 정보, 사람들을 반영하고 이해해야 합니다. 우리가 예전에 배웠던 방식을 바탕으로 가르칠 수는 없습니다. a) 현재 우리는 매우 유용한 기회들을 즉시 이용할 수 있기 때문입니다. b) 오늘날의 많은 교사가 배웠던 방식이 모든 학생에게 효과적이지는 않기 때문입니다. 심지어 우리가 학교에 다닐 때도 마찬가지였습니다.

제 경험을 돌아보면, 저는 초등학교 1학년에서 중학교 1학년까지 반 전체에서 보통 3등 안에 들었습니다. 하지만 저는 제가 충분히 똑똑하다고 느끼지 않았습니다. '1등'이 아니었기 때문입니다. 학교에서 끊임없이 순위를 매기다 보니 저는 미국의 코미디 영화 속 주인공 리키 바비Ricky Bobby처럼 "1등이 아니면 꼴찌다"라고 믿게 되었습니다. 그 말을 주문으로 삼아 저는 나머지 학창 시절 동안 최소한의 노력만 기울여 가까스로 대학에 들어갔고, 수년간 공부 때문에 고생했습니다. 저는 기본은 알고 있었지만, 저 자신을 중요한 사람이라고 생각하지 않았습니다. 저 스스로를 작가나 수학자, 과학자 혹은 학구적인 사람으로 보지 않았었죠. 제가 대학에 간 건 부모님이 보냈기 때문이지, 여섯 살 때 교사가 될 것이라는 계시를 받아서가 아니었습니다. 부모님이 제가 대학에 가기 바라셨고, 그래서 저는 대학에 다녔고, 4년간 헤매다가 마침내 교육계로 진출하겠다고 결정했습니다. 4년짜리 학위를 따는 데 통틀어 6년이 걸렸습니다.

그렇다면 학교에 들어간 초반에는 왜 공부를 잘했을까요? 선생님을 기쁘게 해드리기 위해서였습니다.

왜 대학을 다녔을까요? 부모님을 기쁘게 해드리기 위해서였습니다.

왜 교사가 되었을까요? 정말 그 외에 일은 어떻게 해야 할지 몰랐기 때문입니다.

서른한 살 즈음에야 처음으로 저는 직업이어서가 아니라, 열정을 느끼는 일이기 때문에 저 자신을 교육자라고 생각하게 되었습니다. 거기까지 이르는 데는 저의 강점과 관심사를 이끌어 내고 저의 재능과 열정을 알 수 있도록 도와준 다른 누군가가 있었습니다. 몇 년 뒤인 서른다섯 살 때 저는 처음으로 스스로를 학습자로 생각했습니다. 그리고 5년이 흐른 지금 이 책의 마지막 장을 마무리하면서 저는 제 자신을 작가라고 생각합니다.

학생으로서 학교에서 보낸 18년 동안 끊임없이 리포트를 썼지만, 제가 작가라고 생각한 적은 단 한 번도 없었습니다. 하지만 마침내 제 자신의 열정을 탐구하고 학습을 심화하기 시작하면서 저는 제가 글쓰기를 정말로 즐긴다는 것을 발견했습니다. 그리고 책과 거의 1,000개에 이르는 블로그 게시물을 쓴 뒤에야 저 자신을 작가로 생각하기 시작했습니다. 저는 제 일을 좋아하게 된 것에 감사합니다. 이제 제 일이 '직업'이 아니라 제 존재의 일부로 느껴집니다. 그리고 저의 직원들과 학생들이 이 아름다운 감정을 느끼길 바랍니다. 삶에서 훨씬 더 일찍 그 느낌을 갖기 바랍니다.

학교 다닐 때 했던 경험들이 제가 여기까지 이르는 데 도움이 되었을까요? 물론입니다. 그리고 현재 제가 가진 기회들을 만들 수 있도록 돕는 데 많은 시간을 써주신 여러 선생님께 감사드립니다. 집에서뿐만 아니라 학교 교육에서 다진 기초들이 없었다면, 저는 지금의 학습자가 되지 못했을 것입니다. 하지만 이런 의문은 가지고 있습니다. 왜 저는 제 열정과 재능을 좀 더 일찍 발견하지 못했을까요? 더 중요하게는, 교육자로서 아이들이 자신의 재능들을 발견하도록 어떻게 도울 수 있을까요?

사람들은 혁신에 중점을 두는 제게 "그러면 기초는 어떻게 하나요?"라는 질문으로 자주 이의를 제기합니다. 저는 우리 학생들이 기초를, 그리고 훨씬 더 많은 것을 알길 바라고 있습니다. 제 부모님이 캐나다에 오신 것은 우리에게 그리스에서 당신들에게 주어졌던 것과 똑같은 기회를 주기 위해서가 아니라, 더 나은 무언가를 만들어 주기 위해서였습니다. 이런 바람이 교육자로서의 제 원동력입니다. 제가 경험했던 것보다 더 나은 모습의 학교를 만드는 것! 저는 저를 지도해 주셨던 선생님들께 감사하며, 그분들이 했던 일들을 발판으로 삼고 싶습니다. 저의 바람은 미래의 교사들이 우리 세대가 했던 일들을 재현하는 게 아니라, 그 세대에 알맞은 훨씬 더 나은 무언가를 만드는 것입니다. 이것이 모든 세대의 바람 아닐까요? 과거에 우리가 했던 것보다 더 나은 일을 하는 것 말입니다.

그 화가가 10분 만에 그림을 그리는 솜씨를 기르는 데 10년을 투자한 이유는 무엇일까요? 짐작하건대, 그는 어느 시점에선가 영감을 받아 자신을 화가로 생각하기 시작했을 것입니다. 저는 학교가 사람들이 전통적으로 학교에 대해 기대한 것을 넘어서도록 하는 기폭제의 일부가 되길 바랍니다. 학교에서는 학업 성적이 최상위인 학생들을 항상 칭찬하고 성공적이라고 치켜세우지만, 때때로 졸업 뒤에 이 학생들이 학교에서만 뛰어났지 다른 데서는 별로 특출하지 않은 경우가 있습니다. 교육자인 우리는 더 그럴 수 있습니다. 2010년, 미국의 한 고등학교에서 에리카 골드슨Erica Goldson은 고등학교 졸업생 대표로 연설하면서 이 사실을 지적했습니다.

저는 졸업합니다. 저는 학창시절을 긍정적인 경험으로 생각해야겠지요. 특히 우리 반에서 1등이라는 사실을요. 하지만 돌아보면 제가 학우

들보다 더 똑똑하다고 말하지는 못하겠어요. 저는 시키는 일을 하고 시스템에 맞추는 걸 가장 잘했을 뿐이니까요. 그런데도 저는 이 자리에 섰고, 이런 주입식 교육의 나날을 마친 것을 자랑스러워 해야 하겠지요. 이제 가을에 저는 제가 가야 한다는 다음 단계로 떠납니다. 제가 일할 능력이 있음을 증명하는 종이 문서를 받기 위해서지요. 하지만 저는 일꾼이 아니라, 인간이고 사상가이며 모험가입니다. 일꾼은 반복 속에 갇힌 사람, 그 앞에 세워진 체제의 노예입니다. 하지만 저는 제가 최고의 노예라는 것을 성공적으로 보여 주었습니다. 남들이 저보러 하라고 하는 일을 해내는데, 최선의 노력을 쏟았습니다. 교실에서 다른 학생들이 훗날 훌륭한 화가가 되기 위해 뭔가를 끼적거리는 동안, 저는 필기를 하고 시험을 잘 보는 학생이 되었습니다. 다른 학생들이 관심 분야의 책을 읽느라 숙제를 하지 않은 채 학교에 오는 동안, 저는 어느 과제도 놓치지 않았지요. 다른 학생들이 음악을 만들고 가사를 쓰는 동안, 저는 꼭 필요하지도 않은 추가 점수를 받겠다고 결심했죠. 그렇다면 왜 제가 이 자리를 원했는지 궁금합니다. 물론 저는 지금 이 자리를 차지했습니다. 하지만 여기에서 뭘 얻을까요? 제가 이 교육 제도를 벗어났을 때, 저는 성공할 수 있을까요, 아니면 영원히 길을 잃은 이가 될까요? 제가 인생에서 무엇을 하고 싶은지 감이 잡히지 않습니다. 모든 과목을 해야 하는 일로 보았고, 배우겠다는 목적이 아니라 뛰어나겠다는 목적만으로 모든 과목을 잘했기 때문에 관심이 가는 분야도 없습니다. 그리고 솔직히 말해 지금 저는 두렵습니다.

우리는 학교에서 배운 것을 내뱉도록 조건을 설정해 놓은 책꽂이 로봇이 아닙니다. 우리 모두는 매우 특별합니다. 지구상의 모든 인간이 매우 특별합니다. 그러니 우리 모두는 암기보다는 혁신, 보람없는 활동보다는 창의성, 정체되기보다 깊은 생각을 위해 우리의 정신을 사용하고 더 나은 무언가를 할 가치가 있지 않나요? 우리는 학위를 딴 뒤, 직업을 얻어, 산업이 우리를 달래기 위한 수단인 물질적 풍요를 소비하기 위해 여기에 온 것이 아닙니다. 우리에게는 더 많은 것, 아니, 그 이상이 있습니다.[1]

에리카 골드슨이 말한 것처럼 우리 학생들은 각 개인마다 훨씬 더 많은 것을 내면에 품고 있습니다. 우리가 학생들이 자신의 강점을 발판삼기 원한다면, 그들을 자신의 열정과 재능을 탐구하는 학습자로 길러야 합니다. 학교가 이렇게 하기 위해서는 교육자들이 먼저 학습에 대한 자신의 재능과 갈망을 발휘해야 할 것입니다. 학생들에게 교과 과정만 가르친다면 우리는 그들에게 도움이 되지 않습니다.

> **학생들에게 교과 과정만 가르친다면**
> **우리는 그들에게 도움이 되지 않는다.**
> #혁신가의 사고방식

나의 이야기, 당신의 이야기

이 책은 학교가 어떤 모습일 수 있을지에 대한 하나의 관점만 제시하며, 제가 겪은 이야기의 일부가 담겨 있습니다. 하지만 전 세계의 교육자들이 자신의 이야기를 공유할 필요가 있습니다. 그 이야기들은 우리 모두가 앞으로 나아갈 수 있는 영감을 주기 때문입니다. 2부 '관계, 관계, 관계' 장에서 언급한 것처럼, 의미 있는 변화를 고취하려면, 먼저 마음으로 연결되어야 정신적으로 연결될 수 있습니다. 학습과 관련하여 우리가 겪은 이야기들과 학생들에게 자율적 권한을 준 방법들을 공유하면, 변화를 추진하는 정서적 유대를 형성하는 데 도움이 됩니다. 무언가가 마음에 와닿으면, 단순히 사실들을 습득할 때보다 행동과 믿음을 변화시킬 가능성이 더 높습니다. 사례들은 교육 혁신의 연료가 될 수 있기에 저는 여러분께 여러분의 이야기를 공유하기를 부탁드립니다.

교육자 대다수는 학생들을 사랑하기 때문에, 이 직업과 여기에서 요구되는 힘든 일들을 받아들입니다. 우리가 하는 일을 성과 측정을 위한 숫자와 글자로 축소하면, 우리의 원동력이 열정이라는 것을(혹은 열정이어야 한다는 것을) 잊게 됩니다. 우리의 이야기가 중요한 것은 이 때문입니다. 그리고 제가 여러분에게 이 책에서 읽은 아이디어들에 관해 이야기하고 대화를 나누라고 격려하는 것도 이 때문입니다. 이 책에 나온 아이디어를 바탕으로 새롭고 더 나은 아이디어들을 만들어 내고, 당신의 이야기와 통찰력을 '#innovatormindset'이라는 해시태그를 사용해 트위터에 공유하기 바랍니다. 그러면 우리 모두는 학생들을 위한 더 나은 학습 환경을 어떻게 조성했는지에 관한 이야기의 일부분이 될 수 있습니다.

사례들은 교육 혁신의 연료가 될 수 있다.
#혁신가의 사고방식

미국 출신의 전설적인 권투선수 무하마드 알리Muhammad Ali는 자신의 삶을 다룬 다큐멘터리에서 세상에서 가장 짧을 뿐 아니라 가장 강렬하다고 생각하는 시를 공유했습니다. 그가 하버드 대학교 졸업식 연설에서 소개한 시는 다음과 같습니다.

"나. 우리"

혁신은 우리에게서 개인별로 시작되지만 학생들을 위해 더 나은 무언가를 만들려면 모든 교육자가 협력하고 혁신가의 사고방식을 받아들여야 할 것입니다.

가장 큰 장애물과 '게임 체인저'

저는 제 아버지의 이야기로 책을 시작했습니다. 그러니 어머니가 제게 어떻게 영감을 주었는지 이야기하며 책을 마무리하는 것도 좋을 것입니다. 책의 초반에 저는 부모님이 "변화는 놀라운 무언가를 할 기회다"라는 믿음을 몸소 실천하셨다고 썼습니다. '놀라움'은 우리로부터 시작됩니다. 새로운 기회가 장애물처럼 보이더라도 이를 받아들이면, 지금보다 훨씬 나은 무언가를 만들어 낼 수 있습니다. 사실 변화는 두려운 것이고, '멋진' 새로운 기회의 가능성을 보고 모험을 하기보다 '알려진 나쁜 상태'에 머무는 편이 더 쉬워 보일 수 있습니다. 두려움은 우리를 주저하게 만들 수 있지만, 두려움에 져서는 안 됩니다.

어머니는 두려움을 극복하고 놀라운 무언가를 하겠다고 선택하는 것은 우리 각자에게 달려 있음을 평생에 걸쳐 보여 주었습니다. 더 나은 삶을 위해 그리스에서 캐나다로 이민 오기로 결심했을 때, 어머니는 고향의 가족을 영원히 못 만날 수도 있었습니다. 어머니는 초등학교 6학년까지 학교를 다닌 것이 학력의 전부였지만, 아버지와 함께 열심히 일하셔서 사업을 일으키고 두 분에게 어릴 때 주어졌던 것보다 더 많은 기회가 있는 삶을 저와 형제들에게 주었습니다. 저는 어머니가 50대에서 60대 시절 글 읽는 법을 배우려고 수업을 듣던 것을 기억합니다. 어머니는 기초를 배우는 것이 힘들지만, 읽고 쓰는 법을 알면 더 많은 기회가 열릴 것을 알고 있습니다. 이제 거의 여든에 가까운 어머니는 제게 꾸준히 이메일을 보내는데, 한 번 보낼 때마다 실력이 얼마나 향상되는지 놀랄 정도입니다. 심지어 어머니는 이모티콘을 사용해 제가 집에 더 자주 전화를 하지 않는 것에 죄송한 마음이 들게 하기도 합니다. 저는 어머니가 보낸 이메일을 한 폴더에 모두 저장했습니다. 그 폴더는 어머니의 학습 포트폴리오와 마찬가지이며, 제겐 하나하나가 너무나 소중합니다.

지난 몇 년간 저는 어머니가 역경에 대처하며 강해지는 모습을 지켜보았습니다. 2년 전 아버지가 돌아가셨고, 1년 후에는 어머니의 하나밖에 없는 오빠도 세상을 떠났습니다. 많은 면에서 우리는 나이가 들어갈수록 더 많은 것을 잃는 것처럼 보이지만, 어머니는 여전히 제게 애정을 표현하고, 저에게 연락하고, 조언을 해주기 위해 애쓰고 있습니다. 정규 교육은 얼마 받지 못했지만, 어머니는 제가 어머니를 필요로 하는 많은 분야에서 매우 지혜로운 사람입니다. 무엇보다 어머니의 지혜는 세상을 향한 태도에서 나온다고 할 수 있습니다. 어머니는 상황에서 뿐만 아니라 사람에게서도 빛을 봅니다. 심지어 어둠을 보기 쉬울 때도 그리합니다. 저는 변화를 적극적으로 수용하는 사람이지만 어머니가 인생에서 했던 일을 과연 제가 할 수 있을지는 모르겠습니다.

어머니의 긍정적인 태도를 고려해서 저는 우리가 학교에서 부딪치는 과제들에 대해 생각해 보았습니다. 예산 제한, 말도 안 되는 정책, 끊임없이 변화하는 세상에 비해 제자리걸음인 교육 과정에 직면할 때, 그냥 패배를 인정하고 과거의 학교처럼 머무를 수도 있습니다. 하지만 당신이 가졌던 것보다 더 많은 것을 아이들에게 주고 싶었던 제 어머니처럼, 저는 우리 학생들에게 우리가 자랄 때보다 더 나은 무언가를 만들어 줄 수 있길 바랍니다. 더 잘 알면 행동도 더 잘해야 합니다. 사람들은 기존의 '틀 안에서' 혁신적이 되는 방법에 관해 생각해야 할 때도 다른 사람들에게 '틀에서 벗어나서' 생각하라고 요구합니다.

중요한 건 기술이 아니다. 사고방식이다.
#혁신가의 사고방식

6초짜리 동영상 앱인 바인이 나왔을 때, 어떤 사람들은 "대체 6초로 뭘 할 수 있다는 거야?"라고 갸우뚱했던 반면, 어떤 사람들은 "내가 6초로 할 수 있는 일이 뭘까?"라고 생각했습니다. 중요한 건 기술이 아니라 사고방식입니다. 어떤 사람들은 시간의 제약을 장애물로 보는 반면, 어떤 사람들은 기회로 봅니다. 어떤 관점으로 볼지의 선택은 당신에게 달려 있습니다. 질문을 하는 것도 좋습니다. 단지 그 질문이 질문을 가장한 변명이 되어서는 안 됨을 명심하기 바랍니다.

혁신을 교육의 일부로 만드는 것은 정책이나 교육 과정에 달려 있지 않습니다. 이것은 우리에게 달렸습니다. 저는 "(부모님, 학생들, 교사들, 교장, 자원 부족, 정부 등) 때문에 못하겠어요"와 같은 말을 종종 듣습니다. 그런 뒤 온라인에 접속해 보면, 어딘가의 누군가가 그와 똑같은 역경에 부딪혔으면서도 목표 달성에 성공한 이야기를 읽을 수 있습니다. 실제로 이들의 이야기와 성공은 역경 때문에 더 대단한 것이 되기도 합니다.

왜 사람들이 슈퍼 히어로를 다룬 만화나 영화를 좋아할까요? 슈퍼 히어로가 우리의 상상력을 확장하기 때문만이 아니라, 역경을 극복하여 놀라운 일을 해내기 때문입니다. 쉽지 않은 일인 경우에 이야기가 훨씬 더 흥미진진해집니다. "나는 가르친다. …… 당신의 초능력은 무엇인가?"라는 글귀가 쓰인 티셔츠를 입은 사람들을 본 적이 종종 있습니다. 매일 꾸준히 하는 것이 출발점이지만 그것만으로는 충분하지 않습니다. 교사가 되는 것은 초능력이 아니지만, 우리가 가르치는 방식은 초능력과 같습니다. 세상을 변화시키도록 도울 수 있는 것은 여러분이 교실과 학교에 불어 넣는 사고방식입니다.

최근에 "당신의 이야기에서 영웅이 돼라"라는 문구를 보았습니다. 그러자 온통 어둠밖에 보이지 않을 때도 항상 빛을 보라고 가르치신 어머니, 그토록 많은 역경을 이겨 내고 더 나은 무언가를 만들어 내기 위해 자식들에게 당신이 가진 전부를 주면서도 만나는 모든 사람에게 애정과 다정함을 보여 주신 어머니가 떠올랐습니다. 어머니는 당신의 이야기에서 영웅이셨습니다. 자신이 가진 것과 그것으로 할 수 있는 일에 초점을 맞추었기 때문입니다. 물질적인 자원의 부족도 어머니가 목표를 이루는 걸 막지 못했습니다. 이런 사고방식은 혁신적인 교육자들에게도 똑같이 중요합니다.

어머니와 아버지의 모습에서 혁신의 가장 큰 장애물은 우리의 사고방식이라는 것을 끊임없이 깨닫습니다. 또 가장 중요한 게임 체인저(결과나 흐름의 판도를 뒤바꿀 만한 중요한 역할을 한 인물이나 사건 - 옮긴이)도 떠오릅니다. 기술이 가장 중요한 게임 체인저는 아닙니다. 교육에서 가장 중요한 게임 체인저는 혁신가의 사고방식을 받아들인 교육자이며, 앞으로도 항상 그럴 것입니다. 이 교사들과 교육 리더들은 변화를 장애물이 아니라 기회로 봅니다. 그리고 끊임없이 묻습니다. "이 학습자에게 가장 좋은 것이 무엇일까?" 이들은 이러한 사고방식에 따라 매일 학생들에게 새롭고 더 나은 학습 경험을 제공합니다. 우리가 개인적으로, 그리고 교육 공동체 차원에서 이런 사고방식을 받아들이면 저의 부모님이 제게 해주셨던 것처럼, 우리 학생들을 위한 엄청난 기회를 준비하고 바람직한 교육을 이루어 나갈 수 있습니다. 저는 제 앞에 놓인 변화와 우리 학생들을 위해 더 나은 무언가를 만들 수 있는 기회를 기대하고 있습니다. 여러분도 그러길 바랍니다.

QUESTION **14**

[토론용 질문] _____

01 학습의 새로운 비전에 더 가까이 가기 위해 당장 시도할 일 한 가
지는 무엇인가?

02 여러분이 지닌, 변화시키고 싶은 전통적 학교 교육 모델에 대한 가
장 중요한 하나의 질문은 무엇인가?

03 지금 여러분에게는 어떤 이야기가 있고 어떤 이야기를 들려 주고
싶은가? 그리고 어떻게 이야기를 들려 줄 것인가?

감사의 말

저는 제가 혼자서 책을 쓸 것이라고 평생 생각해 본 적이 없습니다. 지금도 마찬가지입니다. 제가 배운 것을 세상과 공유하는 데 너무나 많은 분이, 너무도 많은 도움을 주셨기 때문입니다.

우선 저의 상사이자 교육감인 팀 몬즈와 파크랜드 교육청에 감사의 말씀을 전합니다. 우리 학군은 '탐구, 창의성, 상상력으로 흥미진진하게 공부할 수 있고, 모든 학습자가 꿈을 이루길 열망하는 곳'을 만들자는 비전을 학생들뿐 아니라 직원들을 위해서도 독려합니다. 공동체 전체가 제가 꿈을 추구하도록 용기를 주고, 책을 쓰는 내내 지원을 아끼지 않았습니다.

켈리 윌킨스는 가르치는 일을 그만두려 했던 저를 모험에 도전하도록 만들었습니다. 제가 보지 못했던 제 안의 무언가를 보았기 때문이지요. 켈리는 제가 아는 가장 뛰어난 리더입니다.

리더십은 누가 부여하는 것이 아니라 스스로 얻는 것임을 가르쳐 준 제 코치들과 교사들, 그리고 제 강점들을 끌어 내고 쓰고 싶은 책을 써야 한다고 말해 주었던 데이브 버제스, 셸리 버제스에게도 감사한 마음을 전합니다.

저의 모든 글을 읽고 조언을 해줬던 케이티 마틴도 빼놓을 수 없습니다. 케이티는 제 생각에 이의를 제기하는 한편, 제가 계속 책을 쓰도록 자신감을 불어 넣어 주었습니다. 지식과 열정을 공유한 전 세계 교육자들 모두에게도 고마움을 전합니다. 그 분들의 아이디어는 이 책에 쓴 많은 내용의 연료가 되어 주었습니다. 애정을 담아 저를 더 똑똑하게 해주는 알렉과 마이클, 티나에게도 고마움을 표현합니다.

그러나 이 책은 다음 세 사람에게 바치고 싶습니다.

가족에게 더 나은 환경을 만들기 위해 삶에서 많은 모험을 하여 '변화는 무언가 놀라운 일을 할 기회'라는 것을 가르쳐 주신 아버지,

제가 아는 사람 중, 마음에 가장 큰 사랑을 품고 사는 사람이며, 평생 배우는 사람이자, 무조건적인 사랑을 주는 사람으로 제가 되길 원하는 모습을 몸소 실현하신 어머니. 어머니는 성인이 되어서야 글 읽는 법을 배웠지만, 저는 어머니가 이 책의 주제에 관심이 있든 없든 한 줄, 한 줄을 여러 번 읽을 것이라고 확신합니다.

마지막으로 제가 아는 최고의 사람이자 최고의 교사인 아름다운 아내 페이지에게 감사함을 전합니다. 아내는 단지 제게 꿈을 따라 가라고 격려하는 데 그치지 않고, (자신의 학생들에게 하는 것처럼) 내가 아는 그 누구보다 다정하게 힘을 실어 용기를 북돋워 주었습니다.

"우리는 세상을 바꾸는 챔피언을 만들 수 있습니다"

변화는 항상 우리를 앞으로 나아가게 하는 원동력이었습니다. 우리는 변화를 막을 수 없습니다. 교육에서도 마찬가지입니다. 세계 어디에서든 교육은 지속적이고 영향력 있는 사회 변화를 주도하는 중요한 힘이 되어 왔습니다. 저는 항상 교육자와 리더들이 더 많은 것을 추구하고 더 많은 것을 하는 사람들이 되길 바랐습니다. 그리고 그들이 다음 세대에 얼마나 큰 영향력을 끼치는지 스스로 다시 점검해 보길 바랐습니다. 교육자와 리더들이 안전하고 편한 것에 머무르지 않고 틀을 깨고 나와, 학생들이 더 좋은 사회를 만드는 주역으로 성장해 가도록 긍정적 변화를 창조하는 방법을 찾길 바랐습니다. 이는 제가 교육자로서 가지고 있는 교육 철학이자 소망이며, 진심으로 동료 교육자들과도 함께 나누고자 하는 것입니다.

조지 쿠로스의 《혁신가의 교육법》은 제가 오래 전 처음 원서를 접해 읽었을 때부터 한국에 소개하고 싶었던 책입니다. 조지 쿠로스가 이 책에서 초점을 맞춘 교육자와 리더로부터 시작되는 '변화'는 한국을 포함한 전 세계의 교육 현장에 매우 필요했기 때문입니다.

특히 한국은 변화를 바라고, 실제로 추구하는 교육자들이 더욱 더 많아져야 합니다. 저자의 말을 인용하자면 바로 '놀라운 것을 할 수 있는 기회'를 좇는 사람들이죠. 많은 경우, 우리는 학생들의 학업 성취 향상을 끊임없이 요구하지만 실제로는 요구하는 데 그치고 맙니다. 미국에서 태어나 한국에서 학교를 시작한 것은 제게 안전함을 벗어나 더 많은 것을 보고 추구하게 만든 커다란 도전이었습니다. 교육자로서 혁신과 도전에 대한 소통의 장을 시작하게 해 주었으며, 생각하는 방식에도 변화를 가져와 혁신가의 사고방식을 가지는 데 도움을 주었습니다.

저는 이 책이 교실과 학교 시스템에 있어서 혁신을 모색할 수 있는 기회를 만들고, 교육자와 리더들 사이에 더 활발한 대화를 불러오기를 소망합니다. 배움과 가르침은 우리가 사는 환경과 세계를 향한 호기심에 대한 자연스러운 인간의 반응입니다. 이 책을 통해 더 많은 한국의 교육자들이 서로 가르치고 서로 배우며 협력할 수 있는 기회를 만들어 내길 바랍니다.

무엇보다도 이 책을 읽는 교사들이 혁신과 변화를 이뤄 내는 일에, 높은 비용이나 대단한 네트워크 구축이 필요하지 않다는 것을 깨닫기 바랍니다. 우리가 이미 가지고 있는 컴퓨터, 휴대폰 같은 도구로도 얼마든지 교실에서 최선의 것들을 만들 수 있습니다. 교사들부터 지속적으로 혁신의 기회를 찾다 보면 변화로 이끄는 능력을 갖추게 될 것입니다.

결코 포기하지 마십시오. 학생들의 호기심을 충족시키는 효과적인 방법들을 찾고, 다른 교육자와 소통하며 성장하는 기회를 계속 만들어 보십시오. 그리고 무엇보다도 교육의 진정한 목적을 잊지 마십시오.

우리는 세상을 바꾸는 챔피언을 만들 수 있습니다. 여러분 자신을 포함해서 말이죠.

주

들어가며

1   Dan Brown, "An Open Letter To Educators," YouTube video, 6:28, February 22, 2010, https://www.youtube.com/watch?v=-P2PGGeTOA4.

2   Kate Simonds, "I'm Seventeen," TEDx video, 13:39, February 10, 2015, http://tedxtalks.ted.com/video/I-m-Seventeen-%7C-Kate-Simonds-%7C;TEDxBoise.

3   02, "Be More Dog," YouTube video, 1:10, July 4, 2013, https://www. youtube.com/watch?v=iMzgl0nFj3s.

4   Stephen M. R. Covey, *The Speed of Trust: The One Thing That Changes Everything* (New York: Free Press, 2006).

5   Steven Johnson, Where *Good Ideas Come From: The Natural History of Innovation* (New York: Riverhead Books, 2010).

6   Dave Burgess, *Teach Like a PIRATE: Increase Student Engagement, Boost Your Creativity, and Transform Your Life as an Educator* (San Diego: Dave Burgess Consulting, 2012).

PART 1. 교육에서의 혁신

혁신과 혁신이 아닌 것

1   Seth Godin, Tribes: *We Need You to Lead Us* (New York: Portfolio, 2008), 101.

2   The Onion, "Historic 'Blockbuster' Store Offers Glimpse of How Movies Were Rented in The Past," *TheOnion.com* video, 2:07, May 12, 2008, http://www.theonion.com/video/ historic-blockbuster-store-offers-glimpse-of-how-m-14233.

3   Marc Graser, "Epic Fail: How Blockbuster Could Have Owned Netflix," *Variety*, November 12, 2013, http://variety.com/2013/biz/news/ epic-fail-how-blockbuster-could-have-owned-netflix-1200823443/.

4   Kate Taylor, "3 Ways Starbucks Is Innovating and Why You Should Care," *Entrepreneur*, October 23, 2013, http://www.entrepreneur.com/ article/229580.

5   Khushbu Shah, "Starbucks to Improve Its Employees Schedules," *Eater*, August 15, 2014, http://eater.com/archives/2014/08/15/starbucks-to-improve-its-employees-schedules.php.

6   Leslie Patton, "Starbucks to Pick up Tab for Employees' University Degrees," *Financial Post*, June 26, 2014, http://business.financialpost.com/2014/06/16/ starbucks-to-pick-up-tab-for-employees-university-degrees/.

7   C. William Pollard, *The Soul of the Firm* (Grand Rapids, MI: Zondervan, 1996), 114.

8   Simon Sinek, "How Great Leaders Inspire Action," TED Talk video, 18:04, September 2009, http://www.ted.com/talks/ simon_sinek_how_great_leaders_inspire_action?language=en.

9   Carl Bass, "The New Rules of Innovation," YouTube video, 17:33, February 25, 2012, https://www.youtube.com/watch?v=YKV3rhzvaC8.

10 Katie Martin, "Creating a Culture of Innovation Versus Transformation," *katielmartin.com*, June 10, 2015, http://katielmartin.com/2015/06/10/creating-a-culture-of-innovation-vs-a-transformation/.

11 Images used with permission: Bill Ferriter, @PlugUsIn, http:// blog.williamferriter.com.

12 George Couros, "What Do You Want Leaders to Do with Technology?", *The Principal of Change: Stories of Leading and Learning*, February 4, 2015, http://georgecouros.ca/blog/archives/5056.

13 John C. Maxwell, *A Leader's Heart: 365-Day Devotional Journal* (Nashville, Thomas

Nelson, 2003), 54.

혁신가의 사고방식

1   Stephen Downes, "A World to Change," *The Huffington Post*, October 18,
    2010, http://www.huffingtonpost.com/stephen-downes/aworld-to-change_
    b_762738.html.

2   *Educating Yorkshire*, BBC, Episode 8, October 24, 2013. http://www.channel4.
    com/programmes/educating-yorkshire/on-demand.

3   Maggie Brown, "Musharaf Asghar, Star of *Educating Yorkshire*, Gets a Show of
    His Own," *The Guardian*, August 16, 2014, http:// gu.com/p/4vnq7/stw.

4   James Morehead, "Stanford University's Carol Dweck on the Growth
    Mindset and Education," *OneDublin.org*, June 19, 2012, http://onedublin.
    org/2012/06/19/stanford-universitys-carol-dweck-on-the-growth-mindset-
    and-education/.

5   George Couros, "The Innovator's Mindset," *The Principal of Change: Stories of
    Learning and Leading* (blog), September 11, 2014, http://georgecouros.ca/blog/
    archives/4728.

6   *Ibid.*

7   Thomas Friedman, "How to Get a Job at Google," *The New York Times*,
    February 22, 2014, http://www.nytimes.com/2014/02/23/opinion/sunday/
    friedman-how-to-get-a-job-at-google.html?_r=0.

8   Nadia Goodman, "James Dyson on Using Failure to Drive Success,"
    Entrepreneur, November 4, 2012, http://www.entrepreneur.com/ article/224855.

혁신가가 가진 사고방식의 특성

1   Lisa Jones, Twitter post, October 30, 2014, 6:09 a.m., https://twitter. com/
    lisat_jones/statuses/527809537164988416.

2   George Couros, "8 Characteristics of the 'Innovator's Mindset,'" *The
    Principal of Change: Stories of Leading and Learning*, September 16, 2014, http://
    georgecouros.ca/blog/archives/4783.

3   Image used with permission from Sylvia Duckworth, @sylviaduckworth,
    https://www.flickr.com/photos/15664662@N02/.

4   Ewan McIntosh, "TEDx London ? Ewan McIntosh," YouTube video, 8:01,
    November 18, 2011, https://www.youtube.com/ watch?v=JUnhyyw8_kY.

5   Tom Kaneshige, "How 'Liquid Networks' Can Lead to the Next Great Idea," *CIO*, April 29, 2014, http://www.cio.com/article/2376694/innovation/how-- liquid-networks--can-lead-to-the-next-great-idea.html.

6   Clive Thompson, "Why Even the Worst Bloggers Are Making Us Smarter," *WIRED*, September 17, 2013, http://www.wired.com/2013/09/ how- successful-networks-nurture-good-ideas-2/.

7   Chris Anderson, "How Web Video Powers Global Innovation," TED Talk, 18:53, July 2010, http://www.ted.com/talks/. chris_anderson_how_web_video_ powers_global_innovation#t-187404.

8   Alcenter, "What Is Accelerated Learning?" *Alcenter.com*, accessed July 13, 2015, http://www.alcenter.com/whatisal.html.

PART 2. 토대 마련하기

관계, 관계, 관계

1   Simon Sinek, Leaders Eat Last: *Why Some Teams Pull Together and Others Don't* (New York: Portfolio/Penguin, 2014), 18.

2   Starbucks Newsroom, "Starbucks Named One of the Top 10 Places to Work in Canada," *News.Starbucks.com*, April 10, 2015, https://news.starbucks.com/ news/starbucks-named-one-of-the-top-10-places- to-work-in-canada.

3   Stephen M. R. Covey, "How the Best Leaders Build Trust," *Leadershipnow.com*, accessed July 15, 2015, http://www.leadershipnow.com/CoveyOnTrust.html.

4   Atul Gawande, "Spreading Slow Ideas," *The New Yorker*, July 29, 2013, http:// www.newyorker.com/magazine/2013/07/29/slow-ideas.

배우고, 이끌고, 혁신하라

1   Frank Barrett, "To Innovate, Disrupt Your Routine," Harvard Business Review video, 3:09, September 18, 2012, https://hbr.org/2012/09/to-innovate- disrupt-your-routi.html.

2   Grant Wiggins, "A Veteran Teacher Turned Coach Shadows 2 Students for 2 Days-A Sobering Lesson Learned," Granted, and···-Thoughts on Education by Grant Wiggins (blog), October 14, 2014, https://grantwiggins.wordpress.

com/2014/10/10/a-veteran-teacher-turned-coach-shadows-2-students-for-2-days-a-sobering-lessonlearned/.

3   Stephen M. R. Covey, "Knowledge Workers: 10,000 Times the Productivity," Stephencovey.com (blog), April 7, 2008, http://www.stephencovey.com/blog/?p=15.

참여 VS 자율권 부여

1   Seth Godin, "Stop Stealing Dreams," YouTube video, 16:57, October 16, 2012, https://www.youtube.com/watch?v=sXpbONjV1Jc.

2   Images used with permission: Bill Ferriter, @PlugUsIn, http://blog.williamferriter.com.

3   Gary Stager, "Gary Stager: The Best 'Makerspace' Is Between Your Ears," American School Board Journal (June 2015): 58.

4   George Couros, "School Vs. Learning," The Principal of Change: Stories of Leading and Learning (blog), December 27, 2014, http:// georgecouros.ca/blog/archives/4974.

5   Image used with permission: Sylvia Duckworth (@sylviaduckworth), https://www.flickr.com/photos/15664662@N02/.

6   Thomas Friedman, "How to Get a Job at Google," The New York Times, February 22, 2014, http://www.nytimes.com/2014/02/23/opinion/sunday/friedman-how-to-get-a-job-at-google.html?_r=0.

공통된 비전 만들기

1   Image used with permission: Krissy Venosdale (@venspired), "A Tale of Two Classrooms," *Venspired.com*, May 30, 2012, http://venspired. com/a-tale-of-two-classrooms/.

2   Howard Rheingold, "Crap Detection 101," *City Brights: Howard Rheingold* (blog), SFGate, June 30, 2009, http://blog.sfgate.com/rheingold/2009/06/30/crap-detection-101/.

3   George Couros, "8 Things to Look for in Today's Classroom," *The Principal of Change: Stories of Leading and Learning* (blog), January 8, 2013, http:// georgecouros.ca/blog/archives/3586.

4   Image used with permission: Sylvia Duckworth (@sylviaduckworth), https://www.flickr.com/photos/15664662@N02/.

5   John Scully, *Moonshot! Game-Changing Strategies to Build Billion-Dollar Businesses* (New York: Rosetta Books, 2014).

PART 3. 재능을 발휘하도록 돕기

강점 기반 리더십

1   Tom Rath, *Strengths Based Leadership: Great Leaders, Teams, and Why People Follow* (New York: Gallup Press, 2008).

2   Marilyn vos Savant, "Developing Your Strengths," *Parade*, October 31, 2014.

3   Maryam Shah, "Literacy Rates Up but Students Still Struggling with Math," *Toronto Sun*, August 27, 2014, http://www.torontosun.com/2014/08/27/literacy-rates-up-but-students-still-struggling-with-math

4   Tom Rath, *Strengths Finder 2.0* (New York: Gallup Press, 2007), iii.

5   위의 책, iv

6   Peter F. Drucker, *The Practice of Management* (New York: Harper & Row, 1954).

7   Liz Wiseman, Lois N. Allen, and Elise Foster, *The Multiplier Effect: Tapping the Genius Inside Our Schools* (Thousand Oaks, CA: Corwin, 2013), 9.

8   Liz Wiseman with Greg McKeown, *Multipliers: How the Best Leaders Make Everyone Smarter* (New York: HarperCollins, 2010), 31.

효과적인 학습이 먼저, 기술은 그 다음이다

1   Marshal McLuhan, *The Gutenberg Galaxy: The Making of Typographic Man* (Toronto: University of Toronto Press, 1962).

2   Alec Couros, "Bea's Makeup Tutorial," YouTube video, 5:00, March 13, 2015, https://www.youtube.com/watch?v=FfBSvEMob5g.

3   Joseph Joubert, *The Notebooks of Joseph Joubert* (New York: New York Review Books Classics, 2005).

4   Toby Lever, "Lachlan's First Hearing Aids Aged 7 Weeks Old. Our Gorgeous Baby Boy," YouTube video, 1:27, August 31, 2014, https://www.youtube.com/watch?v=UUP02yTKWWo.

5   Seymour Papert, "Seymour Papert: Project-Based Learning," *Edutopia*, November 1, 2001, http://www.edutopia.org/seymour-papert-project-based-

learning#page.

6   Tom Murray, "10 Steps Technology Directors Can Take to Stay Relevant,"
     SmartBlogs, January 7, 2013, http://smartblogs.com/education/2013/01/07/
     the-obsolete-technology-director-murray-thomas/http://smartblogs.com/
     education/2013/01/07/the-obsolete-technology-director-murray-thomas/.

적을수록 더 좋다

1   Adam Bryant, "Just Give Him 5 Sentences, Not War And Peace," *New
     York Times*, March 20, 2010, http://www.nytimes.com/2010/03/21/
     business/21corner.html.

2   Barry Schwartz, *The Paradox of Choice* (New York: HarperCollins, 2004), 2.

3   SimplyBest007, "Creativity Requires Time," YouTube video, 2:06, November
     19, 2011, https://www.youtube.com/watch?v=VPbjSnZnWP0.

4   Daniel H. Pink, Drive (New York: Riverhead Books, 2009), 71.

5   John Maeda, *The Laws of Simplicity: Design, Technology, Business, Life* (Cambridge,
     MA: MIT Press, 2006), 89.

6   Yong Zhao, "Global, Creative, and Entrepreneurial: Defining High Quality
     Education," (keynote presentation, ISTE Convention) YouTube video, 1:15:59,
     June 26, 2012, https://www.youtube.com/watch?v=mKXeNKsjoMI.

7   Ron Canuel, "Innovation vs. Circulasticity: Why the Status Quo Keeps
     Bouncing Back," *Canadian Education Association*, November 2013, http://www.
     cea-ace.ca/education-canada/article/innovation-vs-circulasticity.

개방적 문화 받아들이기

1   Lawrence Lessig, "Laws That Choke Creativity," TED Talk, 18:56, March
     2007, http://www.ted.com/talks/larry_lessig_says_the_law_is_strangling_
     creativity?language=en.

2   Chris Anderson, "How Web Video Powers Global Innovation," TED Talk,
     18:53, July 2010, http://www.ted.com/talks/chris_anderson_how_web_video_
     powers_global_innovation?language=en.

3   Ralph Waldo Emerson, "Circles," in *Emerson: Essays and Lectures* (New York:
     Literary Classics, 1983).

4   Liz Wiseman with Greg McKeown, *Multipliers: How the Best Leaders Make
     Everyone Smarter* (New York: HarperCollins, 2010).

5   Steven Johnson, *Where Good Ideas Come From: The Natural History of Innovation* (New York: Riverhead Books, 2010).

6   Derek Sivers, "Obvious to You, Amazing to Others," YouTube video, 1:54, June 28, 2011, https://www.youtube.com/watch?v=xcmI5SSQLmE.

7   Clive Thompson, "Why Even the Worst Bloggers Are Making Us Smarter," WIRED, September 17, 2013, http://www.wired.com/2013/09/how-successful-networks-nurture-good-ideas-2/.

8   Steven Johnson, *Where Good Ideas Come From: The Natural History of Innovation* (New York: Riverhead Books, 2010).

교육자들을 위한 의미 있는 학습 경험 만들기

1   Scott McLeod, "Blah Blah Blah Life Long Learning Blah Blah Blah," *Dangerously Irrelevant* (blog), May 23, 2011, http://dangerouslyirrelevant. org/2011/05/blah-blah-blah-life-long-learning-blah-blah-blah.html.

2   Will Richardson, "More To It," *Will Richardson: Read. Write. Connect. Learn* (blog), May 23, 2013, http://willrichardson.com/post/51144392972/more-to-it.

3   George Couros, "8 Things to Look for in Today's Classroom," *The Principal of Change: Stories of Leading and Learning* (blog), January 8, 2013, http:// georgecouros.ca/blog/archives/3586.

4   Kelly Christopherson, "5 Ways To Empower Educators," *Educational Discourse: Learning ? A Dialogue with Others* (blog), July 15, 2015, http:// kellychristopherson.ca/wp/archives/2379.

5   Simon Sinek, Twitter post, February 28, 2012, 4:20 a.m., https://twitter.com/ simonsinek/status/174469085726375936.

6   Jesse McLean, "Innovation Week - Contraint," *Jesse McLean: Opening Doors and Turning on Lights* (blog), September 14, 2014, http://jessepmclean.com/tag/ innovation-week/.

7   Chris Wejr, "Creating Time for Teachers to Meet and Tinker With Ideas #RSCON4," *Connected Principals: Sharing. Learning. Leading.* (blog), October 9, 2013, http://connectedprincipals.com/archives/9144.

8   Yong Zhao, *World Class Learners: Educating Creative and Entrepreneurial Students* (Thousand Oaks, CA: Corwin, 2012), 93.

9   허가받고 이미지를 사용함. Krissy Venosdale (@venspired), "Make School More," *Venspired.com*, February 23, 2014, http://venspired.com/make-school-more/.

10 Alberta Education, "Inquiry Based Learning," *Alberta.ca*, n.d., https://education.alberta.ca/teachers/aisi.aspx.

11 Dean Shareski, "How To Make Better Teachers," Ideas and *Thoughts: Learning Stuff Since 1964* (blog), November 18, 2010, http://ideasandthoughts.org/2010/11/18/how-to-make-better-teachers/.

12 허가받고 이미지를 사용함. Alec Couros, "Examining the open movement: Possibilities and implications for education." 2006 Doctoral Dissertation, University of Regina, Regina, SK, Canada. http://www.editlib.org/p/118036/.

13 Edublogs, "Edublogs Teacher Challenges," *Edublogs.org*, accessed September 19, 2015, http://teacherchallenge.edublogs.org.

14 Paulo Coelho, *The Alchemist* (New York: HarperOne, 1988).

PART 4. 생각을 마무리하며

혁신가로 가는 길

1 J. Martin Hays, "Dynamics of Organisational Wisdom," *Business Renaissance Quarterly 2*, no. 4 (Winter 2007): 79.

2 Maddisyn (Millgrove School student), "Make Your Mark and Make It Matter," *184 Days of Learning* (blog), September 13, 2012, http://www.psdblogs.ca/184/2012/09/13/day-8-maddisyn-student-millgrove-school/.

3 Peter H. Reynolds, *Ibid.*

4 Robert I. Sutton and Huggy Rao, *Scaling Up Excellence*, (New York: Crown Business, 2014), xiii.

5 Dean Shareski, "Make It Stop," *The Huffington Post*, September 16, 2015, http://www.huffingtonpost.com/dean-shareski/make-itstop_1_b_8142928.html.

교육에서의 혁신을 방해하는 가장 큰 장애물과 '게임 체인저'

1 Erica Goldson, "Speech," *America Via Erica* (blog), June 25, 2010, http://americaviaerica.blogspot.com/p/speech.html.

THE
INNOVATOR'S
MINDSET